本书荣获
"全国司法行政系统干警业务培训优秀教材"

"十四五"职业教育国家规划教材

人民调解实务（第五版）

主　编 ◎　盛永彬　刘树桥

副主编 ◎　刘最跃

撰稿人 ◎　（以姓氏笔画为序）

刘树桥　刘最跃　宋云仙

余　暮　郝阜忻　姚淑媛

徐险峰　盛永彬　谢凤芝

中国政法大学出版社

2025·北京

图书在版编目（ＣＩＰ）数据

人民调解实务/盛永彬, 刘树桥主编. —5版. —北京：中国政法大学出版社, 2025.9
ISBN 978-7-5764-1439-4

Ⅰ.①人…　Ⅱ.①盛…②刘…　Ⅲ.①调解(诉讼法)－中国－高等学校－教材
Ⅳ.①D925.114

中国国家版本馆CIP数据核字(2024)第071407号

书　　名	人民调解实务 REN MIN TIAO JIE SHI WU	
出 版 者	中国政法大学出版社	
地　　址	北京市海淀区西土城路 25 号	
邮　　箱	fadapress@163.com	
网　　址	http://www.cuplpress.com (网络实名：中国政法大学出版社)	
电　　话	010-58908435(第一编辑部) 58908334(邮购部)	
承　　印	北京鑫海金澳胶印有限公司	
开　　本	720mm×960mm　1/16	
印　　张	16.75	
字　　数	319 千字	
版　　次	2025 年 9 月第 5 版	
印　　次	2025 年 9 月第 1 次印刷	
印　　数	1～5000 册	
定　　价	52.00 元	

出版说明

　　世纪之交，我国高等职业教育进入了一个以内涵发展为主要特征的新的发展时期。1999 年 1 月，随着教育部和国家发展计划委员会《试行按新的管理模式和运行机制举办高等职业技术教育的实施意见》的颁布，各地成人政法院校纷纷开展高等法律职业教育。随后，全国大部分司法警官学校，或单独升格，或与司法学校、政法管理干部学院等院校合并组建法律类高等职业院校以举办高等法律职业教育，一些普通本科院校、非法律类高等职业院校也纷纷开设高等职业教育法律类专业，高等法律职业教育蓬勃兴起。2004 年10 月，教育部颁布《普通高等学校高职高专教育指导性专业目录（试行）》，将法律类专业作为一大独立的专业门类，正式确立了高等法律职业教育在我国高等职业教育中的重要地位。2005 年12 月，受教育部委托，司法部组建了全国高职高专教育法律类专业教学指导委员会。2012 年12 月，全国高职高专教育法律类专业教学指导委员会经教育部调整为全国司法职业教育教学指导委员会，积极指导并大力推进高等法律职业教育的发展。

　　为了进一步推动和深化高等法律职业教育教学改革，促进我国高等法律职业教育的质量提升和协调发展，原全国高职高专教育法律类专业教学指导委员会（现全国司法职业教育教学指导委员会，以下简称"行指委"）于2007 年10 月，启动了高等法律职业教育规划教材编写工作。自教材编写工作启动以来，行指委共组织编写、修订教材近百种，该系列教材积极响应专业人才培养模式改革要求，紧密联系课程教学模式改革需要，以工作过程为导向，对课程教学内容进行了整合，并重新设计相关学习情景、安排相应教学进程，突出培养学生在一线职业岗位所必需的职业能力及相关职业技能，体现高职教育的职业性特点。

为贯彻落实全国职业教育大会和全国教材工作会议精神，根据《"十四五"职业教育规划教材建设实施方案》，2021年12月，教育部启动了"十四五"职业教育国家规划教材遴选工作。我社积极响应教育部有关职业教育国家规划教材建设的部署，从行指委组织、指导编写的近百种教材中挑选出编写质量高、行业特色鲜明的部分教材参与申报，经过教育部一系列评审、遴选程序，我社出版的一批高质量法律职业教育教材入选"十四五"职业教育国家规划教材。此外，另有四本"十三五"职业教育国家规划教材经过复核后纳入"十四五"职业教育国家规划教材。

我社以"十四五"职业教育国家规划教材建设为契机，对高职系列教材进行了全面修订。此次修订坚持以习近平新时代中国特色社会主义思想为指导，积极推进习近平法治思想和党的二十大精神进教材。全面贯彻党的教育方针，落实立德树人根本任务，突出职业教育的类型特点，统筹推进教师、教材、教法改革，以司法类专业教学标准为基本依据，以更深入地实施司教融合、校局联盟、校监所（企）合作、德技双修、工学结合为根本途径，以国家规划教材建设为引领，加强和改进法律职业教育教材建设，充分发挥教材建设在提高人才培养质量中的基础性作用，努力培养德智体美劳全面发展的高素质劳动者和技术型人才。

经过全体编写人员的共同努力和出版社编辑们的辛勤付出，"十四五"职业教育国家规划教材已陆续出版，欢迎各院校选用，敬请各选用院校和广大师生提出宝贵意见和建议，我们将及时根据教材评价和使用情况反馈对教材进行修订，逐步丰富教材内容，优化教材结构，促进教材质量不断提高。

中国政法大学出版社
2024年4月

第五版说明

　　2020 年 5 月 28 日第十三届全国人民代表大会第三次会议通过了《中华人民共和国民法典》。《中华人民共和国民法典》于 2021 年 1 月 1 日起施行，原有的《中华人民共和国婚姻法》《中华人民共和国继承法》《中华人民共和国民法通则》《中华人民共和国收养法》《中华人民共和国担保法》《中华人民共和国合同法》《中华人民共和国物权法》《中华人民共和国侵权责任法》《中华人民共和国民法总则》同时废止。同时，涉及上述法律的一些规定在《中华人民共和国民法典》中有了很大的变化。此外，全国人民代表大会常务委员会修改的《中华人民共和国民事诉讼法》已由中华人民共和国第十三届全国人民代表大会常务委员会第三十二次会议于 2021 年 12 月 24 日通过，自 2022 年 1 月 1 日起施行，涉及调解的规则也有了一些新的变化。特别是，党的二十大提出"坚持全面依法治国，推进法治中国建设"。这就对人民调解提出了更高的法治要求：人民调解将伴随着法治中国建设一同推进，需要正确把握人民调解的依法调解原则，要确保人民调解适应法律不断制定和修订的要求。

　　为使《人民调解实务》单元内容与相关法律法规的变化一致，故对《人民调解实务》（第四版）涉及民事法律的相关内容及有关表述进行了修订。

作　者

2023 年 9 月于广州

第四版说明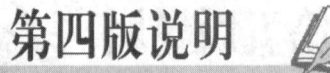

　　2017年3月15日第十二届全国人民代表大会第五次会议通过的《中华人民共和国民法总则》和2018年3月11日第十三届全国人民代表大会第一次会议通过的《中华人民共和国宪法修正案》，是我国社会主义法治建设、中华民族伟大复兴史上具有重要意义的又一里程碑。立善法于天下，则天下治。

　　《中华人民共和国民法总则》总结、继承和发展了我国民事法治的优秀成果，全面系统地确定了民事活动的基本原则和一般性原则，在民事行为能力、监护制度、主体资格、民事责任、诉讼时效等方面均对《中华人民共和国民法通则》作了重大调整。对人民调解工作带来了直接影响，为人民调解这束"东方之花"增添了新鲜内容。为适应这一重大变更和调整，作者对本书相关章节的内容进行了及时更新和修订。

作　者

2018年3月于广州

第三版说明

　　在 2010 年 8 月 28 日第十一届全国人民代表大会常务委员会第十六次会议通过的《人民调解法》的保障和推动下，人民调解制度不断成熟，人民调解工作也取得了长足的发展。在制度方面，不断形成和完善人民调解的规章制度，出台了与人民调解有关的司法解释，为人民调解工作提供了指引和保障。例如，司法部 2010 年 12 月就通过了《关于贯彻实施〈中华人民共和国人民调解法〉的意见》，进一步细化了人民调解的组织建设等内容；2011 年 3 月最高人民法院审判委员会通过的《关于人民调解协议司法确认程序的若干规定》明确了司法确认的相关内容；2011 年司法部通过的《关于加强行业性专业性人民调解委员会建设的意见》指出了大力加强行业性、专业性人民调解委员会建设的重要意义，积极推进了行业性、专业性人民调解组织建设；2014 年司法部《关于推进公共法律服务体系建设的意见》又进一步强调：按照一乡镇（街道）、村（居）一调委的原则，巩固和规范乡镇（街道）、村（居）人民调解委员会。这加快和完善了人民调解组织建设。2014 年党的十八届四中全会通过的《中共中央关于全面推进依法治国若干重大问题的决定》提出：健全社会矛盾纠纷预防化解机制，完善调解、仲裁、行政裁决、行政复议、诉讼等有机衔接、相互协调的多元化纠纷解决机制。……完善人民调解、行政调解、司法调解联动工作体系。从更高的层面为建设人民调解制度和健全调解机制指明了方向。在实践层面，人民调解工作不断深入和发展，主要表现为大调解格局的形成、专业性及行业性人民调解组织的设立、专职人民调解员队伍的不断发展壮大等方面。鉴此，作者对该书进行了第三次修订，对原教材中的部分内容进行了调整，以便适应人民调解的现状，以期帮助广大学员和人民调解工作者形成对人民调解制度的全新了解和对人民调解工作的全新认识，进而提升人民调解的工作水平。

作　者
2015 年 3 月于广州

第二版说明

　　人民调解制度是一项具有深厚中华民族传统和浓厚东方特色的法律制度，是化解社会矛盾、消除民间纷争、防止矛盾激化升级的非诉讼纠纷解决方式。在经济体制深刻变革、社会结构深刻变动、利益格局深刻调整、思想观念深刻变化的新形势下，人民调解工作面临着前所未有的发展机遇和挑战。党和政府在大力倡导构建人民调解大格局的前提下，对新时期人民调解工作提出了更高的要求。加强人民调解立法工作，提高人民调解工作的法制化、规范化水平，是人民调解工作与时俱进、创新发展的迫切需要，是及时化解纠纷、增进团结、巩固基层政权的必然要求。2010 年 8 月 28 日第十一届全国人民代表大会常务委员会第十六次会议通过的《人民调解法》在全面总结新中国人民调解工作发展经验的基础上，既坚持人民调解的本质属性，注重保持和发挥人民调解特有的优势作用，又以科学发展观为指导，适应新形势、新任务和新要求，全面、系统、创新性地规范了人民调解的性质、任务、原则及人民调解组织的形式、人民调解员的选任、人民调解的程序、人民调解协议的效力、人民调解的指导和保障等方面的问题，进一步丰富和发展了人民调解制度，为人民调解工作提供了更有力的法律保障。基于此原因，作者对该书进行了重新修订，校正原教材中已不合时宜的提法或观点，以期帮助广大学员和人民调解工作者准确理解和把握人民调解法律制度的内涵，规范人民调解工作，提高人民调解水平。

作　者

2012 年 5 月于广州

编 写 说 明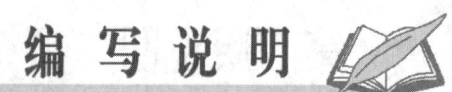

　　《人民调解实务》是全国政法干警招录培养体制改革试点专业中法律事务专业的专业核心课程。为满足高职教育法律类专业教学改革的需要，编写组依据法律事务专业人才培养目标和《人民调解实务》课程标准，遵循高职教育的认知规律，紧密联系司法行政工作实践和相关专业人才培养模式，以人民调解工作的整个工作过程为导向，从培养学生的职业品格出发，以培养人民调解工作者的专业技能为落脚点，设计了突出人民调解工作职业岗位技能系统化的项目内容和课程体系。该教材编写体例融合了人民调解实务"教、学、做"的"工学结合"情境，按照项目从简单到复杂、能力从低级到高级的教学要求设置单元内容，以真实、典型案例为任务载体对应学习内容来设计教学过程，全面培养和训练基层法律工作者的人民调解工作能力，充分体现了理论必需性、职业针对性的高职教育理念。

　　本教材内容分为九个学习单元，各学习单元根据"知识目标"和"能力目标"的培养要求，以典型的真实案例为载体，导入该单元"应知"和"应会"的核心问题。"应知"部分以必需、够用为原则，选取和序化"基本知识"，为学习者做好人民调解工作奠定理论基础。"应会"部分以具体工作任务为载体，以工作过程为导向，以职业岗位能力为目标，设计学习情境，明确模拟训练要求和步骤，旨在培养和训练人民调解工作者的职业岗位能力。同时，在每个学习单元还设计了"思考与练习"和"拓展阅读书目"项目，以启发和激励学生学习的主动性和积极性，培养学生适应社会不断发展变化的潜质和能力。该教材不仅能满足全国政法干警招录培养体制改革试点专业中法律事务专业的教学需要，适于高职法律事务及相关专业的教学使用，而且是司法行政工作者的良师益友。

本教材由主编盛永彬、刘树桥拟定编写提纲和编写计划，副主编刘最跃及部分参编的同志参与了编写体例的确定。最后由主编盛永彬统稿并定稿。具体编写分工如下：

郝阜忻副教授（海南政法职业学院）	单元一
宋云仙副教授（宁夏司法警官职业学院）	单元二
盛永彬教授（广东司法警官职业学院）	单元三、单元四
谢凤芝所长（东莞市东坑司法所）	单元三
刘树桥副教授（广东司法警官职业学院）	单元五、单元八
刘最跃副教授（湖南司法警官职业学院）	单元六
余暮副教授（海南政法职业学院）	单元七
徐险峰科长（东莞市司法局基层科）	单元八
姚淑媛教授（河北司法警官职业学院）	单元九

在教材的立项、拟纲、编写过程中，得到了全国高职高专教育法律类专业教学指导委员会的大力支持和帮助，尤其是王红处长和杨梓教授对具体编写工作给予了热情指导并提出了宝贵意见。谨此，表示由衷的感谢！为圆满完成教材的编写工作，作者参阅和借鉴了有关学者和相关部门的研究成果和文献资料，对他们表示诚挚的谢忱！

由于编著者水平有限，不足和缺陷在所难免，恳请读者多提宝贵意见。

编　者

2010 年 5 月 8 日于广州

目录CONTENTS

单元一 导 论

知识目标

● 识记民间纠纷的解决途径；了解人民调解及相关的基本理论；明确四种调解方式的关系。

◯ **导入案例**

某市某镇某村的村民王某房屋的后门与同村何某房屋的前门相对，两座房屋之间相隔一块空地，该空地长期由何某使用。2010 年 3 月，何某在空地邻近王某房屋一侧建一猪圈，由于猪圈与王某房屋后门及窗户相距很近，影响了王某房屋的通风和采光，并造成一定污染。双方为此多次争吵，导致邻里关系十分紧张。

问题： 1. 此案是农村常见的邻里纠纷，解决此纠纷的途径有哪几种？

2. 对民间纠纷而言，哪种解决纠纷的途径最方便、快捷？

基础知识

一、民间纠纷及其解决途径

（一）民间纠纷的概念、性质和特征

1. 纠纷。纠纷是指因某一事实引起的争议。它是人类社会生活中自然产生的一种现象，也是人类社会交往中不可避免的一种现象。纠纷对社会而言，不仅有消极、负面的作用，还有积极、正面的作用。其消极、负面的作用体现在纠纷制造者造成了对社会秩序、伦理道德的挑战和破坏，纠纷涉及的当事者为消弭纠纷而消耗了时间、精力、情感、金钱，甚至遭受精神痛苦等。其积极、正面的作用体现在纠纷的产生与解决彰显了其所处社会背景下的制度规范、价值尺度、伦理道德标准等的功效，同时也发展了其所处社会背景下的制度、规范等，甚至推动了社会的发展和进步。

按照社会学的理论，人与人生活在社会互动中，"社会互动就是人们对他人采取行动或对他人的行动作出反应的过程"。社会互动的通常形式为交换、合作、竞争、冲突。冲突的形式就包括纠纷。

纠纷可发生在各种不同的领域，如政治领域的纠纷、民族领域的纠纷、国际

领域的纠纷、宗教领域的纠纷、经济领域的纠纷等。其表现形式多种多样，可以表现为暴力的纠纷或非暴力的纠纷、显性的纠纷或隐性的纠纷、冲突激烈的纠纷或相对缓和的纠纷等。

2. 民间纠纷的概念、性质。民间纠纷属于纠纷的一种类型。历史上，民间纠纷是指相对于"官方"而发生在民间的一切纠纷。现代意义上，广义的民间纠纷是指发生在民间的一般民事纠纷和特殊民事纠纷，以及发生在民间的轻微刑事违法行为和因违反社会公德而引起的纠纷。狭义的民间纠纷则是指人民调解委员会所调解的民间纠纷。对于人民调解委员会所调解的民间纠纷所包括的范围，2010 年 8 月 28 日第十一届全国人大常委会第十六次会议通过的《中华人民共和国人民调解法》（以下简称《人民调解法》）并没有明确界定，不过 2002 年 9 月 11 日司法部通过的《人民调解工作若干规定》第 20 条规定，人民调解委员会调解的民间纠纷，包括发生在公民与公民之间、公民与法人和其他社会组织之间涉及民事权利义务争议的各种纠纷。对于民间纠纷的性质，可以从以下两个方面理解：

（1）民间性。民间性表现为：①民间纠纷主要是以公民、民间组织为主体的纠纷。民间是同官方相对而言的。作为民间纠纷，其主体主要是民间社会中的主体，包括公民、法人或其他社会组织，它们在法律上都是平等的。基于纠纷主体间法律地位的平等性，在它们之间发生的民间纠纷都可以通过平等的对话来解决。根据法律规定，随着经济体制改革和生产的发展而出现的新的民事主体，譬如个体工商户、承包经营户、合伙组织等，都属于本书所探讨的民间纠纷的主体。②民间纠纷主要是民事纠纷。民事纠纷主要是指发生在平等主体的公民、法人和其他社会组织之间的人身权益和财产权益的纠纷。民间纠纷还包括轻微刑事违法行为和因违反社会公德而引起的纠纷。轻微刑事违法行为虽然是构成犯罪的行为，但由于情节轻微、情况特殊，法律允许对其特殊处理，以有利于问题的解决，但对该类事件的调处仅限于民事权利义务部分；因违反社会公德而引起的纠纷虽然只是违反了道德，一般不涉及法律问题，但影响却很大，如不能得到及时处理，也可能会激化矛盾，造成不良后果，所以应被纳入民间纠纷的范畴。

（2）非对抗性的人民内部矛盾。民间纠纷，无论是普通民事纠纷，还是轻微刑事违法行为或者因违反社会公德而引起的纠纷，本质上都是人民内部的非对抗性矛盾。因此，纠纷主体之间不存在你死我活的斗争。这种民间纠纷的主体不管是对于纠纷的发生，还是对于纠纷的解决，都不主张激烈的对抗，而是寻求合理的途径来解决，以实现其合法的利益。

3. 民间纠纷的特征。总结长期的人民调解实践经验，可以归纳出民间纠纷具有以下六个特征：

（1）民间纠纷的广泛性。民间纠纷的广泛性主要表现为：①纠纷主体多元化。当前的民间纠纷已不仅是过去的公民、法人及其他组织等平等主体间的一般性纠纷，纠纷主体呈现多元化并存的趋势，公民、法人、其他组织等平等主体之间以及公民与基层组织、基层政府等隶属关系主体之间的纠纷日益增多。纠纷主体的多元化，促使以往的纠纷界定标准与调解工作范围、内容和方式等均发生了较大变化。②涉及的社会关系和纠纷种类多样化。人类社会是个复杂而庞大的组织，每天在各种各样的人之间发生着各种各样的关系，如生产关系、工作关系、劳动关系、生活关系、邻里关系等，个体的差异和客观环境的不同，必然会导致大量的矛盾，进而形成广泛的民间纠纷。

近几年来，随着城市化进程的加快，经济交往也日趋频繁，民间纠纷从过去以邻里纠纷为主发展到现在的多种矛盾纠纷并存。当前的民间纠纷，比较突出的主要有六类：①相邻纠纷。由于土地资源、水资源越来越贫乏，土地与水等资源的价值不断上升，相邻纠纷也越来越多。这些纠纷往往涉及家庭与家庭之间、宗族与宗族之间、村与村之间的利益，如处理不及时，极易导致矛盾激化，甚至发展成群体性斗殴事件。②婚姻家庭纠纷。由于当前农村经济快速发展，部分群众思想开始"解放"，受到一些西方资产阶级腐朽思想的侵蚀，致使婚姻纠纷和家庭纠纷逐年增多。③劳资纠纷。目前，农村个体私营经济发展较快，许多民营企业都雇用了进城务工的农民工。有些企业主经营理念落后、思想素质不高，恶意拖欠农民工工资现象时有发生。特别是临近春节时期，此类纠纷更容易发生。一些农民工看到自己的"血汗钱"不能兑现，生活又没有着落，容易引发盗窃、抢劫甚至报复杀人等刑事犯罪案件。④损害赔偿纠纷。近几年来，农村一般民间纠纷引起的轻微伤害案件逐年增多。此外，一些中小企业主安全意识淡薄，由此而引发的工伤事故也呈逐年上升的趋势。这些纠纷涉及人身伤亡，当事人情绪比较激动，容易产生过激行为，若处理不当，极易引发刑事案件，甚至发生群体性事件。⑤合同纠纷。当前，我国正处于社会主义初级阶段，法治建设正在逐步完善。但部分村民群众的法律意识还不是很强，特别是在经济交往活动中，经济交易往往通过口头约定，而不采用书面形式，结果埋下了隐患，容易发生合同纠纷。⑥教育、环保等其他纠纷。

（2）民间纠纷的复杂性。民间纠纷不仅广泛存在，而且还相当复杂。由于社会关系的错综复杂，民间纠纷也必然具有复杂性。一起纠纷的发生往往会牵涉多方面的问题，这些纠纷如果处理不当，就会引发一系列的相关纠纷，致使矛盾激化。

民间纠纷的复杂性表现在：既有一般民事纠纷，又有轻微刑事违法行为和因违反社会公德而引起的纠纷；既有财产方面的纠纷，又有人身方面的纠纷；既有

争议不大的一般性纠纷，又有比较复杂的特殊纠纷。此外，纠纷当事人的职业、年龄、民族、性别、性格和文化程度的不同，也会导致他们对民间纠纷所持的态度不同，使民间纠纷趋于复杂化。

这些复杂的纠纷主要具有以下几个方面的特性：①地方性。由于历史原因以及各地的经济发展状况、地理位置不同，各地发生的民间纠纷具有地方特色。②时间性。大部分农村民间纠纷的发生都有其时间上的规律性。夏秋季节，许多村民都在田间劳作，容易发生一些相邻纠纷、水利纠纷。重大节日（如春节）期间，许多在外务工、经商的村民都回家过年，社会交往活动比较频繁，有些村民甚至聚众赌博，也容易发生邻里斗殴纠纷。③宗族性。由于历史原因，我国农村地区群众的宗族观念比较强，这使得许多农村矛盾纠纷都带有宗族色彩。有些小纠纷如不及时处理，就会导致矛盾激化，甚至发生大规模的宗族械斗，造成严重后果，影响社会稳定。④严重性。许多民间纠纷从表面上看都是一些小事，但事实并非如此，这些看似简单的民间纠纷往往都是一个个"火药桶"，若处理不当或不及时就会导致矛盾激化，可能会引发严重后果。从许多发生在农村的重大事件中，我们都可以发现，这些事件可能就是由一件小小的民间纠纷引起的。⑤经济性。农村许多民间纠纷都具有经济性的特点，如一些借贷纠纷、其他经济合同纠纷，甚至损害赔偿纠纷都是以经济利益为核心的，当事人的主要目的都是获取更大的经济利益。⑥群体性。最底层的人群往往有共同的利益因素或要求。比如，涉及农村产业结构调整、村级财务管理以及大宗土地、水事的纠纷，矛盾的主体一般为多人，矛盾一方当事人的整体利益一致，矛盾的焦点一致，矛盾一方的整体合力大，化解难度大，一旦处理不当就容易形成群体性纠纷或导致群体性上访，产生不良的社会影响，危害社会稳定。

（3）民间纠纷的长期性。民间纠纷从发生到解决，往往要经历很长的时间，除少数纠纷之外，都不太可能在短期内获得解决。特别是要想彻底做通当事人的思想工作，使当事人心悦诚服地接受某种解决结果，更难在短期内实现。此外，反复性是长期性的一种表现形式。有些纠纷表面上得以解决，当事人也同意解决结果，但到真正执行协议时，当事人却又反悔。甚至在协议执行完毕后，一方当事人又"找后账"，要推翻已达成并执行完毕的协议。

（4）民间纠纷的潜伏性。"冰冻三尺，非一日之寒。"多数民间纠纷在正式形成之前，一般都有一个酝酿发展的过程，即存在引发纠纷的隐患，但不足以真正引发纠纷。当这种隐患积累到一定程度，就会爆发纠纷。民间纠纷的潜伏期有长有短，潜伏期的长短，与纠纷的性质、当事人的主观状况、客观的外部环境等都有密切关系。当然，也有些民间纠纷不存在潜伏期，如矛盾十分尖锐的突发性民间纠纷。这种突然爆发的民间纠纷，如不及时制止，会造成极其严重的后果。

（5）民间纠纷的季节性。某些民间纠纷，由于其自身的特性，其发生、发展一定程度上受季节的影响。例如，宅基地纠纷，多发生在农村建房较集中的农闲季节；赡养、债务纠纷，多发生在进行结算、分红、收益分配的年终。

（6）民间纠纷的易变性。民间纠纷不是一成不变的，而是会随着客观情况的变迁发生多种多样的变化，如果人民调解委员会不及时进行卓有成效的调解，有的案件有可能转化为刑事案件。例如，有的纠纷开始只是一般争吵，逐渐发展成为邻里斗殴，甚至是宗族械斗。民间纠纷易变性的特点要求人民调解员在纠纷苗头刚出现时，就要及时展开调解工作，防止纠纷的蔓延和恶化，引导纠纷的缓解和解决。

（二）民间纠纷的解决途径

从人类社会发展的视角观察，人类社会纠纷解决方式各式各样，有野蛮的、暴力的，也有文明的、规范的。野蛮的、暴力的方式被法律禁止，文明的、规范的方式为社会所倡导。当代社会解决纠纷的方式或机制多种多样，其主要的解决方式通常有以下几种：

1. 谈判（自行和解）。谈判是指纠纷当事人自行就他们之间争议的事项，通过交流、说理、协商等方式达成一致意见进而解决纠纷的方式。谈判包括协商、交涉的含义在内。以谈判的方式自行解决纠纷，通常不需要借助第三方的力量。

2. 调解。调解是指通过第三方的斡旋、调停、劝说等方式，促使纠纷当事人之间达成协议、消除争议的制度。在我国的法律规定中，调解分为诉讼外调解和诉讼调解（法院调解）。

（1）诉讼外调解。诉讼外调解是指民事纠纷的当事人在第三方的主持下，就争议的问题进行协商并达成协议的制度。诉讼外调解主要是指民间调解（在我国则被称为人民调解），但也包括其他种类的调解，如消费者协会、劳动争议仲裁机构以及律师对纠纷的调解等。诉讼外调解的特点在于在民事纠纷的当事人协商解决纠纷的过程中有第三方介入，是由第三方进行劝导与"说和"。

（2）诉讼调解（法院调解）。诉讼调解是指人民法院作为第三方，利用国家的公权力（审判权）对纠纷进行的调解，即国家以调解的方式介入纠纷。这种调解的结果带有强制性。

3. 仲裁。仲裁是指纠纷的当事人根据其达成的协议，将争议提交非司法机构的仲裁机构，由仲裁机构作为第三方对纠纷进行裁决的活动。仲裁主要适用于民商事领域的纠纷。仲裁的前提条件是当事人均同意采用仲裁的方式解决纠纷。仲裁机构是按照国家有关法律规定设立的、解决民商事纠纷的民间机构。当事人对仲裁机构作出的仲裁裁决可以申请法院强制执行。

4. 诉讼。诉讼是指纠纷当事人通过行使诉权向人民法院提起诉讼，人民法院通过行使审判权对纠纷进行审理裁判的活动。根据司法最终解决原则，当事人之间的民事纠纷最终可以通过诉诸法院来解决。法院的裁判为最终裁判，当事人不可再寻求其他任何社会救济方式。诉讼的性质为司法性，法院裁判的结果具有强制力，非经法定程序不得变更，当事人必须遵守。

二、调解

调解是在人类社会进程产生和发展中的一种解决矛盾、平息纠纷、化干戈为玉帛的构建和谐社会的实践活动，也是中国传统法律文化的重要资源。其源远流长，被视为远东法系和中华法系的基本标志之一，也被西方法学界称为"东方之花"。

（一）调解的内涵

我们的祖先在创立文字时，十分注意文字的丰富内涵。文字本身被赋予了生命和灵魂。根据《说文解字》释义，"调"是由"言"和"周"字组合而成的，其含义为用语言去周旋。显然，"调解"即用语言艺术去周旋，排除矛盾，化解纷争，解决问题，保留和谐因素。在中国几千年历史文明的发展进程中，"调解"就是指经过第三者的排解疏导、说服教育，促使发生纠纷的双方当事人依理、依法自愿达成协议，解决纠纷、平息矛盾的一种实践活动。

（二）调解的类别

中国的调解类别主要包括以下四种：

1. 人民调解。人民调解即民间调解，是指人民调解委员会对民间纠纷当事人通过说服教育、规劝疏导的方式，促使纠纷各方互谅互让、平等协商、自愿达成协议、消除纷争的一种群众性解决纠纷的活动。人民调解是群众自我管理、自我教育、自我服务的自治行为，属于诉讼外调解。

2. 行政调解。行政调解是指由国家行政机关主持的，根据国家政策、法律，以自愿为原则，在分清责任、明辨是非的基础上，通过说服教育，促使双方当事人互谅互让，从而达成协议以解决纠纷的活动。行政调解可单独适用，也可以合并于行政裁决或行政仲裁中适用。行政调解一般分为两种：一是基层人民政府，即乡、镇人民政府主持的对一般民间纠纷的调解；二是国家行政机关（如公安、劳动、国土、城建、工商等）依照法律规定对某些特定民事纠纷、经济纠纷、劳动纠纷等进行的调解。行政调解也属于诉讼外调解的范畴。

3. 司法调解。司法调解又称法院调解、诉讼调解，是指法院在审理各类案件（刑事公诉案件除外）时，由法院主持，当事人经过平等协商达成协议，从而解决纠纷的活动。司法调解是法院解决民事纠纷的一种重要方式，对民事案件的审理发挥着重要作用；在刑事诉讼和行政诉讼中，司法调解是有条件适用的，但适用范围有望逐步扩大。司法调解书与判决书有同等效力。

4. 仲裁调解。仲裁调解是指纠纷的当事人根据事前或事后达成的仲裁协议，一致同意将争议提交非司法机构的第三方——仲裁机构仲裁，仲裁机构通过调解的方式对纠纷进行解决的活动。仲裁调解是仲裁机构解决纠纷的一种方式。该种调解方式也属于诉讼外调解。

三、人民调解

(一) 人民调解的概念和特征

人民调解，即民间调解，是指人民调解委员会通过说服、疏导等方法，促使当事人在平等的基础上自愿达成调解协议，解决民间纠纷的活动。人民调解是群众自我管理、自我教育、自我服务的自治行为，属于诉讼外调解。人民调解具有如下特征：

1. 人民性。人民调解是在社会主义国家人民民主专政的条件下产生并发展起来的；人民调解员由经人民群众选举产生或聘用的具有调解技能的人担任；调解的民间纠纷是人民内部矛盾；调解的目的是平息人民群众之间的纷争，增强人民内部团结，维护社会稳定。所以，人民调解首先具有人民性。

2. 民主性。人民调解从本质上说是一种人民群众进行自我管理、自我服务、自我约束、自我教育的群众性自治活动。它是人民群众直接行使民主权利、管理社会事务的一种表现，是民主自治的重要形式，体现了社会主义的"直接民主"和人民群众当家作主的地位。人民调解坚持平等自愿的原则，不强行调解，调解运用说服教育、耐心疏导、民主讨论和协商的方法。在查明事实、分清是非的基础上，依法帮助当事人达成调解协议。人民调解的整个过程充分体现了人民民主的性质和特色。

3. 自愿性。人民调解必须依靠当事人自愿，人民调解组织不得强行进行调解。这主要表现在：

(1) 调解是纠纷当事人自愿提起的，人民调解委员会应根据纠纷当事人的申请受理调解纠纷。当事人没有申请的，也可以主动调解，但当事人明确表示异议的除外。

(2) 调解是否达成协议以及达成协议的内容如何，必须根据当事人双方的意愿决定。

(3) 调解协议不具有强制执行力，由负有义务的一方当事人自愿履行。

4. 规范性。人民调解是法定的组织依据调解程序进行的解决纠纷的活动，不是群众自发的活动。人民调解委员会在法律规定的范围内调解民间纠纷，不得超越其职权范围。人民调解以事实为根据、以法律为准绳，人民调解组织通过判别是非、明晰权利义务，帮助当事人达成调解协议。人民调解是由法律规定、受法律规范的诉讼外民间纠纷解决机制，必须依法进行。这主要表现在：

（1）人民调解委员会和人民调解员的构成、选任以及调解工作的相关制度、方法都有明确的法律规定。

（2）人民调解委员会调解民间纠纷的主要依据是法律、法规、规章和政策。

（3）人民调解委员会在基层司法行政部门和基层人民法院的指导下开展工作（基层人民法院对其进行业务指导）。

（二）人民调解的性质

人民调解的性质是由人民调解委员会的性质决定的。人民调解委员会的性质在我国的法律、法规和其他规范性法律文件中有明确规定。《中华人民共和国宪法》（以下简称《宪法》）第111条第1款规定："城市和农村按居民居住地区设立的居民委员会或者村民委员会是基层群众性自治组织……"《人民调解委员会组织条例》和《人民调解工作若干规定》都再次强调了人民调解委员会的性质，即人民调解委员会是调解民间纠纷的一种民间性、群众性和自治性组织。《人民调解法》第7条也进一步明确规定人民调解委员会是依法设立的调解民间纠纷的群众性组织。

人民调解属于民间调解。它是在依法设立的人民调解委员会的主持下，在双方当事人自愿的基础上，以国家的法律、法规、规章、政策和社会公德为依据，对民间纠纷当事人进行说服教育、规劝疏导，促使纠纷各方互谅互让、平等协商、自愿达成协议、消除纷争的一种群众自治活动。其性质包括：

1. 群众性。①人民调解委员会遍布全国城乡各个区域。中华人民共和国成立以来，人民调解组织获得了长足的发展，不仅在群众居住区设立了人民调解委员会，而且在群众工作的企事业单位中也设立了人民调解委员会。另外，还根据需要设立了区域性、行业性的人民调解委员会，从而形成了立体的人民调解组织架构。②人民调解委员会人数众多。《人民调解法》第8条第2款规定："人民调解委员会由委员三至九人组成……"③人民调解委员会根植于人民群众。我国数百万人民调解员来自祖国各地、来自各行各业，具有广泛的群众基础。人民调解员是经人民群众选举或从群众中聘请的，由人民群众熟悉和信得过的、热心为人民群众服务、同群众有深厚的感情联系、在群众中享有威望、有一定政策和法律知识的人担任。④人民调解组织调解的民间纠纷是人民内部矛盾。调解的依据是国家的法律、法规、规章、政策和社会公德；调解的宗旨是为人民群众排忧解难；调解的目的是平息人民群众之间的纷争，增进人民内部团结，维护社会稳定。

2. 自治性。人民调解的自治性由人民调解委员会的自治性决定。人民调解委员会的自治性表现在：人民调解委员会既不是国家司法机关，也不是国家行政机关，而是作为群众自治组织，参与社会事务的管理。人民调解委员会在基层人民政府和基层人民法院的指导下开展工作。这种指导是方针政策、法律知识、调解方式和方法等方面的指导。这体现了人民调解委员会的自治性，也表明了人民调解是一种群众自我管理的活动。

（三）人民调解的地位

人民调解在我国的政治、社会生活中发挥着重大而积极的作用，特别是在党的十一届三中全会以后，更是以前所未有的规模和速度向前发展，显示出强大的生命力，不仅愈来愈得到党和政府的充分肯定和高度重视，而且深受人民群众的欢迎和支持。为此，2014 年党的十八届四中全会通过的《中共中央关于全面推进依法治国若干重大问题的决定》进一步提出："健全社会矛盾纠纷预防化解机制，完善调解、仲裁、行政裁决、行政复议、诉讼等有机衔接、相互协调的多元化纠纷解决机制……完善人民调解、行政调解、司法调解联动工作体系……"人民调解的地位主要体现在以下几个方面：

1. 人民调解的法律地位。《宪法》第 111 条第 2 款规定："居民委员会、村民委员会设人民调解、治安保卫、公共卫生等委员会，办理本居住地区的公共事务和公益事业，调解民间纠纷，协助维护社会治安，并且向人民政府反映群众的意见、要求和提出建议。"这一规定使人民调解的地位在国家的根本大法中得到体现。1989 年 6 月，国务院发布并施行了《人民调解委员会组织条例》，进一步确立了人民调解的法律地位。2002 年 9 月出台的《最高人民法院关于审理涉及人民调解协议的民事案件的若干规定》（已失效）第 1 条规定："经人民调解委员会调解达成的、有民事权利义务内容，并由双方当事人签字或者盖章的调解协议，具有民事合同性质……"该规定明确了人民调解协议的性质和法律约束力，增强了人民调解工作的公信力和权威性，促进了人民调解法律制度的进一步完善，在人民调解法律制度发展史上具有里程碑式的重要意义。2010 年 8 月 28 日颁布的《人民调解法》通过立法程序，使人民调解的法律地位得到了进一步提升。

2. 人民调解在社会主义民主政治建设中的地位。人民调解在社会主义民主政治建设中的地位主要表现在三个方面：

（1）人民调解是社会主义民主政治建设的一项重要内容。人民调解委员会调解矛盾纠纷的活动是依照有关法律规定开展的，是对社会事务的一种群众性自我管理。它本身就是人民行使民主管理权利的体现，体现了人民在解决矛盾纠纷、维护社会稳定时当家作主的本质。

（2）人民调解是社会主义民主的直接体现。人民调解通过人民群众自己选举的调解组织来调处发生在人民群众内部的纷争，化解人民内部的矛盾，自己动手维护公民的合法权益。可见，人民调解是人民群众直接行使民主权利、直接参

加国家生活、直接管理社会事务的一种重要表现，是具有中国特色的社会主义民主与法治建设的重要组成部分。

（3）人民调解组织充当着政府与广大人民群众之间的桥梁和纽带。人民调解组织通过开展调解工作，将人民政府和广大人民群众连接起来，沟通了他们之间的关系，使他们在社会和政治生活中相互协调、方向一致，从而大大地促进了社会主义基层民主制度的建设和发展。

3. 人民调解在社会主义法治建设中的地位。人民调解将法律制度、执法、守法三方面体现于一身，理所当然地成为我国社会主义法治的重要组成部分。首先，人民调解本身就是一种法律制度，它在我国的法律体系中，特别是在程序法体系中，处于预防纠纷、化解矛盾、防止矛盾纠纷激化的第一线，是我国法治体系中的基础性环节。其次，人民调解组织调解纠纷的过程也是适用法律的过程，这种群众性的司法活动，使法律成为广大人民群众手中的武器，使司法机关有了广泛的群众基础，使法律在基层得以贯彻实施。最后，人民调解组织通过开展调解工作，宣传国家法律、法规、规章和政策，增强公民的法律意识，推动人民群众知法守法，这也是社会主义法治建设的基本要求。

4. 人民调解在社会治安综合治理中的地位。人民调解处于社会治安综合治理的第一道防线上，在基层筑起了一道化解纠纷、缓解矛盾、预防犯罪的坚固防线。在维护社会安定团结方面更具有预防性、超前性和治本性的特点，发挥着其他纠纷解决途径不可替代的重要作用。因此，人民调解理所当然地成为社会治安综合治理总工程中的重要一环，是综合治理系统工程中不可缺少的一个子系统。

（四）人民调解的作用

当前，我国已经进入全面建设小康社会、加快推进社会主义现代化的新的发展阶段。全国各行各业、各条战线都在为完成党和国家确定的经济和社会发展的各项任务而努力奋斗。但同时我们也应清醒地看到，随着改革开放的日益深化和社会主义市场经济的不断发展，社会经济成分、利益关系和分配方式等日益多样化，各种利益冲突和摩擦将不断出现，社会矛盾会更加复杂，各种纠纷也会大量增加。在这样的情况下，及时化解各种社会矛盾，消除各种不安定因素，维护社会稳定，就显得更加重要。江泽民同志指出："在改革开放和发展社会主义市场经济的过程中，人民内部矛盾会明显增多，有的还会日益突出起来，这是新时期的一个需要认真研究和正确解决的重要政治课题。"当前，我们必须结合新的历史条件，大力加强和改进对人民群众的思想政治工作，同时积极运用经济、行政和法律等手段，及时妥善地处理人民内部矛盾，防止矛盾激化而影响社会稳定，保障经济社会发展。在此情况下，人民调解具有重大作用。

1. 人民调解为维护社会稳定发挥着巨大作用。人民调解在维护社会稳定方面的巨大作用主要体现在以下两个方面：

（1）正确、及时地化解矛盾纠纷，增强人民内部团结。全国的人民调解组织每年调解矛盾纠纷六百多万件，把大量的人民内部矛盾解决在基层，使成千上万的当事人在不伤感情、不失和气的情况下消除了隔阂，改善了人际关系，有效地维护了社会安定团结。人民调解委员会及时、就地、公正地调解了大量的民间纠纷，增强了人民内部的团结，有利于建立和维护社会主义新型的人与人之间的关系。

（2）防止矛盾纠纷激化，预防犯罪行为发生。人民调解组织通过及时发现、正确调解矛盾纠纷，把许多因发生矛盾纠纷而准备行凶的人从犯罪的边缘拉了回来，制止了许多一触即发的危害人民生命财产安全的重大恶性案件。人民调解以平等、民主、说服、教育的方法，耐心做好民事纠纷双方当事人的思想工作，疏导和化解纠纷，避免矛盾的激化和事态的扩大，尽最大可能把矛盾解决在萌芽状态，解决在基层，从而防止因民间纠纷激化而酿成危及人民生命财产安全的恶性事件，减少违法行为与犯罪案件，促进社会治安的根本好转，维护社会稳定并服务于社会主义经济建设。通过广泛深入、生动具体地向人民群众开展法治宣传教育的方式，不断增强人民群众的法治观念，为预防犯罪起到了治本的作用。通过开展多种形式的社会主义精神文明建设活动，移风易俗，净化了社会风气，创造了预防犯罪的外部环境。

2. 人民调解促进了改革开放和经济建设。人民调解促进改革开放和经济建设的作用主要体现在以下四个方面：

（1）通过调解大量的矛盾纠纷，消除了当事人之间的纷争，解除了其精神负担，增进了团结，有利于调动人民群众生产和工作的积极性，使人们都能心情舒畅地投入生产和工作中。

（2）人民调解组织设在基层，人民调解员生活在群众之中，对群众中发生的各种矛盾纠纷，不仅可以及早发现，而且可以就地解决，这样可以节省当事人的时间、人力和物力，免除群众讼累，避免因打"官司"而耽误生产和工作。人民调解减轻了人民负担，减少了群众诉讼，进而减少了司法成本。

人民调解作为一种制度化、经常化和专门化的纠纷调解机制，在解决民事纠纷中具有方便快捷、成本低、效率高的优点，因而无论是公民之间，还是公民与法人（或者其他经济组织）之间发生的纠纷，都愿意通过人民调解的方式解决。公民之所以愿意接受人民调解，是因为这种解决方式没有特别的入门条件和费用。调解委员虽没有裁判权，但能通过晓之以理、动之以情、明之以法的方式进行调解，以种种灵活方法帮助当事人消除隔阂、化解矛盾、分清是非、息事宁人。法人之所以能够接受人民调解，也在于看重它的低成本和高效率所带来的利

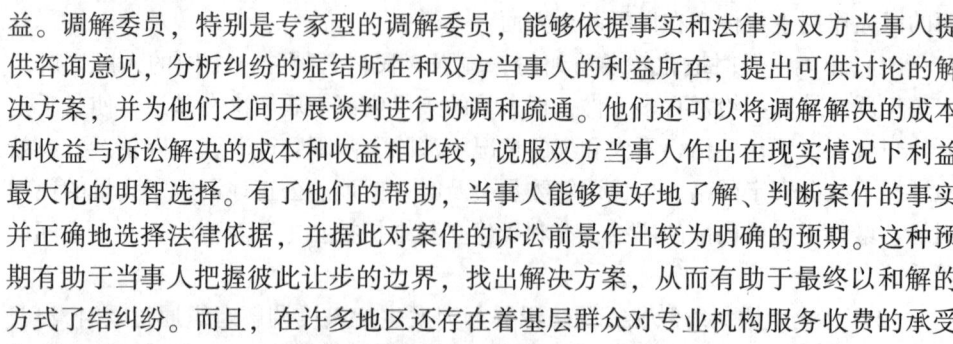

益。调解委员，特别是专家型的调解委员，能够依据事实和法律为双方当事人提供咨询意见，分析纠纷的症结所在和双方当事人的利益所在，提出可供讨论的解决方案，并为他们之间开展谈判进行协调和疏通。他们还可以将调解解决的成本和收益与诉讼解决的成本和收益相比较，说服双方当事人作出在现实情况下利益最大化的明智选择。有了他们的帮助，当事人能够更好地了解、判断案件的事实并正确地选择法律依据，并据此对案件的诉讼前景作出较为明确的预期。这种预期有助于当事人把握彼此让步的边界，找出解决方案，从而有助于最终以和解的方式了结纠纷。而且，在许多地区还存在着基层群众对专业机构服务收费的承受能力问题。所以，人民调解制度的作用显而易见。

（3）人民调解是为群众排忧解难、为政府和法院减负分压的"减压阀"。人民调解组织把大量的人民内部矛盾化解在基层，人民调解作为诉讼外的纠纷解决机制，方便、灵活、不收费、程序简便、社会效果好，使相当数量的民间纠纷完全可以不必进入诉讼程序就得到解决，有力地提升了民间纠纷的化解率，大大减轻了地方各级人民政府和人民法院的负担；节约了行政成本，使各级人民政府从解决纠纷的繁琐事务中解脱出来，使他们能集中更多的时间和精力搞改革、抓生产；节约了诉讼资源，使人民法院更能够集中精力审理疑难、复杂案件，提高办案质量。

（4）人民调解组织依照法律、政策，不仅及时调解了农村中因争水、争电、争场院、争山林、争农机具等发生的生产经营性纠纷和承包经营合同纠纷，以及城乡集贸市场中因争摊位、争门店、抢生意、掺杂使假、缺斤短两等发生的各种矛盾纠纷，而且积极预防、主动化解了企业改革中职工与职工、职工与领导、职工与家庭之间发生的大量矛盾纠纷，同时还有效地化解了城市在市政建设、危房改造中产生的各种矛盾纠纷。这都直接服务于改革开放，促进了经济建设的发展。

3. 人民调解是联系人民群众与人民政府的重要渠道。根据《中华人民共和国村民委员会组织法》（以下简称《村委会组织法》）和《中华人民共和国城市居民委员会组织法》（以下简称《居委会组织法》）的规定，村（居）民委员会的任务之一，就是向人民政府反映村（居）民的意见、要求并提出建议。而人民调解委员会作为村（居）民委员会的一个组成部分，凭借其广泛的人民调解组织网络，以其独特的工作方式，通过日常的人民调解工作，及时向基层人民政府反映调解工作中发现的问题，从而成为联系人民群众和人民政府的重要渠道。同时，这些来自基层群众生活的各种信息反馈，既是人民群众生活状态的真实反映，又为党和政府及时制定和修改法律、法规、政策等各种决策行为提供了宝贵的第一手资料。

4. 人民调解推动了社会主义精神文明建设。人民调解是社会主义精神文明建设的重要组成部分，与精神文明建设密切联系、息息相关。实践证明，把人民调解与社会主义精神文明建设有机结合起来，既能促进人民调解工作的发展，又能为社会主义精神文明建设增添力量，二者相互渗透、相互促进。人民调解在精神文明建设中所起到的重要作用主要有以下三个方面：

（1）通过调解矛盾纠纷，为人民群众排忧解难，增进人民群众之间的团结友爱，有利于建设和发展社会主义的新型人际关系。

（2）通过向人民群众进行法治宣传教育和社会主义道德教育，促进广大群众遵纪守法，尊重社会主义道德，有利于使公民成为有理想、有道德、有纪律、有文化的新型劳动者。

（3）通过配合基层政权组织和有关部门积极开展群众性精神文明建设活动，弘扬正气，净化环境，扶正祛邪，移风易俗，使文明个人、文明家庭、文明单位大量涌现，对社会主义精神文明建设起到了重要的推进作用。

总而言之，人民调解把大量民间纠纷解决在基层，解决在萌芽状态，既方便了群众，节省了人力、物力和时间，又维护了社会稳定，促进了生产力的发展。人民调解还通过调解纠纷，宣传党的路线、方针、政策，开展生动的法治宣传教育，弘扬了社会主义道德，增强和提高了人们的法治观念和道德水平，符合先进文化发展的要求。维护社会的稳定需要人民调解，维护我国广大人民群众的根本利益也需要人民调解。人民调解作为社会主义民主和法律制度的重要组成部分，作为解决社会矛盾纠纷的重要机制，具有不可替代的重要地位和作用。

四、人民调解与司法调解、行政调解、仲裁调解的关系

（一）人民调解与司法调解的关系

司法调解亦称诉讼调解，或称法院调解，是《中华人民共和国民事诉讼法》（以下简称《民事诉讼法》）规定的一项重要的诉讼制度，是双方当事人在人民法院法官的主持下，通过处分自己的权益来解决纠纷的一种重要方式；司法调解以当事人之间的私权冲突为基础，以当事人一方的诉讼请求为依据，以司法审判权的介入和审查为特征，以当事人处分自己的权益为内容，实际上是公权力主导下当事人对私权利的一种处分和让与。

人民调解和司法调解都是解决纠纷当事人纷争的重要方式；采用的方法都是通过说服教育、宣传法律政策，促使当事人相互谅解、达成和解协议、消除纷争；适用的原则基本上都是"自愿原则""合法原则""查明事实、分清责任原则"。两者的主要区别表现在：

1. 主持调解的主体不同。人民调解是在人民调解委员会的主持下进行的调解。人民调解委员会是村民委员会、居民委员会或企业事业单位下设的调解民间纠纷的群众性组织。而司法调解是在人民法院的主持下进行的调解，人民法院是

法定的国家审判机关。

2. 调解协议的效力不同。在人民调解委员会主持下达成的调解协议具有民事合同性质。当一方当事人不履行调解协议时，另一方当事人可以向人民法院起诉请求对方当事人履行调解协议。当出现法律规定的特殊事由时，当事人也可以向法院请求变更或撤销调解协议或请求确认调解协议无效。此外，当事人仍可以以原纠纷向人民法院提起诉讼，当然，另一方当事人可以以调解协议抗辩。需要强调的是，人民调解达成的调解协议不能作为强制执行的根据。而人民法院调解达成的协议或形成的调解书是国家审判机关行使审判权所形成的司法文书，一旦送达立即生效，不允许反悔，任何一方当事人不得以同一诉讼标的再向法院起诉。它与生效判决具有同等的法律效力，是一种强制执行的根据。

3. 调解活动的性质不同。人民调解是不具有诉讼性质的诉讼外民间纠纷解决机制。而人民法院调解是人民法院审理民事案件和刑事自诉案件的一种结案方式，是诉讼活动。

4. 调解权的来源和性质不同。人民调解员和人民调解委员会的调解权来源于一定范围内群众直接授予的民主自治权，是公民权利。而人民法院审判人员的调解权是国家赋予人民法院的审判权的一种表现形式，是国家公权力。

5. 调解的范围不同。人民调解委员会调解的民间纠纷包括一般的民事纠纷、轻微刑事违法引起的纠纷以及因违反社会公德引起的纠纷。而人民法院则可以调解所有的民事纠纷和法律规定的刑事自诉案件。

（二）人民调解与行政调解的关系

行政调解是指国家行政机关根据法定的职责，对当事人之间的民事纠纷、经济纠纷及轻微的刑事纠纷，通过说服、教育、劝导的方式，使当事人在自愿的基础上达成协议以解决纠纷的活动。

人民调解与行政调解都属于非诉讼调解，两者既有很多相同之处，又有很多不同的地方，主要表现在：

1. 调解活动的性质不同。人民调解是人民群众行使民主自治权利、参与人民司法的自治性活动。而行政调解是一种政府调解，具有准司法调解的性质。

2. 调解机构的性质不同。人民调解委员会是依法设立的专门调解民间纠纷的群众性组织。而行政调解机构是国家行政机关。

3. 调解权的来源和性质不同。人民调解员和人民调解委员会的调解权来源于一定范围内群众直接授予的民主自治权。而行政调解机构工作人员的调解权是国家赋予的行政权的一种表现形式。事实证明，行政机关运用说服教育的调解方式，配合必要的行政命令，在行使行政管理职能时能够收到更好的效果。公安机关在办理治安案件和交通事故案件中的调解在行政调解中最为典型。

4. 调解的范围不同。人民调解委员会调解的民间纠纷包括一般民事纠纷、轻微刑事违法引起的纠纷以及因违反社会公德引起的纠纷。而行政调解机构调解的纠纷多是与行政管理工作相关的特定经济、民事纠纷。

5. 达成的调解协议的效力不同。人民调解委员会主持调解所达成的调解协议具有民事合同的性质，但它不能作为强制执行的根据。人民调解协议的履行以双方当事人的诚实、信用和社会舆论为后盾。而行政调解达成的协议在法律明文规定的情况下，具有法律效力，可以作为强制执行的根据。

（三）人民调解与仲裁调解的关系

仲裁调解是指发生争议的双方当事人，根据其在争议发生前或争议发生后所达成的协议，自愿将该争议提交中立的仲裁机构，由仲裁机构在仲裁的过程中进行调解的争议解决制度和方式。人民调解和仲裁调解都以双方当事人的同意或协议为基础，两者的主要区别表现在：

1. 调解活动的性质不同。人民调解是人民群众行使民主自治权利、参与人民司法的自治性活动。而仲裁调解是由仲裁机构或仲裁员主持的调解，仲裁调解中，只要双方当事人之间达成仲裁协议，就产生法律约束力。争议发生后，即使一方当事人不同意仲裁，他方仍可以根据仲裁协议提起仲裁程序，仲裁庭也有权受理案件，并进行仲裁。

2. 调解机构的性质不同。人民调解委员会是依法设立的专门调解民间纠纷的群众性组织。而仲裁调解机构是根据法律规定设在特定地区的仲裁委员会。仲裁机构具有民间团体的性质，其受理案件的管辖权来自双方协议，没有协议就无权受理。

3. 调解权的来源和性质不同。人民调解员和人民调解委员会的调解权来源于一定范围内群众直接授予的民主自治权，人民调解组织无权对当事人的争议事项作出处理决定。仲裁调解中，仲裁人以裁判者的身份出现，仲裁机构在调解无效的情况下，可以独立自主地对争议的问题作出裁决，裁决无须征得双方当事人的同意，并且对双方当事人具有约束力。调解一般没有严格、固定的程序，更没有固定的规则。而仲裁一般都有严格而固定的程序和规范的仲裁规则。

4. 调解的范围不同。人民调解委员会调解的民间纠纷包括一般民事纠纷、轻微刑事违法引起的纠纷以及因违反社会公德引起的纠纷；仲裁机构主要解决平等主体的自然人、法人和其他组织之间发生的合同纠纷和其他财产权益纠纷，不受理因婚姻、收养、监护、扶养、继承纠纷，劳动争议及农村集体经济组织内部因农业承包合同纠纷和争议提出的仲裁申请。

5. 达成的调解协议的效力不同。人民调解组织对争议完成调解后，应制作调解书，如果当事人一方反悔，仍可以向人民法院起诉。而仲裁调解作出裁决以

后，当事人就不能就同一纠纷再申请仲裁或者向人民法院起诉（法律另有规定的除外），仲裁实行一裁终局制度。

（四）人民调解、行政调解、司法调解、仲裁调解各自的优势与不足

1. 人民调解的优势与不足。

（1）人民调解的优势如下：

第一，人民调解的方式具有主动性，有利于矛盾纠纷的及时解决，防止矛盾纠纷的激化和升级，从而能有效预防"民转刑"案件的发生。

第二，人民调解的方式具有简捷、及时和经济的特点，它着重在调解委员会的主持下，就近、及时地化解民间纠纷，用最短的时间完成对矛盾纠纷的处理，降低纠纷解决的成本，减轻人民群众和国家财政的负担。

第三，人民调解的方式具有广泛性，有利于方便广大人民群众。首先，就我国调解组织的设置情况来看，调解机构星罗棋布，任何社区、乡镇、村、居等地方都有调解组织，即使是工矿企业，也都设有调解组织或调解员。其次，调解组织受理纠纷和进行调解没有严格的程序上的规定，调解组织和调解人员进行调解不受地点的限制，随时随地都可以进行调解。

第四，人民调解有利于当事人之间和睦相处。用人民调解的方式解决纠纷，相较于诉讼的方式而言要温和、平缓得多，会使双方当事人心理负担减轻许多，不会形成精神上的某些压力。因为，在群众的眼里，人民调解和诉讼是两种截然不同的方式。人民调解的过程是协商的过程，调解达成的协议也是双方所认可的，所以，自始至终都不伤和气，进而达到维护团结和稳定的目的。

第五，人民调解能实现情与法的融合。合法不合情，合情不合法，是行政和司法实践中经常遇到的情况，这也给行政官员和司法人员的工作带来很大的困扰。人民调解的性质可以使调解避免这方面的矛盾，可以将法与情融合在调解过程中，实现法与情的统一，使法的实施更易于为广大人民群众所接受。

（2）人民调解的不足之处如下：

第一，调解方式随意性大，缺乏严格的程序规范。

第二，资金严重短缺，缺乏相应的奖励制度和补贴办法，限制和影响了人民调解工作的发展。

第三，调解员文化程度参差不齐。多数调解人员文化程度偏低，法律政策知识和业务水平有所欠缺，影响调解质量与效率。

第四，调解人员的年龄偏大，且队伍不稳定，人员调整频繁，不能专职专用。

2. 行政调解的优势与不足。

（1）行政调解的优势如下：

第一，行政机关调处社会纠纷符合我国国情与传统习惯。在现实中，公民与

公民、组织以及行政机关发生纠纷后，往往不通过司法机关解决而寻求行政机关解决。这一点，从目前大量的上访案件就可以看得出来。之所以会出现这种情况，原因很多，固然有传统因素，但也有体制上的问题。

第二，行政调解具有专业性和综合性。随着社会的不断发展，社会纠纷涉及的内容也越来越复杂，纠纷的形式呈现出多样性。与行政管理有关的具有行政、民事和技术等综合特色的纠纷往往适合由行政机关来解决。

第三，行政机关调处社会纠纷具有便捷性。首先，行政机关调处社会纠纷具有时间迅速的特点，行政机关调处社会纠纷的时间一般为 1~2 个月。其次，行政机关调处社会纠纷具有手续简便的特点。行政机关调处社会纠纷手续较司法程序而言更为简便，这源于对行政行为与司法行为不同的要求。

（2）行政调解的不足之处如下：

第一，行政机关在调处社会纠纷时，缺乏相对的独立性和公正性。具体调处社会纠纷的往往是行政机关的所属机构或行政机关的上级机关，特别是在调处与行政管理有关的纠纷时，其不独立性和不公正性更为明显。

第二，行政机关调处社会纠纷的程序在实践中随意性很大，从而使当事人对行政机关调处社会纠纷的结果不满，导致行政机关调处纠纷的作用没有得到很好的发挥。

第三，行政调解结果没有明确的法律效力。

3. 司法调解的优势与不足。

（1）司法调解的优势如下：

第一，调解人员的法律素质高。主持调解的法官具有专业的法律知识和丰富的审判经验。

第二，调解程序规范。诉讼法中一整套回避制度、举证制度等，调解法官都能熟练地运用到调解程序中去。

第三，调解的法律效力高，当事人对司法调解的认同度高。

第四，由于司法调解具有强制执行力，所以司法调解更能促使当事人自觉履行义务。

第五，司法调解能弥补判决功能的局限，从客观上讲，能彻底化解纠纷，扭转判决所造成的上诉多、申诉多、涉讼信访多、执行难的局面。

（2）司法调解的不足之处如下：

第一，调审结合的模式往往使同一审判人员兼作调解法官和裁判法官。法官为了提高办案效率，规避诉讼风险，在审理案件时往往会忽视调解的"自愿"原则，容易导致以压促调、以判促调、久调不决的现象，从而损害当事人的合法权益。

第二，现行《民事诉讼法》中规定司法调解要遵循"事实清楚、分清是非"的原则，混淆了判决与调解的界限。司法调解是当事人行使处分权、根据双方合意达成的一种诉讼契约。只要当事人不违反法律的禁止性规定，不损害国家、集体和第三人的合法利益，就应当允许其达成协议并赋予协议法律效力。但现行《民事诉讼法》却对调解与裁判设置了同样的前提条件，这给法官根据具体案情选择不同的诉讼阶段进行调解设置了障碍，不利于办案效率的提高和诉讼成本的降低。

4. 仲裁调解的优势与不足。

（1）仲裁调解的优势如下：

第一，专业性。一般而言，仲裁员由各方面的专家组成。选择专家断案可提高办案质量，保证仲裁的公正性。仲裁委员会的仲裁员按照《中华人民共和国仲裁法》（以下简称《仲裁法》）的规定从法律、经济、金融、建筑、房地产、商贸、科技、教育等社会各界中具有高级职称和专业知识的人士中聘任。

第二，自主性。仲裁充分体现当事人的意思自治，不实行地域管辖和级别管辖，当事人可自主选择仲裁机构，可选择自己信任的仲裁员，经双方协商同意可在裁决书上不写明争议的事实和裁决理由，等等。

第三，不公开性。仲裁不公开进行，有利于保守商业秘密和维护商业信誉，既能解决争议又力求减少损失、维持合作关系。

第四，快捷性。仲裁实行一裁终局，程序简便，快捷高效，可避免讼累，降低费用。

第五，仲裁虽然没有严格的固定程序，但受《仲裁法》的规制，对某些程序和规则，当事人不能以协议排除，当事人单方亦不得随意改变或终止仲裁程序。一方当事人拒不出庭的，仲裁庭可以缺席审理并作出裁决。

第六，仲裁调解或裁决具有强制执行的法律效力。仲裁调解或裁决与人民法院的终审判决具有同等的法律效力。

（2）仲裁调解的不足：仲裁调解的范围是特定的，缺乏广泛性。它主要解决平等主体的自然人、法人和其他组织之间发生的合同纠纷和其他财产权益纠纷，不受理因婚姻、收养、监护、扶养、继承、劳动争议等纠纷及农村集体经济组织内部因农业承包合同纠纷和争议提出的仲裁申请。

通过上述比较和分析，可以说，在四大调解手段中，人民调解长期以来一直以简便、快捷的手段，承担着家庭、邻里纠纷等社会矛盾的预防、化解工作，被称为维护社会稳定的"第一道防线"，对化解民间纠纷、促进社会和谐发挥着举足轻重的作用。但也绝不可以因此而放松和忽视对其他调解手段的建设：行政调解所具有的专业性、综合性和高效性的独特优势，在预防和化解社会矛盾中也发挥着不可或缺的作用；仲裁调解在解决合同纠纷及有关财产权益纠纷方面，也起着重要的作用；司法调解是解决社会矛盾纠纷的最后一道保障和救济手段，而且法律效力最高。因此，在构建社会主义和谐社会的过程中，整合基层调解资源，建立四大调解有机衔接的机制，以充分发挥它们各自的功能优势、实现功能互补是十分必要的。

基于此，国家一直都在积极倡导调解的联动机制。早在 1999 年召开的第四次全国人民调解工作会议上，司法部就提出了"……协同作战"的调解方针，可以说这当中就孕育着调解联动机制的内涵。2006 年，党的十六届六中全会通过的《中共中央关于构建社会主义和谐社会若干重大问题的决定》明确提出了"实现人民调解、行政调解、司法调解有机结合"，使人民调解、行政调解、司法调解的联动机制进一步明确。2014 年，党的十八届四中全会通过的《中共中央关于全面推进依法治国若干重大问题的决定》进一步提出，"健全社会矛盾纠纷预防化解机制，完善调解、仲裁、行政裁决、行政复议、诉讼等有机衔接、相互协调的多元化纠纷解决机制……完善人民调解、行政调解、司法调解联动工作体系"。这说明人民调解、行政调解、司法调解的联动机制得到了国家层面的充分肯定，并赋予了丰富的内涵。特别是，2022 年 1 月 24 日经中共中央政治局会议审议批准，2022 年 2 月 25 日由中共中央、国务院发布的《信访工作条例》第37 条第 1 款明确规定，各级机关、单位应当坚持社会矛盾纠纷多元预防调处化解，人民调解、行政调解、司法调解联动，综合运用法律、政策、经济、行政等手段和教育、协商、疏导等办法，多措并举化解矛盾纠纷。使人民调解、行政调解、司法调解的联动机制更是从法律层面上升到了一定高度。而在实践层面，各地也都在积极推进调解的联动工作机制建设。

五、人民调解工作的发展态势

随着社会的不断发展变化，各类社会矛盾纠纷日益突出且多元化，社会矛盾纠纷的化解渠道也日新月异，解决方式不断得到完善，我国的人民调解工作也出现了新的发展态势。

1. 大调解格局日渐形成。为适应我国社会主义法治建设的需要，更好地维护社会稳定、化解社会矛盾纠纷，国家相关部门尤其是司法行政部门在充分发挥人民调解基础性功效的同时，更在调解的"大"字上寻求突破，形成了大调解的工作格局，即在党委、政府的统一领导下，以人民调解为基础，形成了人民调解、行政调解、司法调解等多种调解资源共同参与、相互配合、有机结合的大调解工作机制。这种大调解格局既体现了鲜明的党政驱动的特点，同时也体现了调解机构的综合性，形成了以人民调解为基础（主导）的多种调解资源的整合，并通过衔接机制充分发挥调解的功效，达到彻底解决社会矛盾纠纷、维护社会稳

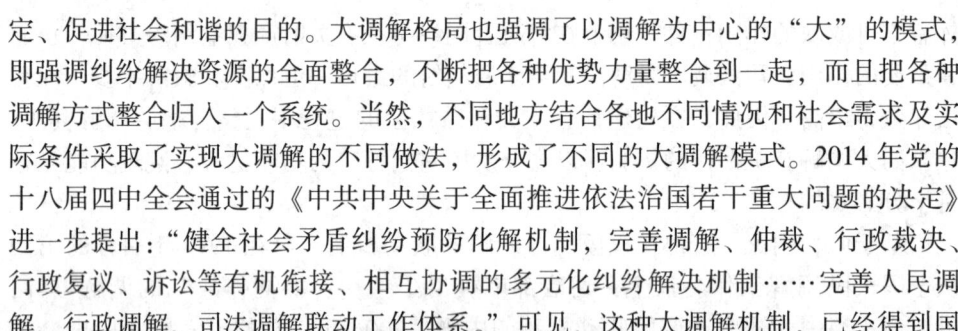

定、促进社会和谐的目的。大调解格局也强调了以调解为中心的"大"的模式，即强调纠纷解决资源的全面整合，不断把各种优势力量整合到一起，而且把各种调解方式整合归入一个系统。当然，不同地方结合各地不同情况和社会需求及实际条件采取了实现大调解的不同做法，形成了不同的大调解模式。2014年党的十八届四中全会通过的《中共中央关于全面推进依法治国若干重大问题的决定》进一步提出："健全社会矛盾纠纷预防化解机制，完善调解、仲裁、行政裁决、行政复议、诉讼等有机衔接、相互协调的多元化纠纷解决机制……完善人民调解、行政调解、司法调解联动工作体系。"可见，这种大调解机制，已经得到国家层面的充分肯定。

2. 专业性、行业性人民调解组织建设正在积极推进。为全面、高效、及时地化解不同类型的矛盾纠纷，适应人民调解的工作需要，专业性、行业性人民调解组织建设已经成为人民调解组织建设的重点工作。在《人民调解法》公布后不久，司法部于2010年12月就通过了《关于贯彻实施〈中华人民共和国人民调解法〉的意见》（以下简称《人民调解法实施意见》）。《人民调解法实施意见》第4条明确规定："……积极与有关行业主管部门、社会团体和其他组织沟通协调，着重加强专业性、行业性人民调解委员会建设。"为此，2011年，司法部通过了《司法部关于加强行业性专业性人民调解委员会建设的意见》，该意见明确指出，大力加强行业性、专业性人民调解委员会建设，对于及时有效地化解特定行业和专业领域出现的难点、热点矛盾纠纷，对于加强和创新社会管理，维护社会和谐稳定，具有重要意义。2014年发布并实施的《司法部关于推进公共法律服务体系建设的意见》又进一步提出，按照一乡镇（街道）、村（居）一调委的原则，巩固和规范乡镇（街道）、村（居）人民调解委员会，积极推进行业性、专业性人民调解组织建设。目前，医患纠纷调解委员会、道路交通事故调解委员会等专业性、行业性人民调解组织已经开始在不同地区得到推广。

3. 专职人民调解员队伍不断发展和壮大。由于社会矛盾纠纷的种类不断翻新而且越来越复杂、多元化，公民的法律意识和维权意识也不断提升，因此，对解决民间纠纷的要求也越来越高，单纯依靠兼职人民调解员做调解工作已远远不能适应新形势下民间纠纷的调处要求，对专职人民调解员的需求已日渐凸显，专兼结合的人民调解员队伍建设也就成为人民调解员队伍建设的必然要求。目前，全国各地对专职人民调解员的需求不断扩大，为此，各地通过各种形式招聘专职人民调解员，专职人民调解员的队伍在不断发展和壮大。

目前，我国已经进入中国特色社会主义新时代。新时代坚持以人民为中心的根本立场，坚持和发展社会主义民主政治，全面推进依法治国，走中国特色社会主义法治道路。党的二十大报告更是进一步提出"坚持全面依法治国，推进法治中国建设"，其中针对加快建设法治社会则明确提出了"建设覆盖城乡的现代公共法律服务体系"的建设要求。而习近平法治思想同样提出坚持依法治国、依法执政、依法行政共同推进，法治国家、法治政府、法治社会一体建设。特别是党的二十大报告在"推进国家安全体系和能力现代化，坚决维护国家安全和社会稳定"这一部分明确提出"在社会基层坚持和发展新时代'枫桥经验'，完善正确处理新形势下人民内部矛盾机制……"等要求。关于法治建设，习近平总书记2020年11月16日在中央全面依法治国工作会议上明确指出："法治建设既要抓末端、治已病，更要抓前端、治未病。我国国情决定了我们不能成为'诉讼大国'。"这些表述和论断，决定了法治中国、法治政府、法治社会的建设必然需要进一步发挥人民调解的作用。适应"坚持全面依法治国，推进法治中国建设"的需要，人民调解将继续体现以人民为中心的立场化解人民内部矛盾、促进社会和谐，大调解格局将不断完善，人民调解组织将进一步健全，人民调解将进一步走向规范化、专业化、多元化，新形态的调解组织也将不断出现，调解制度的创新也将成为必然的发展态势。

思考与练习

【案例1】某市某镇刘老汉老伴早年去世，唯一的女儿远嫁外市，很少回家探望。刘老汉自2003年染病以来，一直卧床。邻居袁某为人善良，经常帮其洗衣做饭，看病喂药。2008年4月，刘老汉去世，留下3间房屋。刘老汉的女儿得知后，要求变卖房产且所得价款归自己所有，但村民都认为袁某承担了对老人的赡养义务，有权继承老人的遗产。

问题：作为人民调解员，当袁某向你提出解决该纠纷的申请时，你对袁某的申请应当如何处理？

【案例2】张某为车牌号为沪B××别克车的车主，并为该车在A保险公司××中心支公司进行投保（车全损为35 542.24元）。2018年4月1日凌晨2点左右（清明节假期），张某驾驶该车在大广高速行驶去北京扫墓，行驶至河南周口扶沟段发生单方撞护栏事故，导致车辆受损。

事故发生后车主张某随即报警，并向投保的A保险公司进行了报案。交警当场出具交通事故认定书，认定本起事故为单方事故。由于高速出险案件，查勘员吴某无法第一时间到第一现场勘察，便直接委派保险代理公司的高某来进行理赔事项的电话指导。高某同时告知车主张某该车辆可以由A保险公司的合作修理厂B修理厂进行拖车施救。天亮后，张某的车辆被施救并拖到了B修理厂中。后查勘员吴某到B修理厂进行拍照、定损，最终以2万元打包定损，保险公司不复勘车辆维修情况，不回收旧件。该协议经修理厂签章确认后，2018年5月21日上午张某到A公司××承包机构签订定损协议，并办理了相关的理赔工作，赔款于2018年5月27日支付至张某账户。

然而，车辆经保险公司定损理赔后，车主张某取车时发现车辆仍存在质量问题，验收不合格。经中华车4S店评估后认为。修好该车仍需4万~5万元。而A保险公司认为车辆已经超出全车报废额度，不予以赔偿支付，遂起纠纷，车主张某将此事投诉至××市保险行业协会，由××市保险行业协会保险合同公司纠纷调解委员会来进行处理。[1]

问题：可以通过哪些途径解决本案纠纷？

【案例3】2008年8月24日，何某送受伤的朋友到某市人民医院救治，因认为医生与护士施救不力，而动手殴打医生王某、护士李某和保安员贺某，致使三人身体受伤，并造成医生王某左耳鼓膜穿孔。经当地公安分局物证鉴定室进行法医学人体损伤程度鉴定，王某的伤属于轻伤。当地公安分局所辖派出所受案后，何某与受害人都向派出所提出调解申请。

问题：1. 此案中，当事人向公安派出所提出调解申请合理吗？由公安派出所进行调解应属于哪种类型的调解？

2. 此案可以由仲裁机构进行仲裁调解吗？

拓展阅读书目

1. 刘树桥、马辉主编：《人民调解实务》，暨南大学出版社2008年版。
2. 本书编写组编：《人民调解工作的方法与技巧》，中国法制出版社2003年版。
3. 李刚主编：《人民调解概论》，中国检察出版社2004年版。
4. 邱星美、王秋兰：《调解法学》，厦门大学出版社2008年版。
5. 张峰、李玉成主编：《基层司法行政实务》，群众出版社2008年版。
6. 戴建庭：《民事纠纷解决机制研究》，吉林大学出版社2007年版。

单元一习题库

---

〔1〕 本案例来自 https://max.book118.com/html/2021/0211/8133047056003047.shtm，访问日期：2022年6月30日。

单元二　人民调解组织建构

导入案例

2008 年 12 月 17 日 12 时 22 分，某公司承建的烯烃公司煤房建设工地施工时，发生坍塌事故，导致农民工何某和雷某死亡。事故发生后，何某的家属 22 人、雷某的家属 6 人都来到工地，就赔偿、工程结算等问题与该公司进行交涉，均未达成一致意见。无奈之下，死者尸体长期停放在医院停尸间。人民调解委员会接到信息后，主动联系施工方、死者家属，对纠纷予以调处。当地政府高度重视，要求司法所迅速调处、就地化解纠纷，避免因调处不及时激化矛盾引发群体性事件。

问题：1. 请结合本案，谈谈人民调解委员会的任务是什么。

2. 通过对本纠纷的调解，说说怎样做一名优秀的人民调解员。

基础知识

一、人民调解组织的含义

开展人民调解工作，必须要有专门的组织。俗话说，调解工作、预防在前，预防工作、预测在前，预测工作、组织建设在前。人民调解组织是指在基层人民政府和基层人民法院的指导下，对民间纠纷进行调解的基层群众性自治组织。

根据《宪法》《人民调解委员会组织条例》《人民调解工作若干规定》和《人民调解法》等法律、法规、规章的规定，我国人民调解组织的建设工作在全国各地迅速开展起来，形成了以村、居（社区）人民调解组织为基础、多种形式并存的人民调解组织。全国已经普遍建立了乡镇（街道）调委会、村（居）及企事业单位调委会、调解小组、调解员或纠纷信息员等形式的调解网络。目前，随着社会的发展，利益主体日渐多元化，民间纠纷的多样性、复杂性也要求人民调解组织具有多种形式，一些地区结合实际需要，建立了各类专业性、行业性的人民调解组织，进一步延伸人民调解组织触角，重点向新经济组织和新社会组织发展，并将人民调解机制引入劳资纠纷、医疗纠纷、物业管理纠纷、道路交通事故、民事赔偿等新的工作领域，已初步形成了纵向、横向有机联系的人民调解网络，使人民调解的组织机构遍布全国各个角落，为人民调解发挥作用提供了广阔的舞台。

同时，各地积极推动人民调解工作改革创新，不断强化人民调解与司法调解、行政调解的衔接，加强人民调解与人民法院和公安、信访等部门的协调配合，探索民事案件委托人民调解、各方联动调解纠纷、调访结合化解矛盾的工作格局。

长期以来，人民调解组织一直发挥着调解民间纠纷的重要作用。特别是在我国提出构建大调解格局以来，人民调解组织更是作为解决日益复杂的民间纠纷的中坚力量，发挥着越来越重要的作用，已逐步成为法治建设工作的一个重要组成部分。各级人民调解组织应充分发挥其网络覆盖面广、深入千家万户的优势，积极化解各种民间纠纷，使民间纠纷小事不出组、大事不出村（社区）、重大纠纷不出乡镇（街道），最大限度地把各类纠纷解决在基层，解决在萌芽状态，维护社会的稳定与和谐发展，真正起到"保一方平安、促一方发展"的作用。

二、人民调解委员会

（一）人民调解委员会的含义与特征

《宪法》第 111 条第 1 款规定："城市和农村按居民居住地区设立的居民委员会或者村民委员会是基层群众性自治组织……"《人民调解委员会组织条例》第 2 条第 1 款规定："人民调解委员会是村民委员会和居民委员会下设的调解民间纠纷的群众性组织，在基层人民政府和基层人民法院指导下进行工作。"司法部《人民调解工作若干规定》第 2 条第 1 款也规定："人民调解委员会是调解民间纠纷的群众性组织。"《人民调解法》第 7 条规定："人民调解委员会是依法设立的调解民间纠纷的群众性组织。"

综合上述规定可以看出，我国人民调解委员会具有群众性和自治性的特征。

1. 群众性。人民调解委员会不是行政机关，也不是司法机关，而是基层群众自治组织的下设机构，是居民委员会或者村民委员会的有机组成部分。它的组成人员来自基层的人民群众，他们由本辖区或本单位的群众直接选举产生或者通过聘任产生，由群众信得过的、具有较高威信的、热心为群众服务的、有法律政策知识的人担任，具有广泛的群众基础。而且，调解的宗旨是为人民群众排忧解难，调解的目的是平息人民群众之间的纷争，增强人民内部团结，维护社会稳定。[1]

---

〔1〕 胡泽君主编：《人民调解教程》，中国政法大学出版社 2004 年版，第 1 页。

2. 自治性。人民调解委员会是由群众自愿组织起来的一种自我管理、自我教育、自我服务、自我约束的自治组织。当事人选择调解完全出于自愿，人民调解委员会不能强迫当事人调解。调解只能在纠纷当事人完全自愿、平等、自由的前提下，由中立的人民调解员主持进行。当事人不受压制和强迫，有充分的自主选择权。调解协议的达成和履行也是自我行为的表现，如果当事人不愿履行调解协议，人民调解委员会无权强迫当事人履行调解协议，更无权对当事人的人身或财产采取强制性措施。同时，调解活动是独立自主的，只要不违背法律、法规、规章和社会公德，其他任何机关都无权干涉。因此，人民调解委员会的调解不同于行政调解和司法调解，也不同于司法审判，必须坚持平等自愿的原则，坚持便民利民的方向，充分运用说服教育、耐心疏导、平等协商等方法化解矛盾纠纷。这些都体现了人民调解委员会的自治性。

（二）人民调解委员会的设立

1. 人民调解委员会的设立原则。

（1）合法原则。合法原则是指人民调解委员会的设立总体上要在法律的框架下进行的原则。在我国，人民调解委员会的设立要遵循的国家法律主要是《宪法》和《人民调解法》。人民调解委员会的设立，包括设立的形式、人员组成等，都要符合国家法律的规定。

（2）便于调解原则。便利群众和为了群众，是建立和发展人民调解组织的根本目的。所以，应根据辖区大小、人口多少和工作需要等不同情况，从方便群众的原则出发，将人民调解委员会设置在基层，把调解组织延伸到每一个角落。要保证人民群众在遇到纠纷时，能知道去哪里找且能及时、快速地找到人民调解组织以寻求调解。真正做到：哪里有人群，哪里就有调解组织；哪里有纠纷，哪里就有合格的人民调解员，始终体现调解为民——为民着想、为民服务、为民谋利的思想。目前，在乡村、街道、社区、人民法庭、派出所、企业等地设立的人民调解室、人民调解委员会都是这一原则的体现。

2. 人民调解委员会的设立形式。《宪法》第111条第2款规定，居民委员会、村民委员会设人民调解委员会。《人民调解工作若干规定》发展了人民调解组织形式，于第10条第1款明确规定人民调解委员会的设立形式是：农村村民委员会、城市（社区）居民委员会设立的人民调解委员会；乡镇、街道根据需要设立的人民调解委员会；企业事业单位根据需要设立的人民调解委员会；根据需要设立的区域性、行业性的人民调解委员会。《人民调解法》第8条第1款、第34条分别规定："村民委员会、居民委员会设立人民调解委员会。企业事业单位根据需要设立人民调解委员会。""乡镇、街道以及社会团体或者其他组织根据需要可以参照本法有关规定设立人民调解委员会，调解民间纠纷。"《人民调解法实施意见》第4条规定："……积极与有关行业主管部门、社会团体和其他组织沟通协调，着重加强专业性、行业性人民调解委员会建设。"基于此，人民调解委员会可以采用以下形式设立：

（1）农村村民委员会、城市（社区）居民委员会设立的人民调解委员会。农村人民调解委员会和城市（社区）居民人民调解委员会是人民调解组织的基本形式。我国大量的人民调解委员会都是在村、居（社区）设立的。这些调委会贴近群众、方便群众，更加有利于人民调解工作的普及与深入，是开展人民调解工作的基础，在调解工作中一直发挥着重要的作用。

（2）乡镇、街道根据需要设立的人民调解委员会。乡镇、街道人民调解委员会是为适应新形势下民间纠纷发展的需要，由《人民调解法》规定的一种新形式的人民调解组织。它担负着化解村、居（社区）人民调解委员会和企事业单位人民调解委员会调解不了的疑难、复杂的民间纠纷以及跨地区、跨单位的民间纠纷，制止群众性械斗和群体性上访，防止矛盾纠纷激化的任务。

（3）企业事业单位根据需要设立的人民调解委员会。近年来，随着我国企事业制度改革的深化以及一些地区企事业规模的不断壮大，企事业内部不稳定的因素也日趋增多。这就需要在企事业单位内部设立人民调解委员会，及时化解职工在生产、生活中产生的各种矛盾纠纷，维护职工的合法权益；及时解决企业与周边地区群众之间的矛盾纠纷，维护社会稳定。

（4）根据需要设立的区域性、行业性、专业性的人民调解委员会。区域性、行业性、专业性人民调解委员会是人民调解组织在自治基础上向自律行业发展的有效形式之一，对于发展和完善市场经济条件下的人民调解工作具有积极的意义。

区域性人民调解委员会是指在特定的行政区域，特定的生产、生活地区等建立的人民调解组织。[1] 目前，为适应民间纠纷出现的新情况、新特点和维护社会稳定的需要，已建立的区域性调解组织形式主要有行政接边地区、厂街接边地区的联合人民调解委员会，集贸市场、经济开发区、商品集散地、工程工地、流动人口聚居区的人民调解委员会等。行业性、专业性人民调解委员会是指行业、社会团体组织建立的人民调解委员会，[2] 如房地产行业人民调解委员会、物业人民调解委员会、消费行业人民调解委员会、环境部门人民调解委员会。

实践证明，区域性、行业性、专业性人民调解委员会能有效地调处区域内、行业内的民间纠纷，是人民调解组织的较好的形式。特别是对于行业性、专业性

---

〔1〕 肖方编著：《如何当好人民调解员》，中国社会出版社2005年版，第34页。

〔2〕 肖方编著：《如何当好人民调解员》，中国社会出版社2005年版，第34页。

人民调解委员会，2011年司法部通过的《司法部关于加强行业性专业性人民调解委员会建设的意见》已明确指出，大力加强行业性、专业性人民调解委员会建设，及时有效地化解特定行业和专业领域出现的难点、热点矛盾纠纷，对于加强和创新社会管理、维护社会和谐稳定，具有重要意义。

此外，根据化解民间纠纷的需要，人民调解委员会还表现为在城乡接合部、毗邻的县、乡、街、厂等地设立由不同部门组成的联合调解委员会，或由两个以上的人民调解委员会组成的联合调解委员会。

3. 人民调解委员会的组建。

（1）村、城市（社区）人民调解委员会、企业事业单位的人民调解委员会的组建。村民委员会、城市（社区）居民委员会应当依法设立人民调解委员会，杜绝人民调解组织的空白点。企业事业单位则根据规模大小、职工多少等不同情况设立人民调解委员会。对此，司法部的有关文件也充分体现了在国有大中型企业、当地骨干企业、合资企业、民营企业、机关、学校、医院、科研单位等部门设立人民调解委员会的内在要求。实践中，一些规模较大、人数较多的企业或联合企业，为了便于开展调解工作，还在分厂或车间设立了人民调解委员会。村人民调解委员会、城市（社区）人民调解委员会、企业事业单位的人民调解委员会都属于最基层的人民调解委员会。一般情况下，其成员分别由村民会议或者村民代表会议、居民会议、职工大会、职工代表大会、工会组织推选产生；或者由村（居）民大会或者代表大会、职工代表大会或者职工大会选举产生。调委会主任、副主任基本在当选的委员中产生。

为适应人民调解组织网络的建设、促进和谐社会发展的需要，《人民调解法实施意见》第5条提出："健全完善人民调解组织网络。村（居）和企业事业单位人民调解委员会根据需要，可以在自然村、小区、楼院、车间等设立人民调解小组开展调解工作，也可以在机关、单位等场所设立人民调解工作室调解特定的民间纠纷。"而2014年发布和实施的《司法部关于推进公共法律服务体系建设的意见》又进一步提出，按照一乡镇（街道）、村（居）一调委的原则，巩固和规范乡镇（街道）、村（居）人民调解委员会。积极推进行业性、专业性人民调解组织建设。在城乡社区、自然村、车间、小区、楼院等，普遍设立人民调解小组。这样，就保证了进一步提高人民调解委员会的活力，充分发挥其维护社会稳定的"第一道防线"作用。

人民调解委员会组建后，应当及时向所在地的司法所备案。

（2）乡镇、街道人民调解委员会的组建。《人民调解工作若干规定》第13条对乡镇、街道人民调解委员的选任作了专门规定，乡镇、街道人民调解委员会委员由辖区内设立的村民委员会、居民委员会、企事业单位的人民调解委员会主任，本乡镇、街道的司法助理员和在本乡镇、街道辖区内居住的懂法律、有专长、热心人民调解工作的社会志愿人员担任。吸收村、居、企事业单位调解主任参加乡镇、街道人民调解工作，能够根据纠纷产生、发展的情况，抓住影响纠纷解决的症结，针对当事人的特点开展人民调解工作。吸收司法助理员参加乡镇、街道人民调解委员会，能更好地履行法律、法规、规章赋予的职能作用。吸收一些热心公益事业、品行良好、有专业知识的人士参加人民调解工作，有利于提高人民调解工作的质量与水平，有利于建立起一支专职调解员与志愿者相结合的人民调解员队伍。

乡镇、街道人民调解委员会主任一般由司法所所长、司法助理员担任。其他成员则通过任命、选举、聘任产生。

乡镇、街道人民调解委员会应当向县级司法行政机关备案。

（3）区域性、行业性、专业性人民调解委员会的组建。区域性人民调解委员会的行政管辖隶属同一管理部门的，由其管理部门批准，按照人民调解委员会组建原则建立，其人民调解委员会的主任及委员均由主管部门聘任或者任命。不隶属同一管理部门的，由各方管理部门协商共同组建，调解委员会主任可以由各方管理部门任命后，按照协商的期限轮流担任。委员的比例由管理部门协商确定，但要考虑使其具有广泛的代表性。根据《司法部关于加强行业性专业性人民调解委员会建设的意见》的规定，社会团体或者其他组织可以结合相关行业和专业特点，在县级司法行政机关的指导下，设立行业性、专业性人民调解委员会。可见，行业性、专业性人民调解委员会是由社会团体或者其他组织结合相关行业和专业特点设立的。人民调解委员会的主任、委员均实行聘任制或者任命制。

区域性、行业性、专业性人民调解委员会应当向所在地区的司法行政机关备案。

4. 人民调解委员会的组成。《人民调解法》第 8 条规定："村民委员会、居民委员会设立人民调解委员会。企业事业单位根据需要设立人民调解委员会。人民调解委员会由委员三至九人组成，设主任一人，必要时，可以设副主任若干人。人民调解委员会应当有妇女成员，多民族居住的地区应当有人数较少民族的成员。"

上述规定表明：①人民调解委员会的组成在人数上既有下限，也有上限。不同形式的调委会可以根据需要决定人员的组成。人民调解委员会设主任 1 人，委员人数较多或者主任兼职过多时，可以设立副主任若干人。人民调解委员会主任、副主任一般应当在委员中选举产生。但乡镇、街道人民调解委员会主任一般应当由司法所所长、司法助理员担任；区域性、行业性人民调解委员会主任一般应当由设立人民调解委员会的组织任命。这主要是由乡镇、街道和区域性、行业性人民调解组织的特殊性决定的。人民调解委员会主任的主要职责是：组织开展人民调解工作，向村民委员会、居民委员会和上级主管部门报告人民调解工作情况和重大纠纷信息，组织、传达、贯彻、落实党委、政府、司法行政部门对人民调解工作的指示、要求、工作安排部署等。人民调解委员会副主任的职责是协助主任做好上述工作。②人民调解委员会中应当有妇女委员。这一规定适用于所有人民调解委员会。这主要考虑到民间纠纷中有相当数量的纠纷与妇女有关，如家庭暴力和婆媳、妯娌之间的纠纷。妇女委员参加调解便于做女性当事人的思想工作，查清纠纷事实，更好地做好调解疏导工作，有效地防止纠纷激化。③多民族聚居地区的人民调解委员会中，应当有人数较少的民族的成员。这一规定适用于多民族居住地区的人民调解委员会。人民调解委员会中有人数较少的民族的成员，便于组织调解，在不违背法律、法规和民族区域自治政策的前提下，能做到尊重民族习惯，更有效地解决发生在不同民族当事人之间的纠纷。

另外，人民调解组织的成员在年龄结构上，要注意老、中、青相结合，以便发挥他们各自的优势和长处，相互取长补短，以便高质量、高效率地开展工作。

5. 人民调解委员会建设标准。人民调解委员会应当有固定的办公场所，场所门口应当悬挂人民调解委员会标识牌，配备统一规格的人民调解委员会印章、统一格式的人民调解文书和统一制发的人民调解统计台账。

人民调解委员会的调解场所应当悬挂统一的人民调解徽标，主持调解人、调解人、记录人、当事人席位环行排放，人民调解员名单、调解纠纷的各类范围、调解工作程序、调解的原则与纪律、调解协议的效力、当事人的权利与义务等应在墙上明示。

人民调解委员会应当建立健全岗位责任制以及例会、业务登记、统计和档案管理、回访、纠纷排查、纠纷信息传递与反馈等各项规章制度，保障人民调解活动的顺利开展。[1]

（三）人民调解委员会的任务

依照《人民调解法》《人民调解委员会组织条例》和《人民调解工作若干规定》，人民调解委员会的任务主要有以下三项：

1. 调解民间纠纷，防止民间纠纷激化。预防和调解民间纠纷是人民调解工作的首要任务。民间纠纷是指发生在公民之间、公民与法人或其他社会组织之间涉及民事权利义务争议的各种纠纷。在新形势下，民间纠纷在数量、内容以及表现形式上都发生了很大变化。人民调解委员会要适应这些发展变化，加大对民间纠纷的调解力度，在查明事实、分清责任的基础上，根据当事人的特点和纠纷的

〔1〕　胡泽君主编：《人民调解教程》，中国政法大学出版社 2004 年版，第 7 页。

性质、难易程度、发展变化的情况，采取灵活多样的方式方法，开展耐心、细致的说服疏导工作，调解好婚姻、家庭、邻里、赔偿等常见性、多发性纠纷。同时，要结合本地经济社会发展的特点，针对突出的热点难点纠纷开展工作，最大限度地化解矛盾纠纷，从而有效控制矛盾纠纷总量、稳定社会关系。

人民调解委员会在做好纠纷调解的同时，更要防止民间纠纷的激化，即防止因民间纠纷激化而导致自杀、刑事案件和群体性事件。把防止民间纠纷的激化作为人民调解工作的任务，反映了"标本兼治"的指导思想，适应了当前维护社会稳定的客观需要，体现了人民调解工作的特色和优势。要防止民间纠纷的激化，人民调解组织必须及时受理纠纷，以最快的时间介入纠纷的调解，抓小、抓苗头，努力把可能激化的纠纷降到最低限度，化解在萌芽状态，使纠纷在激化之前就得到有效的控制。同时，要认真分析当前就民间纠纷发生的特点、规律和发展趋势，不断总结完善预防激化的有效方法和经验，建立因人预防、因地预防、因事预防、因时预防等预防机制，广泛开展矛盾纠纷大排查、专项治理、联防联调等各种形式的防激化活动，加大预防工作的力度，提升工作效果。

因此，赋予人民调解委员会调解民间纠纷、防止民间纠纷激化这一任务，不仅是设立人民调解委员会的直接依据，更是平息纠纷、减少纠纷、维护社会和谐稳定的需要。

2. 通过调解工作进行社会主义法治宣传、法治教育以及社会主义道德教育。人民群众法治观念的强弱、道德水平的高低，直接关系着社会风气与治安状况的好坏。而法治宣传和道德教育是治本的工作，是预防民间纠纷发生和激化的根本对策。因此，宣传法律、法规、规章和政策，教育公民遵纪守法，尊重社会公德，是人民调解委员会的又一项重要任务。人民调解组织要充分利用其分布广、贴近群众的优势，大力开展法治宣传和公德教育。

实践中，人民调解委员会开展法治宣传和公德教育的方式主要有以下三种：

（1）在调解过程中进行宣传教育。人民调解委员会应当充分利用调解具体纠纷的机会，结合人民群众所关心的实际问题，按照纠纷的种类，有针对性地向当事人及周围群众宣传这方面的法律、法规和政策及有关的道德规范，进行释疑解惑，从而使广大群众懂得如何判断正误，知道哪些是违背法律或违背公共道德的行为，哪些是法律或公共道德允许或提倡的行为。这种以案释法、以事议法、将宣传工作融于调解过程的方法，生动具体、针对性强，当事人和周围的群众既容易受到教育，也乐于接受，起到了调解一案、教育一片的作用；同时，通过这种方式也增强了当事人和人民群众的法律意识和道德意识，促使他们今后更加自觉依法办事，预防、减少纠纷的发生，努力形成和谐、文明的社会氛围。所以说，调解民间纠纷的过程实际上是法律和道德的宣传教育过程。

（2）根据纠纷发生的规律，进行预防性宣传教育。民间纠纷的发生是有规律的，例如，在农村，春节前后结婚多，容易发生婚姻家庭纠纷；年终结算时，容易发生赡养纠纷和债务纠纷；农忙季节生产任务多，容易发生生产经营性纠纷；农闲季节建房多，容易发生房屋宅基地纠纷。[1] 在城市，工程建设多，容易发生拆迁、安置、噪音扰民纠纷；在社区，居民搬迁入住容易与物业管理部门发生纠纷；等等。人民调解委员会应当掌握这些规律，结合当地的实际情况，有针对性地组织开展法律和道德的宣传教育工作，防患于未然。

（3）配合普法进行宣传教育。普法教育是全民性的法治宣传教育。人民调解组织要根据当前形势和一定时期的中心工作，结合出台的法律、法规和政策，联系群众关心的实际问题进行专门性的法治宣传，起到解惑答疑的作用。

实践证明，通过开展法治宣传和社会主义道德教育，可以提高人民群众的道德素养，增强其守法观念，促使人们严格依法办事，避免某些纠纷的产生。

3. 在基层组织与群众之间起到桥梁的作用。人民调解委员会是基层群众自治组织，他们了解群众、与群众朝夕相处，是党和政府倾听群众意见和要求、联系人民群众的桥梁和纽带。因此，人民调解委员会应当及时向村民委员会、居民委员会、所在单位和基层人民政府反映本辖区内民间纠纷和调解工作的情况和问题；反映群众对现行国家法律和党的各项方针政策的意见和看法。这既可以使党和政府及时了解社会矛盾和纠纷的现状，加强对人民调解工作的指导管理，又能集中群众意见，促进各种规章制度的不断完善，加强社会主义民主与法治建设。同时，人民调解委员会通过调解与宣传教育活动，能及时、准确地向人民群众传递基层组织依法作出的决策及施政方针，引导群众正确理解、积极作为。

（四）人民调解委员会的主要工作制度与方针

1. 人民调解委员会的工作制度。制度建设是依法开展人民调解活动的重要保障，也是人民调解规范化建设的主要内容之一。为了使人民调解委员会更好地完成调解工作任务，增强调解人员的事业心和责任感，就必须建立健全人民调解工作制度。为此，《人民调解委员会组织条例》和《人民调解工作若干规定》以及《人民调解法》都对人民调解委员会的制度建设作了规定，尤其是《人民调解法》第 11 条根据人民调解工作的发展和实践，作出了更加明确、具体的规定。当然，人民调解委员会还可以根据人民调解工作的实际需要，建立其他的组织、工作制度，以保障人民调解工作的顺利开展。因此，结合法律法规的规定以及实践中的一些具体做法，人民调解委员会通常应当建立健全岗位责任制度、纠纷登记制度、统计制度、文书档案管理制度、回访制度、纠纷排查制度、纠纷信息传

---

[1] 本书编写组编著：《人民调解员工作手册》，中国法制出版社 2003 年版，第 26 页。

递与反馈制度、例会学习考评制度等制度。

（1）岗位责任制度。岗位责任制度是指通过明确调解人员的职能和责任，确定具体任务，使责、权、利相结合的一项制度。它是人民调解委员会各项工作制度中的核心制度。岗位责任制度的内容很多，形式多种多样。其中最基本、最主要的内容是"三定一奖惩"，即定人员、定任务、定指标，完成任务要给予奖励，完不成任务的要减发一定比例的报酬或者奖金。只有做到权责明确、奖罚分明，才能激发和调动人民调解员的积极性，确保其尽心调解，避免出现由于职责不清、任务不明而敷衍了事、影响工作的情形。

（2）纠纷登记制度。纠纷登记制度是指人民调解委员会对当事人的口头申请或书面申请进行登记的制度。这是人民调解委员会调解民间纠纷的依据。人民调解委员会和调解小组均应设立专门的民间纠纷登记簿。对于当事人的申请，调解人员应认真进行登记，登记内容应当包括当事人的姓名、性别、年龄、工作单位、家庭住址、纠纷事由，并由记录人签名或盖章，注明登记日期。对不属于人民调解委员会调解范围的纠纷，人民调解委员会登记后应注明移交的机关、承办人，并告知当事人。调解委员会每季度汇总受理登记的纠纷后，上报司法所或司法助理员。纠纷登记簿要妥善保存，以便将来复查。

（3）共同调解制度。共同调解制度是指两个或两个以上人民调解委员会依照一定程序或规定对民间纠纷进行调解的工作制度。由于民间纠纷日益复杂，有些纠纷超出了某一个人民调解委员会的管辖范围，这时就需要由两个或两个以上的人民调解委员会共同调解，只有这样，才能及时、有效地解决纠纷。实践中，共同调解制度主要适用于纠纷当事人属于不同地区或单位，或纠纷当事人虽属于同一地区、单位，但纠纷发生在其他地区、单位的民间纠纷。

共同调解的人民调解委员会分为主持调解方和协助调解方。主持调解方在调解过程中负责主要的调解工作，一般是最先受理纠纷的一方，也可以由共同调解的各人民调解委员会协商确定。其主要职责是：受理纠纷；采取相应措施，防止纠纷激化；开展调查研究，收集有关材料，制定共同调解的方案；提出共同调解意见，通知当事人及有关调解委员会参加调解；主持调解，制作调解文书；督促当事人履行调解协议；做好回访工作；负责统计和档案管理。协助调解方的职责主要是：协助进行调查，收集有关资料；采取相关措施，防止纠纷激化；配合主持调解方对纠纷进行调解；促使当事人达成调解协议；督促当事人履行调解协议。

（4）纠纷讨论制度。纠纷讨论制度是指人民调解委员会对纠纷的调解进行集体研究的制度。建立实施这项制度是由于当今社会的纠纷相比过去传统的婚姻家庭、邻里纠纷显得越来越复杂、涉及面越来越广，单靠某一个调解员的力量是不够的。稍有处理不当，很可能引起矛盾激化，既影响社会稳定，又影响人民调解组织的威信。通过集体研究讨论，充分发挥集体的智慧和力量，可以弥补调解员个人力量的不足和个人认识的片面性，减少调解工作中的失误，保证纠纷的正确处理。

对纠纷进行讨论，一般应在调委会主任或副主任的主持下，由调委会的全体成员参加。在必要时，也可以邀请专家、有关方面的代表参加。在讨论时，应当充分发扬民主，认真听取各方意见，采取少数服从多数的原则作出处理决定。

（5）回访制度。回访制度是指人民调解委员会对已经调结的民间纠纷进行走访、了解情况的工作制度。回访的内容主要包括：了解协议的执行情况，是否存在影响协议履行的不利因素；了解当事人特别是重点对象的思想状况，是否存在抵触情绪、有无新的纠纷苗头；了解当事人对调解人员的意见和建议。回访的对象，主要是当事人和知情人，要听取他们的意见。同时，要注意收集群众反映的信息，以便全面掌握情况。回访应由人民调解委员会根据纠纷实际情况定期进行。重点对调结的较复杂的或可能出现反复的纠纷及时进行走访，并在协议履行期间或调结后的一段时间内经常进行回访，以巩固调解效果。

通过回访，可以使调解组织了解和掌握调解工作的效果；发现调解的不足，改进调解工作；帮助、督促当事人履行调解协议；果断采取措施，排除纠纷再次发生的隐患。

（6）纠纷排查制度。纠纷排查制度是人民调解组织定期对辖区内的矛盾纠纷进行摸底、登记、分类处理的一项工作制度，也是人民调解组织向党委、政府反映社情民情、参加社会治安综合治理的措施之一。

纠纷排查的方式包括参加司法行政机关组织的排查和人民调解委员会根据纠纷的具体情况自行组织的排查。在进行纠纷排查时，人民调解委员会应做好以下几方面的工作：①明确排查的目的、意义。②掌握排查的时间、范围、方法，尤其要根据矛盾纠纷发生的时令性、季节性、地域性等特点，结合重要节庆日和敏感时期，做好重点排查工作。③充分利用调解员、信息员地方熟、人头熟、情况熟的优势，在本辖区范围内逐门、逐户、逐人进行摸底排查，掌握重点对象的具体情况。④填写排查工作统计表。⑤对应当由人民调解委员会调解的事项，落实调解人员，及时化解；对不属于调解范围或调解不了的事项，及时上报；对排查中揭发出的犯罪线索，立即移交公安部门。

通过纠纷排查，人民调解组织可以全面掌握矛盾纠纷信息，有的放矢地开展调解工作。

（7）统计制度。统计制度是对反映调解工作的信息和有关数据进行搜集、整理、计算和分析等工作的一项基本的调解制度。人民调解统计制度的内容有：

①确定统计人员，建立统计簿册。人民调解委员会应设专人负责此项工作，并按实际工作需要设立各种工作簿册。②设立统计表。统计表一般包括人民调解委员会组织建设统计表和人民调解委员会工作统计表。各地可以根据本地的具体情况，结合自己的工作特点设定统计项目。③统一统计标准。人民调解委员会应按司法部下发的统计表所附的统计说明的要求执行，避免漏报、重复上报，确保统计数字的真实性和准确性。④及时汇总上报。人民调解委员会应于每月底将所登记的调解的民间纠纷按统计项目填表汇总，核对无误后上报司法所（司法助理员）。人民调解委员会工作统计表每季度、组织建设统计表每半年由司法所（司法助理员）上报县区司法局。⑤建立统计档案，设立统计台账。人民调解委员会各种登记簿册、统计表按时间、年限分类装订成册，建立统计档案和统计台账，保管备查。

通过统计，一方面，可以检查人民调解工作的计划落实情况、任务完成情况及存在的问题；另一方面，可以反映民间纠纷的现状、特点及发展规律，为正确决策提供客观依据。可见，统计制度是一项既有基础性又有指导性的工作制度。

（8）文书档案管理制度。文书档案管理制度也是人民调解委员会的基础工作制度，其基本内容有：设立保管人员，由专人负责这项工作，规定必要的调阅、保密管理办法；做好文书的审查、装订工作。调解文书包括纠纷登记的原始记录、调查笔录、调解笔录、调解协议书，以及调解委员会对调解未成功的纠纷的处理意见及各种证明材料等。调解文书档案要做到一事一卷，每卷的内容要符合要求，文书种类要齐全，统一归档。各种材料齐全后，应装订成册。每一案卷都要注明立卷时间、立卷人姓名，根据纠纷具体情况、履行协议期限等因素确定保管期限，一般保管期限为3年。

（9）矛盾纠纷信息的传递与反馈制度。矛盾纠纷信息的传递与反馈制度，是指通过各种渠道将民间纠纷的征兆或消息传送到人民调解组织处，人民调解组织对纠纷信息进行分析研究、加工处理后，将具体的调解意见传回纠纷发生地或传送到有关部门，为科学地预测、预防、疏导、调解民间纠纷提供依据的工作制度。

矛盾纠纷信息的传递与反馈制度的主要内容有：①建立信息传递和反馈组织。一般由调解小组或调解员担任纠纷信息员。人民调解委员会要经常召开调解小组和信息员工作会议，收集信息。②组织信息的传递。一种是纵向传递，即将纠纷信息向上一级组织传递；另一种是横向传递，即将纠纷信息向有关部门或共同调解的各调解组织传递。纠纷信息传递可采取口头传递、书面传递、电话传递、传真传递等方式，保证及时、准确、畅通无阻。③做好信息的加工处理工作。这是正确调解民间纠纷的前提。人民调解组织应对获取的信息进行分析，按照矛盾纠纷的性质、轻重缓急的程度进行处理，对可以解决的矛盾纠纷提出调解意见，反馈给基层组织；对带有普遍性、规律性、多发性的矛盾纠纷，在调解的同时要提出预防、疏导的措施和建议；对容易激化的纠纷、群体性纠纷、群体性械斗，应在稳定事态发展的基础上，报告基层人民政府或有关部门处理。④及时进行信息反馈，保障信息渠道的畅通，使调解组织、有关部门及时掌握纠纷情况，了解上一级组织的处理意见，便于有效疏导、调解。

（10）例会制度。例会制度是人民调解委员会通过定期召开会议，由人民调解员汇报工作情况，解决调解工作中的有关问题的工作制度。一般情况下，司法助理员（司法所）每月召开1次调解主任会议，调解主任每月召开1次调委会会议。例会内容主要是：汇报本月调解工作情况，通报矛盾、纠纷信息，研究疑难纠纷调解方法和预防纠纷的措施，交流调解工作经验，检查调解工作存在的问题，传达上级对人民调解工作的指示等。

（11）培训制度。培训制度是指通过定期或不定期的学习和培训，以提高人民调解员调解水平和业务素质的工作制度。人民调解委员会建立培训制度是十分必要的，特别是当前，随着经济社会的深入发展，各种矛盾纠纷不断涌现，对人民调解工作提出了新的更高的要求。培养和造就一支素质优良、能胜任本职工作的人民调解员队伍，是新时期做好人民调解工作的重要环节。因此，为了提高调解员的综合素质，就要经常性地对调解员进行业务培训，以更新其知识、不断提高调解工作的质量和效率。

培训可采取如下形式：①定期集中培训，即司法所或司法行政机关每年组织调解人员集中学习、培训1~2次，每次若干天不等；②不定期专项培训，即针对不同时期或某一阶段出现的社会矛盾纠纷的新情况、新特点及热点、难点问题进行专项培训。

培训学习的内容主要以与调解工作有关的政策、法律、法规为主，也可以结合典型纠纷个案集思广益，进行分析、研讨，找出解决方案，从而掌握新的调解方法和技巧，不断积累经验，提高调解水平。与调解工作有关的法律、法规主要涉及民事、经济方面的法律，如《中华人民共和国民法典》（以下简称《民法典》）、《中华人民共和国劳动法》（以下简称《劳动法》）、《中华人民共和国劳动合同法》（以下简称《劳动合同法》）等。培训、学习要针对实际问题和薄弱环节，讲求实效，要把理论和实践结合起来，把业务学习与具体工作联系起来，把业务学习与讨论分析疑难案例结合起来，从而提高调解人员解决具体问题的能力，保证调解效果和质量。

（12）请示汇报制度。请示汇报制度是指人民调解组织通过向有关部门请示汇报调解工作，以取得指导、帮助的工作制度。请示汇报制度的贯彻可以使有关

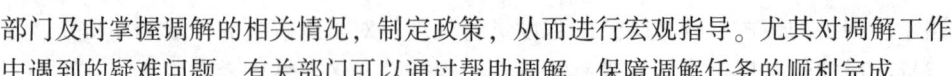

部门及时掌握调解的相关情况，制定政策，从而进行宏观指导。尤其对调解工作中遇到的疑难问题，有关部门可以通过帮助调解，保障调解任务的顺利完成。

（13）考核评比制度。考核评比制度是人民调解委员会对调解员的工作绩效按照责任制的要求进行评比，以奖优罚劣的制度。人民调解委员会对调解员的工作情况要定期考核评比，可以通过月评、半年评、年终总评的方式展开。考核评比的内容包括调解工作的具体情况、经验教训、工作中的不足及原因剖析以及今后的工作安排等。评比要客观、全面，不能走形式，要真正通过评比促进调解工作。考核实绩作为续聘、先进评定、等级晋升和奖金发放的主要依据。

建立考核评比制度，一方面，可以激发调解员不断进取、争创一流的工作热情，大力推广经验，促进人民调解工作的全面发展；另一方面，可以找出差距，克服缺点，改进工作，更好地为人民调解工作努力奋斗。

（14）纠纷移交制度。纠纷移交制度是指人民调解委员会对已超出人民调解范围的纠纷和明文规定由其他部门处理的纠纷，应及时上报司法助理员（司法所）或移送有关部门处理的制度。这一制度既体现了对人民群众负责的态度，又能保证调解人员正确履行职责，同时还能实现不同部门之间工作的衔接。移交前要做好疏导工作，防止矛盾激化。

（15）重大纠纷快报制度。建立重大民间纠纷信息快报制度，对发现民间纠纷激化的事件、突发事件等重大情况要及时上报。即发现民间纠纷可能引起刑事案件、非正常死亡、群体性械斗、群体性侵害和群体性上访及其他重大情况的，调解人员和调解组织必须立即采取适当措施防止事态恶化，同时，迅速向上级部门和领导报告。快报内容包括：纠纷的性质、发生的原因、涉及的人数、落实的调处措施及请求帮助的事项等。纠纷快报实行一事一报，尽量采用书面形式。情况紧急的，可电话报告，但事后应提交书面报告。对需要本地区人民调解指导委员会协调解决或辖区人民调解委员会协助的纠纷，应及时报告并请求协助。

2. 人民调解委员会的工作方针。当前，人民调解委员会的工作方针是"调防结合、以防为主、多种手段、协同作战"。这是通过长期的人民调解工作的实践总结出来的，对人民调解工作具有重要的实际意义。"调防结合、以防为主"与"多种手段、协同作战"是解决矛盾纠纷的两个方面。

"调防结合、以防为主"强调调解纠纷和预防纠纷要紧密结合起来，立足调解，着眼于预防。人民调解委员会不仅要搞好传统的婚姻、家庭、邻里、赔偿等常见性、多发性民间纠纷的调解，而且要结合本地经济社会发展的实际，针对突出的难点、热点纠纷开展调解工作，化解利益冲突，做到哪里有民间纠纷，人民调解工作就延伸到哪里，及时有效化解各类矛盾纠纷。同时，要进一步做好预防工作，把预防矛盾纠纷作为新时期人民调解工作的重点，科学地把握民间纠纷产生、演变、发展的规律，深入人民群众之中，及时发现可能导致矛盾纠纷的潜在因素，有针对性地开展纠纷预防工作，减少矛盾纠纷的发生。坚持抓早、抓小、抓苗头，把纠纷化解在萌芽状态、解决在基层，严防民间纠纷激化引起自杀、凶杀、群体性事件。调解工作做好了，就能控制事态的发展，防止矛盾纠纷激化，避免更大的损失；而预防工作做好了，就能防患于未然，减少、避免由纠纷造成的损失和影响。因此，不能单纯地强调调解，也不能单纯地追求预防。只有将两者紧密结合，做到在预防思想指导下进行调解，在调解工作中抓紧预防，调中有防，寓防于调，防重于调，才能更好地维护社会稳定。可见，调与防是辩证统一的，二者互为因果、相互促进。

"多种手段、协同作战"强调调解需要采取多种手段，需要多个部门互相配合、通力合作。人民调解委员会在调解与预防民间纠纷的过程中，不能仅仅依赖法律说服教育，必要时要运用政策、道德、经济、行政等多种手段化解矛盾纠纷。人民调解也不是人民调解委员会的单独行为，需要不同的人民调解委员会之间、人民调解委员会和有关部门（如法院、公安、仲裁、民政、信访、城管、环保、工会及妇联等部门）之间联合起来，多管齐下、相互配合，共同化解矛盾纠纷。同时，人民调解委员会对调解不了的疑难纠纷、社会难点、热点纠纷和群体性纠纷，要主动、及时送交党委、政府或各有关部门处理，或劝说纠纷当事人通过合法途径解决，并积极配合党委、政府、各有关部门处理纠纷，防止久调不决导致矛盾纠纷激化。

各级人民调解组织要认真贯彻"调防结合、以防为主、多种手段、协同作战"的工作方针，树立"大服务""大调解"的意识，积极调解纠纷，采取措施，防止矛盾激化，全力维护社会稳定。

三、人民调解员

人民调解员是经群众选举或者接受聘任，在人民调解委员会领导下从事人民调解工作的人员。人民调解委员会委员、调解员，统称为人民调解员。人民调解员就是在各级人民调解委员会从事民间纠纷调处工作的调解人员。由于人民调解员肩负着预防和调解民间纠纷的职责，调解工作能否顺利有效地开展，与人民调解员的素质高低关系极大。因此，为了充分发挥人民调解工作的职能和作用，规范人民调解员队伍，提高人民调解工作质量，我国相关的法律、法规对人民调解员的任职条件、产生、任期、职业纪律和职业道德等都作了原则性的规定。

（一）人民调解员的任职条件

根据我国《人民调解法》第14条第1款的规定，成为一名合格的人民调解员必须具备以下基本条件：为人公道正派，联系群众，热心人民调解工作，具有一定的法律知识和政策水平及文化水平，年满18周岁。只要具备以上条件的成

年公民，不分民族、种族、性别、职业、宗教信仰等，都可以当选为人民调解员。

1. **公道正派**。这是人民调解员必须具备的首要条件，也是对人民调解员道德素质的要求。作为一名人民调解员，必须具备办事公道、正直无私、坚持原则的良好品质。在调解中保持中立，主持公道，不偏不倚，不为人情所累，不为金钱所惑，不为权势所屈。人民调解员只有具备了这样的高尚品德和情操，才能为群众所信赖，真正遵循合法合理的调解工作原则、公正处理纠纷。自私自利、爱贪便宜、欺软怕硬的人，不能担任人民调解员。

2. **联系群众**。调解工作是一项方便群众的工作。作为一名调解员，必须热爱群众、了解群众、关心群众，有事与群众商量，倾听群众意见，同群众打成一片。只有得到群众的拥护和支持，成为群众的贴心人，才能依靠群众的智慧和力量，及时掌握纠纷信息，收集有关证据，查清事实，正确、合理地解决纠纷，得心应手地开展调解工作，把调解工作做好，让群众满意。

3. **热心人民调解工作**。这一条件体现了人民调解员应当具备的工作态度和工作精神。人民调解工作要深入基层，工作量非常大，是一项艰苦、细致、繁重而又无名无利的工作，有时还有一定的危险性，这就要求调解人员必须有全心全意为群众调解的思想：在调解中发扬无私奉献的精神，爱岗敬业，不怕苦，不怕累，不怕受气，为人民排难解纷，心甘情愿地做好息事宁人的工作。只有这样，才能心里装着群众，急纠纷当事人所急，真心实意地为群众办实事、办好事；只有这样，才能不畏艰难困苦，不怕担风险，尽心尽力做好调解工作，即使碰上胡搅蛮缠、蛮不讲理的当事人，也会以极大的耐心去做工作，有时候受到委屈或不公正的评价，也会忍耐。反之，名利思想严重、没有坚定的事业心和高度责任感的人，不可能热心人民调解工作，也无法从事这一行业。因此，人民调解员既是为民排忧解难、只讲奉献、不图报酬的热心人，又是不惧风险、维护社会安定的卫士。

4. **有一定的法律知识、政策水平和文化水平**。人民调解工作必须符合国家法律和政策，这是调解工作的重要原则之一，也是衡量调解工作正确与否的主要标准。如果一名人民调解员没有一定的法律知识、政策水平，即使具有良好的品质和高度的责任心，也不可能正确有效地解决纠纷，达到双方满意的效果。实践中发生的一些违法调解，往往是由于调解人员不能正确理解和运用法律和政策造成的。因此，人民调解员熟悉和掌握与调解工作直接相关的法律和政策，是做好调解工作的前提和关键。特别是在实施依法治国、建设社会主义法治国家基本方略的新形势下，随着群众法律意识和法治观念的不断增强，人民调解员要正确、顺利地开展调解工作，更需要提高自己的法律素质和政策水平。

对每一名人民调解员来说，在具体的调解工作中面对的是特定的民间纠纷，而各种纠纷都是借助不同的证据材料来说明真实情况的。要将种种证据通过思维形式加以综合，并运用法律、政策处理纠纷，就必须有一定的文化水平。否则，就无法对错综复杂的纠纷进行归纳，影响对法律、政策的理解，进而影响对纠纷的判断和处理。因此，对于人民调解这样一项和法律、法规紧密结合，并需要在复杂的矛盾冲突中寻找突破点，使纠纷当事人都满意的工作，没有一定的文化水平是很难胜任的。

由于乡镇、街道人民调解委员会调解的纠纷是村民委员会、居民委员会调解不了的疑难、复杂纠纷或者跨地区、跨单位的民间纠纷，对于这样的纠纷的调解，更需要有较高的法律知识、政策水平和文化水平。因此，对乡镇、街道人民调解委员会委员的任职资格，要求应更高，一般应当具备高中以上文化程度，以满足调解工作的需要。

5. 成年公民。只有成年公民才具有完全辨认和控制自己行为的能力，才具有较强的独立分析和解决问题的能力，因此成年人才能参与人民调解工作。另外，人民调解委员会作为我国的基层群众性自治组织，成为其组成人员的成年公民当然应是具有中华人民共和国国籍的人。

以上五项要求，是培养和选拔人民调解员的准则，具备了这些基本条件的我国公民，不分民族、性别、职业、宗教信仰以及财产状况等，都有机会成为人民调解委员会的组成人员。

近年来，某些地区结合本地实际，用科学的理念盘活现有人才，优化调解队伍，引进竞争机制，推行首席调解员制度，实行调解员资格证书制度。这是一项卓有成效的新事物。首席人民调解员是人民调解委员会调解重大民间纠纷的主持人。首席人民调解员在开展人民调解工作中，主要是对辖区内人民调解工作进行指导，主持本辖区重大、疑难纠纷的调解活动，及时、妥善处理各种复杂矛盾纠纷和突发性、群体性事件，主动协调有关部门调处纠纷，规范、审定人民调解协议书，对办理案件的质量进行把关。

首席人民调解员的工作性质决定了对其任职的较高标准要求。目前，许多地方规范性文件对首席人民调解员的任职条件都有要求，一般必须有较高的素质和良好的品质，法律意识较强，从事人民调解工作满3年，具有大专以上文化程度才能担任。首席调解员须经辖市、区司法局培训且经考试合格，一经聘任，及时发放首席人民调解员聘任书和"首席调解员证"，并持证上岗。任期一般为3年，成绩突出者届满后可续聘。在待遇上，首席调解员要高于一般调解员。

实践证明，首席人民调解员制度在某些地区的试行，不仅为传统的人民调解工作注入了生机和活力，有力地促进了疑难复杂纠纷的化解，而且改变了以往调

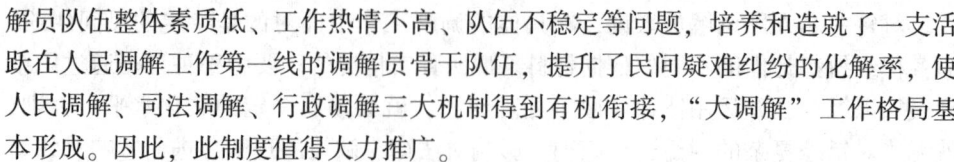

解员队伍整体素质低、工作热情不高、队伍不稳定等问题，培养和造就了一支活跃在人民调解工作第一线的调解员骨干队伍，提升了民间疑难纠纷的化解率，使人民调解、司法调解、行政调解三大机制得到有机衔接，"大调解"工作格局基本形成。因此，此制度值得大力推广。

（二）人民调解员的产生和任期

1. 人民调解员的产生。《人民调解法》第9条规定："村民委员会、居民委员会的人民调解委员会委员由村民会议或者村民代表会议、居民会议推选产生；企业事业单位设立的人民调解委员会委员由职工大会、职工代表大会或者工会组织推选产生。人民调解委员会委员每届任期三年，可以连选连任。"第13条规定："人民调解员由人民调解委员会委员和人民调解委员会聘任的人员担任。"第34条规定："乡镇、街道以及社会团体或者其他组织根据需要可以参照本法有关规定设立人民调解委员会，调解民间纠纷。"基于以上规定，人民调解员的产生方式有选举和聘任两种形式。

（1）选举。人民调解员由本村民区、居民区或者企业事业单位的群众选举产生。被选为人民调解员的人一般都是当地有声望的人，与群众有深厚的感情，为群众所信任，在工作中能得到群众的广泛支持和帮助，便于开展工作。同时，通过这种方式产生的调解员，也便于接受群众的监督，从而增强其为民解难的工作责任感。

（2）聘任。聘任是指通过考试、面试等方式，从社会人员中择优录取，产生人民调解员的方法。人民调解员聘任工作应坚持公平、平等、竞争、择优的原则，做到信息公开、过程公开、结果公开。严格纪律，严禁弄虚作假、营私舞弊，接受社会及有关部门的监督。乡镇、街道人民调解委员会委员由乡镇、街道司法所（科）聘任。区域性、行业性的人民调解委员会委员，由设立该人民调解委员会的组织聘任。采取这种方式产生人民调解员，可以保证人民调解员具有较高的素质，能够较好地胜任人民调解工作，也可以保证人民调解员的专门性。

《人民调解工作若干规定》除了规定人民调解员的产生方式外，还规定了人民调解员的补选、补聘和撤换。《人民调解工作若干规定》第16条第2、3款分别规定："人民调解员不能履行职务时，由原选举单位或者聘任单位补选、补聘。人民调解员严重失职或者违法乱纪的，由原选举单位或者聘任单位撤换。"《人民调解法》第15条规定，人民调解员在调解工作中有下列行为之一的，由其所在的人民调解委员会给予批评教育、责令改正，情节严重的，由推选或者聘任单位予以罢免或者解聘：①偏袒一方当事人的；②侮辱当事人的；③索取、收受财物或者牟取其他不正当利益的；④泄露当事人的个人隐私、商业秘密的。

2. 人民调解员的任期。《人民调解法》第9条第2款规定："人民调解委员会委员每届任期三年，可以连选连任。"

（三）人民调解员的种类

以人民调解员是否专门从事调解工作为标准，人民调解员可分为兼职和专职两种。

1. 兼职。兼职是指人民调解员在任职期间，还可从事其他工作，人民调解工作不是人民调解员的唯一工作。目前，村（居）调解委员会或者企事业单位调解委员会的组成人员基本上是由村（居）民委员会、企事业单位有关人员兼任的。乡镇、街道人民调解委员会的组成人员也存在兼任的情况。可以说，在我国的人民调解组织中，兼职人民调解员的数量所占比例较大。兼职人民调解员由于主要是从当地有声望、有经验的群众中产生，确实有利于开展人民调解工作。但也存在着一定的缺陷，例如，他们有的对调解工作疲于应付，有的缺乏主动性和积极性，有的欠缺专业素质等，影响了人民调解队伍的整体形象。这说明，兼职人民调解员的现状亟待改进。

2. 专职。专职人民调解员是指专门从事人民调解工作的人员。专职人民调解员除了从事人民调解工作以外，不再从事其他工作，主要负责辖区内民间纠纷的预防与调解，集中力量对纠纷进行疏导化解。

随着人民调解工作的不断发展、壮大，由什么样的人民调解员承担调解工作，已成为调解工作面临的首要问题。专职人民调解员一般通过招聘产生，素质较高，有着兼职人民调解员所不具有的优势。因此，不断扩大专职人民调解员的比例是我国人民调解工作发展的基本趋势。目前，为了人民调解工作的健康发展，进一步增强人民调解工作力量，努力打造一支专业化、职业化、规范化的人民调解员队伍，切实提高调解工作水平，维护社会和谐稳定，一些地区的人民调解委员会已经根据实际工作需要和辖区内实有人口的多少配备专职人民调解员。这些专职人民调解员主要面向社会公开招聘，成效显著。人民调解员的专职化改变了原有调解人员轮岗频繁、兼职过多的状况，实现了调解队伍的相对稳定性。专职专用的特点，使专职调解员有了归属感，极大地激发了其工作热情，有效提高了民间纠纷调处的质量与效率。同时，在业务建设上，稳定的人员也有利于专业知识的积累，有利于对他们开展集中的系统性的专业知识培训。

（四）人民调解员的素质要求

人民调解员在日常工作中预防和处理了大量的民间纠纷和社会矛盾，是推动人民调解工作不断发展的源泉和动力，在维护社会稳定、促进经济发展等方面发挥了重要的作用。人民调解员素质的高低，直接关系到人民调解工作的成效，关系到能否把第一道防线筑牢，关系到基层社会的稳定与发展。随着我国全面建设和谐社会以及新农村建设步伐的加快，社会矛盾纠纷呈现出日趋多样性、复杂

性、群体性等特点，这就要求人民调解员必须适应新形势的需要，努力提高个人整体素质。

1. **职业道德素养。** 从某种意义上说，调解工作是做人的工作。作为一名优秀的人民调解员，首先要有良好的品行和职业道德修养。遵纪守法，严于律己，牢固树立宗旨观念和服务意识，端正工作态度，改进工作作风，这是从事人民调解工作的基本前提。此外，具有一定的职业道德素养，才能摆正人民调解员的角色位置，才能提高自己在群众中的威望，取得群众的信任，才能在调解工作中坚持原则，提高调解工作的效率。所以，要在人民调解员中大力倡导爱岗敬业的职业道德修养，兢兢业业的工作态度，忘我无私的思想品质，遵纪守法、廉洁奉公的模范作风，使其真正做到热情服务、高效服务和无悔服务。

2. **业务素质。** 一个人能否有所作为，不在于他从事何种职业，而在于他是否爱岗敬业，是否有干一行、爱一行、专一行、精一行、精益求精的追求。业精于勤，只有靠兢兢业业、勤勤恳恳、大胆实践，才能精通人民调解业务，成为人民调解工作的行家能手。从新形势下人民调解工作的特点和任务看，人民调解工作涉及面十分广泛，且纠纷日趋多样化、多元化、复杂化。这些变化大大增加了调解工作的难度。所以，人民调解员要想很好地预防和处理民间纠纷，就必须提高自己的业务水平，具有广博的业务知识，尤其是要掌握足够的法律知识，让自己的调解工作有法可依。人民调解工作必须以法律为依托，没有一定的法律功底，就无法做到以法律为基准调解民间纠纷，也无法对当事人进行法律教育。只有懂法律，有较丰富的法律知识，才能用法律、法规处理群众关心的热点、难点问题和群体性事件，才能从根本上增长工作才干并提高辨别是非的能力。同时，调解还要求调解员学习党的理论知识、相关政策以及与人民调解工作有关的知识，如心理学、教育学、伦理学、社会学、语言学，并把这些知识运用到调解工作中，探索纠纷调解的艺术和技巧，提高工作效率。因此，一名合格的人民调解员要博览众采，既要学习政治基础知识，也要学习业务法律知识，还要学习相关辅助知识，发挥知识的整体功能，以达到事半功倍的效果。

3. **能力素质。**

（1）**逻辑思维能力。** 逻辑思维能力是衡量一名人民调解员业务水平高低的重要条件。实践中，调解员与各种矛盾纠纷的当事人打交道，处理着各种各样、各具特色的纠纷，一刻也离不开思维活动。一旦发现对方在进行诡辩，就要组织正确的理论观点来剖析破绽，通过层次分明、逻辑严谨的正反论证，据理反驳，直至对方理屈词穷、心服口服。较好的思维能力可以帮助人民调解员进行敏锐的观察，形成严谨的逻辑推理，全面、准确地分析问题和判断是非。所以，调解人员进行调解时，首先要善于调查研究，掌握案件信息。在此基础上运用逻辑推理的方式，从不同人、不同角度、不同层次对纠纷进行深入细致的分析和研究；查明事实真相，理清法律关系；找出纠纷发生的原因和争执的焦点；确定调解方案，化解纠纷。

（2）语言表达能力。语言表达能力是指人民调解员运用语言艺术、技巧对矛盾纠纷进行调解处理的说教能力。人民调解工作的对象绝大部分是普通百姓，纠纷内容主要是在日常生活和社会交往中产生的人际关系矛盾。此特点决定了调解工作是做人的思想工作。而能否做通当事人的思想工作与人民调解员的言辞表达能力之高低关系紧密。言辞恰当得体，可以尽快化解矛盾，达到预期效果；言辞不当，则往往调解失败。

语言表达能力之所以被认为是纠纷调解必不可少的调解能力，其根本的原因在于：一方面，调解工作的过程是向当事人宣传法律、法规、政策和社会主义道德教育的过程，面对当事人的年龄、文化程度以及法治观念都不尽相同的情况，要让他们都能听明白，工作人员若不具备较高的语言表达能力则难以做到这一点；另一方面，调解活动本身是在调解人员的主持下，在双方当事人之间展开对话、进行协商，最终解决和消除纠纷的过程。在整个调解过程中，人民调解员要善于运用语言技巧对当事人开展耐心细致的说服、规劝和疏导工作，帮助他们统一思想、提高觉悟、端正态度、消除对立情绪。工作人员如果不能通过流畅的语言、文字来表达其主张，申明其理由，是很难说服当事人而使调解获得成功的。因此，较强的语言表达能力对人民调解员来说是非常必要的。

（3）处事应变能力。所谓应变能力，就是人民调解员应具备的处理各种复杂情形的应变能力。人民调解工作面广量大、千头万绪、千变万化，涉及社会的各个方面。其中，有经济建设方面的，有征地、拆迁、安置方面的，有劳资方面的，有婚姻家庭方面的，有扶养、赡养、邻里、界址方面的，有医疗卫生方面的，有突发的，也有群体性等方面的矛盾纠纷。而针对不同的纠纷、不同的对象，应采用不同的调解方法。纠纷调解中，有的当事人性情急躁，而有的固执己见、难以劝服；有的当事人见面就夸夸其谈，有的却半天也说不上一句话。调解中，不是所有的当事人对调解员的话都言听计从，有的甚至让人十分难堪。面对一起起具体鲜活的纠纷，调解员需要具有较强的应变能力。有了较强的应变能力，就能很好地驾驭纠纷局面，控制事态发展，不致激化纠纷。

调解员的应变能力来源于对生活的观察、纠纷的分析、事实的判断以及对各类处置方法的灵活掌握。介入调解一起纠纷，首先要了解纠纷发生的经过，洞察事实真相，揣摩当事人个性，分析当事人心态，最终得出自己的处置办法。无论是采用热处理还是冷处理的方式，也无论是以情化解还是以法说服等，都必须巧妙地处置好纠纷现场，将纠纷的发展并入自己预设的轨道，这样，纠纷的调解也

就成功了一半。因此，应变能力在人民调解工作中十分必要。

（4）自控能力。从事调解工作，每天都有可能面临纷繁复杂的事情，需要接待各种各样的群众。有棘手的个体事件，例如，有的当事人胡搅蛮缠，拒不承认自己的过错；有的极端自私，拒不承担自己应尽的义务；有的当面承认错误，实际却不履行义务；有的固执己见，自以为是，听不进调解人员的意见。调解人员有时也会遇到声势浩大的群众上访事件，有时还会受到某些当事人的辱骂和威胁等，这些都需要调解人员能够保持冷静的头脑，拥有平和的心态和处乱不惊的定力，以理智的态度正确疏导好群众的情绪，将矛盾化解在和风细雨中。如果调解员本身心理失衡，没有很好的自控能力，就会导致纠纷进一步激化，从而不利于和解的达成。所以，在这种情况下，调解员必须有效地进行自我心理调节。例如，对于自己对纠纷的起因、内容，双方当事人的是非、责任等判断是否正确，对当事人的社会认知是否正确，调解的策略、方法、技巧运用是否得当等，都要不断进行反思。同时，还要根据调解过程中当事人的信息反馈，不断作出调整，修正某些错误的认识，改进调解的策略、方法和技巧。另外，对于调解成功的纠纷，如果出现反复，调解员既要有再进行调解的心理准备，还要有应对困难和挫折的勇气及信心。绝不能因纠纷出现反复，害怕麻烦而对当事人进行指责和训斥。

（5）倾听能力。倾听能让当事人觉得受到尊重和信任，能拉近彼此距离，化解敌对情绪。人民调解员在调解中只有认真听取当事人诉说，才能充分了解当事人矛盾纠纷发生的原因、双方的分歧所在、双方的要求等，从而全面把握事实真相，并就此构想初步的调解方案。所以，耐心、仔细、有效地聆听当事人的倾诉是人民调解员与当事人沟通过程中最重要的一点，而具有较高的倾听能力是人民调解员做好调解工作的基础。

（6）组织协调能力。在新的形势下，社会矛盾涉及面广，重大的突发性事件多，且纠纷有着各种各样的背景原因，对一些复杂、疑难的纠纷进行调处，有时单靠一两个调解员的工作不一定能解决问题，这时就要积极争取党委、政府的支持，动员多种力量。这决定了人民调解对上、对下、纵横协调的工作特色，同时也要求从事此项工作的调解员必须具有较强的组织协调能力。具备了这一能力，才能着眼于全局，通盘打算；才能保持畅通的工作渠道和良好的个人关系；才能形成工作合力，使调解工作得心应手。

（五）人民调解员的工作纪律与职业道德

1. 人民调解员的工作纪律。调解工作要得到群众真心诚意的拥护和帮助，调解结果要得到纠纷当事人心悦诚服的接受，人民调解员调解民间纠纷时必须根据《人民调解工作若干规定》第17条的规定，严格遵守下列纪律：

（1）不得徇私舞弊。这要求人民调解员在调解工作中不徇私情，对当事人一视同仁，不因与当事人的远近亲疏而偏袒或不公平对待任何一方，应秉公调解，严格依照有关规定作出公正处理。之所以把"不得徇私舞弊"定为人民调解员的首要纪律，是因为它与调解人员应当具备的廉洁奉公、不徇私情的高尚品德是根本一致的。调解人员主要是经群众选举产生的，受到广大群众的支持和信任。他们在工作中应为人民服务，绝不允许利用人民赋予的权力谋私利，甚至违法乱纪，损害他人合法权益。

（2）不得对当事人压制、打击报复。对当事人压制、打击报复，是指调解人员违背调解自愿平等原则，采用简单粗暴的手段和方法，强迫当事人接受调解或达成调解协议的做法，以及在调解过程中发生冲突后采用不正当手段和方法对当事人进行打击报复的行为。调解工作直接涉及当事人双方的利益，在调解过程中，当事人作为矛盾纠纷的利害关系人，有时难免情绪偏激，提出一些不合理的要求。遇到这种情况，调解人员不能因当事人与自己观点不同而限制当事人发言，甚至强迫压制当事人；只能采用说服疏导、平等协商的方法，讲道理、摆事实，说明利害，以理服人，促使当事人双方相互谅解，达成调解协议。如果遇到棘手的纠纷，遇到对人民调解员恶言恶语，甚至拳脚相加的情况，只要未对人民调解员造成重大伤害，人民调解员必须克制自己的情绪，绝不能意气用事，对当事人进行恐吓和压制。否则，不但不利于纠纷的解决，反而会激化当事人的对立情绪，使调解陷入被动和僵局。即使当事人对人民调解员造成重大伤害，人民调解员也不能利用工作便利对当事人进行打击报复以泄私愤，而是要通过合法途径来解决。正是在这个意义上，《人民调解工作若干规定》规定了调解人员应当遵守这一纪律。

（3）不得侮辱、处罚纠纷当事人。不得侮辱当事人是指调解人员在调解工作中要尊重当事人的人格和名誉，无论哪一方当事人有过错，都不能讽刺、挖苦、辱骂当事人，更不能在群众中散布任何有损当事人人格和名誉的言论。不得处罚当事人这一纪律要求是由人民调解组织的自治性质决定的。由于人民调解组织是群众性组织，不是国家的司法和行政机关，不具有行政处分和司法裁决的权力，因此人民调解员无权采用强制措施，不得对当事人进行人身和财产的处罚。这包括不得对有过错的当事人进行罚款，也不能查封、扣押、拍卖和没收当事人的财产，更不能对当事人进行人身搜查、捆绑、打骂和变相体罚。否则，就是侵犯了当事人的合法权益，直接违反了宪法和有关法律的规定，不但不利于解决纠纷，反而会使矛盾激化。总之，人民调解员不能因当事人态度不好或者不服调解而使用侮辱性语言或者处罚当事人，而只能采取说服教育的方法，促使当事人自愿调解并达成调解协议。

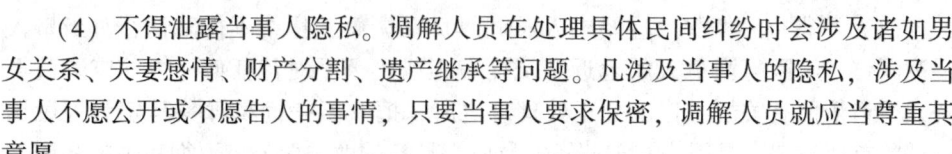

（4）不得泄露当事人隐私。调解人员在处理具体民间纠纷时会涉及诸如男女关系、夫妻感情、财产分割、遗产继承等问题。凡涉及当事人的隐私，涉及当事人不愿公开或不愿告人的事情，只要当事人要求保密，调解人员就应当尊重其意愿。

对当事人隐私进行保密，一是为了有效地保护当事人的合法权益，保障公民个人隐私权不受侵犯。尊重当事人的隐私，是法律的基本规定。任何人都有自己的人格，都有自己的私生活。如果这些私生活并不牵涉他人的利益，就无须他人知晓和干预。这是公民的一项重要的人身权利，也是维护公民人格尊严的主要措施。二是为了维护社会的安定，维护人民调解委员会和人民调解员的良好信誉。对当事人的隐私进行保密，会使当事人更加信赖调解人员，有益于纠纷的顺利解决。如果随意泄露当事人的隐私，不仅会造成当事人对调解人员的不满，有时还会给调解造成意想不到的困难与麻烦，影响社会稳定。例如，在调解遗嘱和遗赠纠纷时，若调解人员随意将内情泄露出去，有关人员可能就会将遗产进行隐匿、分散、挥霍、毁坏，结果不仅使调解无法进行，引起混乱，还使当事人的合法权益遭到侵犯。此外，不泄露当事人的隐私，还能够避免不道德的私人生活问题张扬出去，在社会上造成不良影响。因此，人民调解员在调解工作中都应当本着对纠纷当事人负责的态度自觉遵守这条纪律。不仅在调解过程中应当遵守，而且在调解终结后也应遵守，以取信于民，维护人民调解组织的信誉，防止违法乱纪的现象发生。

（5）不得吃请受礼。这是人民调解员公平、公正调解的基本保障。在人民调解过程中，有些当事人为了让人民调解员在调解过程中替自己说好话，对自己有利，请吃请喝；也有的当事人由于纠纷得到妥善处理，为了对人民调解员表示感激，往往也会送钱送礼。无论请吃送礼的当事人出于何种动机，调解人员都应态度鲜明地婉言拒绝，并向他们宣传调解人员为人民服务的职责，讲解调解工作纪律，使他们打消不良企图。因为调解人员一旦接受了这种经济好处，在调解纠纷时就难免偏袒一方而压制另一方，就有可能作出违反法律和政策的事情，侵蚀人民调解员的思想和品行，严重败坏人民调解组织的声誉，影响人民调解的公正性。总之，人民调解员应当自觉做到吃请不去，送礼不要，遵纪守法，不谋私利。只有这样，才能理直气壮地秉公调解，得到广大群众的拥护和信任；才能保证自己在调解工作中的中立性和廉洁性；才能保证调解工作为群众服务的良好声誉。

2. 人民调解员的职业道德。职业道德是所有从业人员在职业活动中应该遵循的行业准则，是社会道德的重要组成部分。人民调解员在从事人民调解这一职业活动时也必须遵守该行业的道德准则，注重职业道德的修养。《人民调解工作若干规定》第 18 条第 2 款对人民调解员的职业道德提出了要求："人民调解员履行职务，应当坚持原则，爱岗敬业，热情服务，诚实守信，举止文明，廉洁自律，注重学习，不断提高法律、道德素养和调解技能。"

（1）人民调解员要做遵纪守法、坚持原则的带头人。这是做好人民调解工作的前提。坚持原则必须尊重事实，按国家的法律、法规以及各项规章制度办事，以为人民服务的公心平等待人。只有这样，才能保持人民调解组织和人民调解员的良好形象。

（2）从事人民调解工作，必须爱岗敬业、热情服务。爱岗敬业，是对每一位调解员的基本要求，是做好本职工作的前提和条件。人民调解工作是项艰苦的工作，同时又是一项直接服务于广大群众的基层工作。只有真正热爱人民调解工作，敬爱这一职业，把这一岗位视为为人民服务、为社会做贡献的平台的人，才能安心工作，干出成绩。也只有爱岗敬业的人，才会以热情服务的心态，真正为人民调解工作尽心尽力、满腔热情地投入工作。

（3）人民调解员还要做到诚实守信、举止文明。这是维护人民调解员声誉的基本要求，也是人民调解员职业道德的基础。诚实守信、举止文明，要求调解员在人民调解工作中，做老实人、说老实话、办老实事，信守承诺、讲信用、重声誉，不讲粗话。人民调解员只有诚实守信、举止文明，才能得到人民群众的信赖和尊重，得到社会、行业的接纳。如果失去了这一职业道德规范，迟早会被群众、社会淘汰。

（4）严于律己，做遵纪守法的表率。要想做好人民调解工作，人民调解员必须在本职工作中廉洁自律、秉公办事、不徇私情、公正待人，以各种规章制度、纪律和国家的法律、法规作为自己行为的准则和依据，公道地为群众办事，为人民调解工作的顺利进行奠定基础。只有这样才能服务于民、取信于民，发挥人民调解工作在建设社会主义精神文明中的作用。

（5）注重学习，不断提高法律、道德素养和调解技能。人民调解员主要依靠法律、法规、规章、政策和社会主义道德开展调解工作，所以，人民调解员在进行人民调解的工作过程中，光有满腔热情是不够的，还必须有从事人民调解工作的技能，包括法律知识、调解方法和技巧。这种技能的掌握和提高，只有通过学习才能实现。学习，同样也是提高道德素养的基本途径。因此，作为人民调解员，只有不断丰富自己的法律知识、政策水平，注重学习与人民调解有关的业务知识，才能提高调解技能和调解水平，成为一名合格的人民调解员。

四、人民调解的指导机构

对人民调解工作的指导，是指有关国家机关依照国家法律法规及政策，结合实际情况对人民调解委员会的组织建设、业务建设、思想建设及制度建设进行引

导、规范、保护和监督的职能行为。为此，《人民调解法》《人民调解委员会组织条例》《人民调解工作若干规定》分别作出规定，使指导管理人民调解委员会的机构得以明确。

（一）司法所（司法助理员）对人民调解工作的指导

司法所、司法助理员是司法行政机关服务大局、服务社会、服务群众的平台，是司法行政系统最基层的单位，也是司法行政机关设立在乡镇人民政府、街道办事处的派出机构或者派出人员，负责指导管理人民调解的日常工作。其职责是：

1. 根据上级指导管理部门的计划、要求，指导人民调解委员会制定具体的工作任务及完成任务的措施，并直接负责监督和检查落实；解答、处理人民调解委员会或者纠纷当事人就人民调解工作有关问题提出的请示、咨询和投诉。

2. 整顿人民调解委员会，建立健全人民调解工作制度，培训人民调解员，对辖区人民调解委员会、人民调解员进行登记备案；应人民调解委员会的请求或者根据需要，协助、参与对具体纠纷的调解活动。

3. 总结交流人民调解工作经验，调查研究民间纠纷的特点和规律，组织开展矛盾纠纷排查治理；指导人民调解委员会调解疑难矛盾纠纷，对人民调解委员会主持达成的调解协议予以检查，发现违背法律、法规、规章和政策的，应当予以纠正；指导人民调解委员会改进工作。

4. 向上级司法行政机关和基层人民政府反映人民调解工作情况，报告人民调解工作，向党委政府和上级司法行政机关反馈重大矛盾纠纷信息，协助有关部门做好工作，防止矛盾纠纷激化。

5. 协助落实人民调解委员会的办公经费和人民调解员的补贴。根据《人民调解法》第16条的规定，人民调解员从事调解工作，应当给予适当的误工补贴；因从事调解工作致伤致残，生活发生困难的，当地人民政府应当提供必要的医疗、生活救助；在人民调解工作岗位上牺牲的人民调解员，其配偶、子女按照国家规定享受抚恤和优待。

（二）各级司法行政机关对人民调解工作的指导

新形势、新任务对人民调解工作提出了新的要求，各级司法行政机关要在当地党委、政府的统一领导下，认真贯彻党的十七大精神，与人民法院密切配合，采取措施，指导本辖区人民调解委员会切实加强组织建设、队伍建设、制度建设和业务建设，健全网络体系，提高队伍素质，规范运行机制，提高工作水平，进一步推进和谐社会建设。各级司法行政机关的具体职责是：

1. 根据上级管理部门的计划和要求，制定具体措施，并负责指导实施；加强人民调解工作的规范化、程序化、制度化建设。

2. 调查人民调解工作情况和民间纠纷情况，检查、指导人民调解工作，总结和推广经验，针对新情况、新问题，不断研究和探索加强人民调解工作的思路与途径；对在人民调解工作中成绩显著、贡献突出的人民调解委员会和人民调解员，给予适时的表彰和奖励。

3. 领导司法所、司法助理员开展工作，确保实效，提高人民调解工作的质量和水平。

4. 整顿、健全、加强人民调解组织建设。采取多种形式，加强对人民调解员的培训，不断提高人民调解员队伍的素质，从根本上保障人民调解活动的公正性、合法性。

5. 主动与人民法院联系，及时了解经人民调解又起诉到法院的民事案件，其调解协议被人民法院确认有效、无效或者变更、撤销的情况，认真总结经验教训，努力改进、提高调解工作质量。

6. 努力争取同级人民政府的支持，采取有力措施，切实保障人民调解工作经费、调解人员的培训经费和表彰经费；协调和督促村民委员会、居民委员会和企业事业单位落实人民调解委员会的工作经费和人民调解员的补贴经费；完成上级管理部门交办的任务。

（三）人民法院对人民调解工作的指导

根据《民事诉讼法》《人民调解法》及《人民调解委员会组织条例》的规定，指导人民调解工作是基层人民法院的一项重要职责。人民法院对人民调解工作的指导不同于各级人民政府司法行政部门的指导，它只有业务指导的职责，主要是通过审判活动对调解工作进行业务指导。例如，选聘符合规定条件的人民调解员担任人民陪审员，使其有机会参加审判；组织人民调解员到法院实习，安排参与庭审前的辅助性工作，通过司法实践不断提高其政治素质和业务素质。在审判活动中，人民法院通过支持正确的调解协议、纠正错误的调解协议来帮助人民调解员正确运用法律、法规、规章和政策，对人民调解委员会的工作依法进行保护与监督。

实践中，各地基层人民法院特别是人民法庭还可以设立固定场所，确定固定人员在固定时间负责指导调解组织的业务，也可以选派有经验的现任法官深入调解委员会指导民间纠纷调解或对人民调解组织调处的纠纷进行个案讲评等。同时，人民法院要把对调解员的培训纳入司法行政队伍培训计划，坚持统一规划、注重实效，积极配合当地司法行政机关加大对人民调解员的业务培训力度，采取旁听庭审、案例讲解及举办培训班等灵活多样的方式，不断优化调解员队伍的知识结构，帮助人民调解员提高法律知识水平和调解纠纷的能力，从而提高调解组织和调解员在群众中的威望和公信力。

 **思考与练习**

1. 人民调解组织的特征是什么？
2. 人民调解委员会的任务是什么？
3. 人民调解委员会的主要工作制度与方针有哪些？
4. 人民调解员应当符合什么样的任职条件，具备哪些素质？
5. 人民调解员如何遵守工作纪律和职业道德？

【案例1】 现年80岁的王某育有4男4女共8个子女，子女均已成家立业。2008年初，子女间因家庭琐事闹矛盾后，都不愿赡养老人，无家可归的王某只好在亲戚家暂住。同年5月，8子女协商签订协议轮流赡养母亲，但协议签订后无一人履行。2009年1月底，天气越来越冷，生活无保障、无家可归的老人不得已找到司法所讲述了她的不幸。听完老人的辛酸讲述，面对步履蹒跚的无助老人，工作人员当即将此案定为疑难纠纷。次日，由村人民调解委员会组成调解小组，在查清事实的基础上展开调解。调解小组对几名子女进行了批评教育，从法理、人情、道德等多方面、多角度做当事人工作，帮助他们提高认识，增强法治观念。经过努力，8子女均认识到自己的错误，当场表示要孝敬老人，并达成了协议：王某跟随第四子张某生活，其他3子每年各支付赡养费1300元，4个女儿每年各支付赡养费500元。案件最终得到妥善调解。王某流着热泪颤巍巍地说："感谢党，感谢你们呀，我终于有家可回了。"

问题： 本案体现了调解员哪些良好的职业道德？

【案例2】 2009年5月27日上午，某省某市人民医院被患者张某及其亲友二十余人封堵，近百人围观，一起因误诊而引发的医患纠纷随时可能激化为群体性事件。医院里一时间人声嘈杂、秩序混乱，无法正常工作。司法所所长兼人民调解员老陈得知情况后，带领工作人员迅速赶到现场。据了解，患者张某因颈部肿大到该医院就诊。医院医生初步诊断为淋巴瘤，因怀疑病变，要求患者做CT检查，但仍不能确诊，又将患者的片子及有关资料送到省某医院某教授处作进一步诊断。当时某教授在外地开会，看了医院送来的片子和资料后，确诊为淋巴癌，但因身上没带病情诊断报告单，只得将其诊断结论口头通知医院。医生将某教授的诊断结论告诉了患者家属，并要求患者到医院进行化疗。患者家属心存疑虑，将患者送到北京检查，最后确诊为淋巴炎。患者家属在庆幸之余又非常气愤，于5月27日邀集亲友二十余人到该医院，强烈要求医院承担患者的一切检查费用并给予精神损害赔偿2万元。为了控制事态的发展，老陈带领调解人员分头做家属的思想工作。通过耐心细致的工作，患者家属同意撤离医院进入调解程序，事态暂时得到控制。双方约定5月28日下午在医院进行调解。老陈找到医院的负责人，依据法律向其讲解医院在纠纷中所应承担的责任：一是在省某医院某教授未向医院下正式病情诊断报告单之前，医院不能如此轻率地告知患者家属，何况是癌症，更应该慎重；二是盲目地要求患者做化疗，由此给患者造成了一定的经济损失和精神负担，应当承担责任。医院对此意见表示接受，并同意给予一定的经济补偿，但关于具体金额，双方预期相距甚远。为了促使其达成一致协议，老陈和其他调解员又找到患者家属代表，引导其协商解决问题，同时也指出了他们在这起事件中应负的责任：一是在未得到正式病情诊断报告的情况下就到北京进行检查，由此产生的费用要对方承担于法无据；二是聚集多人在医院门诊大楼前闹事，严重地干扰了医院的正常工作秩序，违反了《治安管理处罚法》的规定，应承担一定的责任。患者家属表示接受。

针对双方就赔偿金额之间的分歧，经过多次调解，双方终于达成协议：医院给予患者张某一次性经济补偿 5500 元。至此，这起极易引发矛盾激化的医患纠纷，终于得到了圆满的解决。

问题：在该纠纷处理过程中，体现了调解员哪些基本素质？

【案例 3】2021 年 3 月 26 日，某小区十几名居民一同来到居委会，要求社区尽快拆除刘某的平房，否则就不再缴纳物业费。原来，自 2010 年当地实施危房改造、拆除平房、原地回迁工作以来，至今已有 12 个年头。当初，小区居民刘某坚持要求物业公司根据家庭人数补偿其 5 套房屋，否则不同意拆迁，因物业公司与开发商无法按照刘某的要求补偿其房屋，房屋一直没有拆除，时间一长，该平房已成为流浪猫、流浪狗的栖身之地，极大地影响了小区的整体美观和环境卫生。居民对此意见很大，多次要求物业拆除平房，还业主们一个整洁的环境。期间，社区主任找到 2 名人大代表将此问题作为议案，报送给有关部门，可时间一个月一个月地过去，眼看到了年底，这间平房依然存在。居民对此不满，提出如果不解决这个问题，就拒交物业费。

调委会主任听说后，立即组成调解小组展开调查，了解纠纷当事人的要求。刘某希望开发商按家庭人口补偿房屋。居民代表则表示物业公司不拆除平房的行为已违反物业服务合同的约定，平房的存在严重影响了小区的居住环境，坚持要求物业拆除，否则拒绝缴纳物业费。物业公司（开发商）则表示拆迁的事情已经过去很久了，无法按现在的市场价给刘某补偿，只能按拆迁时的政策给予补偿。三方都坚持各自的立场，谁也不妥协。调委会主任立即与司法所、建委的工作人员协调，寻求支持和解决办法。

在司法所的指导下，在社区召开了由物业公司（开发商）、居民代表、刘某、司法所、建委等相关部门负责人参加的调解会。会上，调解员要求当事人从维护社区和谐稳定的角度出发，共同寻求解决问题的方法，但三方当事人还是各执一词，大有剑拔弩张之势。调解人员见状，立即协商分别做三方的思想工作。通过耐心、细致的说服疏导，反复宣讲《民法典》和《物业管理条例》以及某城市《房屋拆迁管理条例》等规定，明确拆迁安置的标准，促使当事人各方互谅互让，消除了隔阂，最终引导、帮助当事人达成了解决纠纷的调解协议：①负责小区物业管理的某物业管理中心协调某开发公司与刘某签订拆迁补偿协议，在开发商开发建设的房屋内补偿刘某家4套两居室房屋。②刘某平房的拆迁工作由物业公司于2021年4月12日前完成。③居民按时缴纳物业费。

2021年4月12日，"固守"此地12年的钉子平房被彻底地清除，居民兴高采烈地相互转告，对人民调解员高效的工作给予了高度的评价。

问题：请运用本单元学过的知识分析此纠纷是怎样调解成功的。

拓展阅读书目

1. 本书编写组编著：《人民调解员工作手册》，中国法制出版社2003年版。
2. 胡泽君主编：《人民调解教程》，中国政法大学出版社2004年版。
3. 肖方编著：《如何当好人民调解员》，中国社会出版社2005年版。
4. 王红梅编著：《新编人民调解工作技巧》，中国政法大学出版社2006年版。
5. 刘树桥、马辉主编：《人民调解实务》，暨南大学出版社2008年版。
6. 刘最跃编著：《人民调解原理与实务》，湖南人民出版社2008年版。

单元二习题库

单元三　人民调解工作的流程

知识目标

● 熟悉人民调解工作流程要求；理解和掌握民间纠纷的预防、调解及回访工作的具体内容。

能力目标

● 能按照人民调解工作流程要求，完成人民调解流程不同环节的具体工作任务。

○ **导入案例**

受金融海啸的影响，某市某镇一外资企业由于银行贷款从紧，经营上出现问题，从 2008 年 9 月 24 日起放假，计划于 2008 年 12 月 31 日复工。9 月 25 日，由于担心老板不发工资，四百多名工人到镇政府上访，一度冲进政府机关，并集体到马路上拦路堵塞交通，个别工人用石头砸伤 2 名民警头部，被公安部门依法拘留。9 月 28 日，二十多名工人到市信访局再次上访，要求解决工资及经济补偿金问题。

问题： 1. 如果你是人民调解员，应如何防止矛盾的激化？

2. 在本案的具体调解过程中，应如何实施调解？有哪些步骤？

基础知识

一、民间纠纷的预防

人民调解工作坚持的是"调防结合、以防为主"的方针。这就要求人民调解组织和人民调解工作人员一方面要积极调解，及时化解民间纠纷，切实掌握当前民间纠纷的特点，分析其产生的原因，判断纠纷的发展动态，努力把可能激化的矛盾纠纷减少到最低限度；另一方面，要把调解工作的出发点和落脚点放在"预防"上，注意总结分析各类纠纷产生的原因及发展变化规律，采取多种有效措施，努力做到对各种民间纠纷"抓早、抓小、抓苗头、防激化"，使人民调解工作真正成为维护社会稳定的"第一道防线"。

民间纠纷的预防工作是一项任重道远的长期性工作。在全社会加强社会主义法治和社会主义道德的宣传教育，增强公民的法律意识，提升全社会的道德水平，提高全体公民的思想文化素质，是预防民间纠纷的根本措施，是从宏观上预防、控制纠纷的长远战略对策。要做好当前民间纠纷的预防与化解工作，必须从以下几个方面入手：

1. 强化普法宣传和道德教育，提高公民的法律意识和道德水平。许多纠纷的发生与激化都与公民法律水平不高、法治意识不强、道德标准低有关，因此，加强法治宣传教育和道德教育工作是当前预防与化解矛盾纠纷、确保社会稳定的关键。党的十七大提出了"全面落实依法治国基本方略，加快建设社会主义法治国家"的奋斗目标。因此，我们要巧借东风、乘势而上，充分运用广播、电视、橱窗、宣传车、街头法律咨询、上法治课、以案说法以及现场公开调解等各种群众喜闻乐见的形式，广泛开展法治宣传和道德教育。努力提高群众的法律水平，增强群众的法治观念，强化群众的道德标准，以预防和减少纠纷的发生。

比如，在本章"导入案例"中，司法所可以向上访工人解释《劳动法》《信访条例》的相关内容，告诉他们解决欠薪问题的主要途径，并说明采取过激行为表达诉求不仅不利于问题的解决，还会触犯法律；不仅导致自身的权益没能得到及时的维护，还可能受到法律的制裁。同时，向供应商指明解决问题的法律途径，请求政府出面协调，引导其以合法方式取回货款，从而预防矛盾纠纷的激化。

2. 把握民间纠纷的规律，加强纠纷预测分析工作。民间纠纷发生、发展和变化都是有规律的。把握这些规律，调解人员就可以对民间纠纷的形成、发展及未来趋势进行合理的预见和判断，积极在"防"字上下功夫，把纠纷解决在萌芽状态。

人民调解工作的方针是"调防结合，以防为主"。几十年来，人民调解组织始终紧密结合自身的实际工作，根据民间纠纷发生、发展和变化的规律，认真贯彻这一方针，在工作实践中不断摸索并总结出一些行之有效的预防民间纠纷的措施，对预防民间纠纷产生了积极效果。预防民间纠纷的措施主要有：

（1）因时预防。人民调解组织应根据民间纠纷发生具有时令性的特点，在每个阶段或季节到来之前，安排人民调解工作人员深入社区、深入农村、深入群众，倾听人民群众的呼声，观察群众的行为动态，对纠纷进行分析预测，抓住重点，采取积极稳妥的措施，提前做好宣传、教育和疏导工作，把时令性民间纠纷减少到最低限度，以防患于未然。

（2）因地预防。纠纷的发生受多种因素的影响，客观环境不同，所发生的民间纠纷的种类也不同。例如，在农村，易发生因农村土地流转引发的土地纠纷；在街道、社区，易发生因城市化进程加快引发的房屋拆迁、回迁纠纷；在厂区，因劳动关系易产生劳资纠纷等。调解人员要根据不同地域的纠纷规律和特点，制订不同的预防方案和应对策略，做到有的放矢。

（3）因人预防。调解组织在预防工作中，必须因人而异、分别对待，掌握不同人的思想动态，深入细致、主动及时地把纠纷的疏导和预防工作做在前面。例如，在老年人身上多发生赡养纠纷，而在年轻人身上则多发生恋爱、婚姻纠纷，男性之间发生凶杀、械斗的可能性大大高于女性等。调解人员不仅应善于总结不同人群中多发纠纷的特点，而且应善于总结和捕捉不同人群的性格、心理，做到对症下药。

（4）因事预防。针对不同的纠纷要有不同的处理方法，不能千篇一律。比如预防医患纠纷，尊重病人的知情同意权，建立良好的医患、护患关系，是预防此类纠纷的关键所在。

（5）分类预防。分类预防要求调解组织和调解人员善于掌握本地区纠纷的种类和容易导致激化的纠纷的特点和规律，以便确定一定时期、一定场合、一定范围内的预防纠纷的重点。例如，山林水利纠纷、区分边界纠纷，常常会引起聚众械斗；赡养纠纷，往往会导致被赡养者含屈轻生；严重侵犯他人人身权引起的纠纷，则往往会导致行凶杀人。分类预防使调解员可以分门别类，针对不同类型的纠纷采用不同的方法，做好预防工作。

（6）重点预防。人民调解组织和调解人员要善于对本地区易发生纠纷的重点人、户、事、场所等，进行分析预测，实行重点控制，以预防和减少民间纠纷。

（7）普遍预防。人民调解组织和调解人员要善于通过在群众中开展普遍性、经常性的法治宣传和教育活动，着眼于标本兼治，从长远考虑，采取各种有效措施，逐步增强群众的法律意识和道德观念，提升对纠纷的控制、解决能力，以预防和减少民间纠纷。普遍预防是人民调解组织经常性的工作，也是人民调解组织参与社会治安综合治理的有效途径。

3. 提前介入，化解矛盾，防止纠纷激化。许多重大疑难纠纷往往发展得比较迅速，如不及时掌握动态、及时介入，就有可能错过时机，失去主动权，导致矛盾激化。对于此类纠纷，调解组织要以最快的速度提前介入、及时调处。

4. 联合调解，将疑难复杂纠纷化解在基层。对于一些疑难复杂的民间纠纷，乡镇、街道调解组织要及时取得司法所、派出所和相关职能部门的配合并开展联合调解，有效发挥"三调联动"的作用。在调解过程中，各部门要充分发挥本部门的职能优势，互相配合、形成合力，努力将矛盾化解在基层，解决在初始萌芽状态。

二、人民调解案件的受理

当事人因自己的民事权益受到侵害或者发生争议时，可向调解委员会提出申

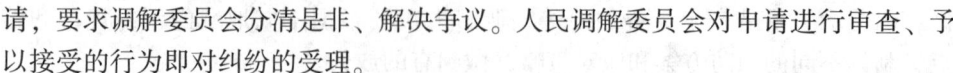

请，要求调解委员会分清是非、解决争议。人民调解委员会对申请进行审查、予以接受的行为即对纠纷的受理。

（一）人民调解案件的受理审查

1. 人民调解受理的案件范围。关于人民调解的受案范围，《宪法》和《人民调解委员会组织条例》曾经只是笼统地将其限定为"民间纠纷"，而对于何谓"民间纠纷"没有作进一步界定。所以，在相当长的一段时期内，人民调解的受案范围局限在公民之间婚姻家庭方面的矛盾纠纷。随着社会转型以及社会经济结构的变化、利益格局的调整，社会矛盾纠纷主体、内容、成因等都发生了深刻变化：矛盾纠纷的主体由公民与公民转化为公民与法人和其他社会组织以及单位；矛盾纠纷的内容由婚姻、家庭、邻里、继承、赡养等简单纠纷发展扩大到经济纠纷、下岗待岗职工与企业的纠纷、劳资关系纠纷、物业管理纠纷以及拆迁纠纷等。因此，2002年9月26日，司法部出台了《人民调解工作若干规定》，其中，第20条将调解民间纠纷的范围明确规定为：公民与公民之间、公民与法人和其他社会组织之间涉及民事权利义务争议的各种纠纷。也就是人民调解委员会可以调解除法律规定不能调解的纠纷以外的所有民间纠纷。2011年1月1日开始实施的《人民调解法》对人民调解的受案范围仍延续了《人民调解工作若干规定》之相关规定。

为使人民调解组织和纠纷当事人更加清楚人民调解的受案范围，便于当事人选择和判断，法律还规定了不能调解的情形：

（1）法律、法规明确规定由有关部门管辖处理的，如工商管理引发的纠纷、税务纠纷等。

（2）人民法院已经受理或正在受理的。

（3）一方当事人不同意调解的。调解须基于双方的自愿，不能基于单方的意愿而调解。

（4）已构成犯罪或构成违反治安管理处罚行为的。

（5）已经申请基层人民政府处理或处理完毕的。

（6）其他不属于人民调解受理范围的。

不过，随着人民调解工作的展开，上述不能调解的范围已有所改变，一些地方还通过立法将上述不能调解的范围的一部分纳入了调解的领域。比如：人民检察院决定不起诉、人民法院裁决不处罚的轻微刑事案件，家庭成员间的暴力干涉婚姻、遗弃、虐待犯罪案件等。

2. 人民调解受理的管辖。人民调解受理的管辖，即人民调解组织之间受理调解纠纷案件的具体权限分工。《人民调解工作若干规定》第21条规定："民间纠纷，由纠纷当事人所在地（所在单位）或者纠纷发生地的人民调解委员会受理调解。村民委员会、居民委员会或者企业事业单位的人民调解委员会调解不了的疑难、复杂民间纠纷和跨地区、跨单位的民间纠纷，由乡镇、街道人民调解委员会受理调解，或者由相关的人民调解委员会共同调解。"《人民调解法》第21条第2款规定："调解民间纠纷，应当及时、就地进行，防止矛盾激化。"

（1）一般民间纠纷的受理。根据《人民调解工作若干规定》第21条的规定，一般民间纠纷的受理可以分为两种情形：①按照当事人所在地（所在单位）来确定受理纠纷的调解组织。条件是双方当事人应处于同一辖区或单位内。当事人所在地是指当事人的户籍所在地，居住地与户籍所在地不一致时，以居住地为准。如果当事人是未成年人或者限制行为能力、无行为能力人，则应以其家长或监护人的所在地为准。如果纠纷双方当事人是企业职工，并且纠纷发生在其工作单位的，则应由双方当事人所在单位的人民调解组织来受理。比如，李某是 A 市人，他在 B 市工作，在工作中遭受工伤事故，因该工伤事故引起的纠纷应由 B 市的调解组织来受理。②以双方当事人的纠纷发生地为标准来确定受理纠纷的人民调解组织。属于这种情形的包括：因侵权行为发生的纠纷，可以由侵权行为地的人民调解组织受理；因不动产产生的纠纷，可以由不动产所在地的人民调解组织受理；因遗产继承所产生的纠纷，可以由被继承人生前户籍所在地或主要遗产所在地的人民调解组织受理；因民事合同产生的纠纷，可以由合同缔结地或合同履行地的人民调解组织受理；等等。

（2）复杂、疑难和跨地区、跨单位民间纠纷的受理。根据《人民调解工作若干规定》第21条的规定，复杂、疑难和跨地区、跨单位民间纠纷的受理，也分为两种情况：①由乡镇、街道人民调解委员会受理。与一般纠纷不同，复杂、疑难和跨地区、跨单位民间纠纷，当事人可能处在同一地域或单位内，也可能处在不同的地域内，或者纠纷涉及不同单位和地区的利益，或者纠纷应当适用的法律、政策比较复杂，调解难度较大。这样的纠纷，由村（居）人民调解组织来受理调解往往力不从心，而由乡镇、街道人民调解委员会受理较适宜。②共同受理。共同受理是指对同一个民间纠纷，两个或两个以上的人民调解委员会都可以受理。在共同受理中，可以由一个人民调解委员会受理，其他有关的人民调解委员会派员参加，共同调解；也可以由几个有关的人民调解委员会共同受理、共同调解。由于一些复杂、疑难和跨地区、跨单位的民间纠纷涉及关系复杂，由一个人民调解组织受理难度较大，而由几个相关人民调解委员会共同受理调解，相互配合，及时沟通，形成合力，有利于纠纷的顺利解决。

（二）人民调解的受案方式

一直以来，人民调解的受案方式主要为自行接案。近年来，随着社会的不断发展和进步，人民调解的受案方式越来越多样化，除了自行接案以外，还包括诉

调对接、警民联调、信访调解以及联合调解等其他受案方式。

1. 自行接案。人民调解委员会的受案方式主要是自行接案。自行接案主要有两种方式：主动受理和申请受理。

（1）主动受理。主动受理即人民调解组织根据群众反映、有关部门单位转告、纠纷信息员报告以及人民调解委员会对在民间纠纷排查中发现的矛盾纠纷，主动及时登门调解。这种受理方法迅速、及时，适用于处于初发阶段的纠纷和容易激化的突发性纠纷。人民调解的任务就是调解民间纠纷、防止民间纠纷激化、维护社会稳定，这就要求人民调解委员会以社会稳定为自己的工作目的，积极主动地提供调解服务，及时发现矛盾，主动化解纠纷。如果不主动化解纠纷，就无法防止矛盾激化，使人民调解失去作为维护社会稳定第一道防线的作用。

主动受理和人民调解基于当事人自愿的原则并不矛盾。前者是工作的态度与方式，后者是工作的原则和根本要求，必须将两者有机地结合起来，才能顺利完成人民调解的工作任务，避免民间纠纷的激化。

（2）申请受理。纠纷当事人双方或者当事人一方申请，另一方当事人表示愿意接受调解，同时又属于人民调解委员会受理范围的，人民调解委员会应及时受理。普通民间纠纷由纠纷当事人住所地的人民调解委员会调处；复杂、疑难纠纷由街道（镇）人民调解委员会调处；跨社区或在本区有重大影响的疑难纠纷由区人民调解工作指导委员会协调调处。法律、法规规定只能由专门机关管辖处理的，法律法规禁止采用民间调解方式解决的以及人民法院、公安机关或者其他行政机关已经受理或者解决的，不予受理。

申请受理必须具备以下条件：①有明确的双方当事人。纠纷当事人在提出申请时，必须说明谁侵犯了他（她）的权益或者他（她）与谁发生了争议。②有具体的请求目的。纠纷当事人必须说明请求调解要达到什么目的，解决什么具体问题。③有事实依据。纠纷当事人必须提供申请所依据的纠纷事实，包括发生纠纷的事实情况以及相应的证据事实。④申请调解的纠纷属于人民调解组织主管和管辖。纠纷当事人申请调解的纠纷，如不属于人民调解组织的主管职权范围，人民调解组织应告知纠纷当事人到有关部门要求解决，或主动联系有关部门并配合解决问题。纠纷当事人申请调解的纠纷，如不属于该人民调解组织的管辖范围或该人民调解组织与其他人民调解组织共同享有管辖权的，人民调解组织应告知纠纷当事人到有管辖权的人民调解组织申请，或与共同享有管辖权的人民调解组织协商决定由谁管辖或由一方受理、双方共同调解。

人民调解组织无论通过哪一种方式受理纠纷，都应遵循自愿的原则，尊重当事人的诉讼权利，不能强迫当事人接受调解。当事人明确表示不愿意接受调解组织调解的，人民调解组织应当尊重当事人的选择，而不能强行调解。

《人民调解法》第18条规定："基层人民法院、公安机关对适宜通过人民调解方式解决的纠纷，可以在受理前告知当事人向人民调解委员会申请调解。"该条是关于基层人民法院、公安机关引导当事人申请人民调解的规定。

为准确理解该条规定，应把握以下几个方面：①告知当事人申请人民调解的主体是基层人民法院、公安机关。基层人民法院、公安机关是指省、自治区的县、自治县、市辖区和直辖市的区、县人民法院及公安机关，还包括这些法院的派出人民法庭及公安派出所、交警队等。②只有适宜通过人民调解方式解决的纠纷，才可以告知当事人向人民调解委员会申请调解。对不适宜通过人民调解方式解决的纠纷，应由基层人民法院、公安机关依法处理，不能告知和劝告当事人向人民调解委员会申请调解。适宜通过人民调解方式解决的纠纷，主要是公民之间、公民与法人或者其他组织之间发生的涉及人身、财产权益的纠纷，且这些纠纷涉及的权利都是当事人能够自行处分的。从近些年的人民调解工作实践来看，人民调解委员会调解的案件类型主要包括：邻里纠纷、婚姻家庭纠纷、损害赔偿纠纷、土地承包纠纷、房屋宅基地纠纷、合同纠纷、劳动纠纷等。③告知当事人申请调解的时间是基层人民法院、公安机关受理案件前，通常是在当事人起诉时或者申请公安机关处理纠纷时。④基层人民法院、公安机关应当向当事人介绍人民调解委员会的设立情况，根据当事人的情况，帮助其选择较为便利的人民调解委员会，一般是当事人居住地、所在单位或者纠纷发生地的人民调解委员会。如果基层人民法院、公安机关内部设立了人民调解工作室，可以告知其可以直接到人民调解工作室申请调解。⑤是否向人民调解委员会申请调解，由当事人自主决定。⑥人民调解委员会接到当事人的申请后，应当受理，并尽快安排调解员对纠纷进行调解。调解不成的，应当告知当事人可以通过仲裁、行政、司法等途径维护自己的权利。调解的结果，应当告知相关基层人民法院、公安机关。

2. 诉调对接。现在全国各地纷纷建立"诉调对接"机制，主要采取邀请特邀调解员、在法庭内设立人民调解室、建立调解联席会议制度等方式，让人民调解组织参与法院所受理案件的矛盾纠纷调处工作。在"诉调对接"中，人民调解组织既可以和法官一起参与案件调解，也可以在案件双方当事人的同意下独立召集其进行调解。法院依法对调解协议进行确认，使当事人不伤和气地解决纠纷，从而实现矛盾纠纷的有效化解，实践证明，这种方式是行之有效的。

比如，在"导入案例"中，法庭到厂查封，员工情绪依然不稳定，有闹事的可能，政府派出调解员进行调解。在这种情况下，可以在双方当事人同意后召集其进行调解，法院依法对调解协议书进行确认，使当事人不伤和气地解决纠纷，从而实现矛盾纠纷的有效化解。

诉调对接的具体做法主要有如下五个方面：

（1）工作场所的对接。为保证诉讼程序和人民调解程序在人民法院（法庭）内的零距离对接，使民事纠纷当事人不出人民法院（法庭）就可以来到人民调解室免费接受调解，实施诉调对接一般都会在人民法院（法庭）内设立"人民调解工作室"。即在人民法院（法庭）内由人民法院（法庭）提供专供人民调解的办公地点和设备，以保证诉调对接工作的展开。

（2）人员、管理、经费的对接。在诉调对接模式下，人民调解工作室一般设专职人民调解员，专门负责调解人民法院（法庭）移交过来的纠纷。这些专职人民调解员主要从热心于人民调解工作的人民调解人员中择优选聘，并由司法所管理，由人民法院负责业务指导。这些专职人民调解员在人事关系上属于人民调解组织的人员，而且尽管这些专职人民调解员调解的是人民法院（法庭）移交过来的纠纷，但本质上仍是在履行人民调解的职责。因此，在该模式下开展人民调解的经费以及人民调解员的酬金要由人民调解组织负责解决。

（3）受案范围的对接。判断什么样的纠纷可以由人民法院（法庭）委托给人民调解组织调解，需要考虑两个因素：①诉讼的严肃性；②人民调解的可能性。这就决定了人民法院（法庭）委托给人民调解委员会调解的纠纷并不是人民法院（法庭）受理的所有纠纷，否则，法院受理案件和决定是否审理就有随意性，而人民调解组织也未必能全部调解。

基于此，为有效实施诉调对接，必须实现受案范围的对接。目前，实施诉调对接的地方一般都会考虑协商确定对接的案件范围。例如，上海市高级人民法院、上海市司法局《关于规范民事纠纷委托人民调解的若干意见》中规定八类民事纠纷可以委托人民调解：①离婚纠纷；②追索"三费"纠纷；③继承、收养纠纷；④相邻纠纷；⑤买卖、民间借贷、借用等一般合同纠纷；⑥损害赔偿纠纷；⑦物业纠纷；⑧其他适合委托人民调解组织进行调解的纠纷。[1]

（4）程序的对接。程序对接解决的是什么时候由人民法院（法庭）委托给人民调解组织调解的问题。结合实践中的具体做法和相关规定，程序的对接具有以下几种模式：[2] ①诉前委托调解，即在当事人起诉后，人民法院（法庭）受理案件前，人民法院（法庭）把属于人民法院（法庭）受案范围并可以适用人民调解的纠纷委托给人民调解组织调解。具体做法是：由法官或法官与人民调解员单独或联合接访，对当事人向人民法院（法庭）起诉的纠纷，由法官或法官

---

〔1〕 上海市高级人民法院、上海市司法局："关于规范民事纠纷委托人民调解的若干意见"，载 http：//www.iamlawyer.com/flgf/dffg/20080611/143616.aspx，访问日期：2015 年 3 月 1 日。

〔2〕 上海市高级人民法院、上海市司法局："关于规范民事纠纷委托人民调解的若干意见"，载 http：//www.iamlawyer.com/flgf/dffg/20080611/143616.aspx，访问日期：2015 年 3 月 1 日。

与人民调解员向当事人提供法律咨询或说服息讼，当事人选择人民调解的，则把纠纷当事人引导到人民调解室立案调解。②诉中委托调解，又包括审前委托调解和审中委托调解两种。审前委托调解是指人民法院（法庭）在受理民事纠纷后、法庭审理前，认为该纠纷可以委托人民调解组织调解，从而委托给人民调解组织调解；审中委托调解是指人民法院（法庭）在审理案件的过程中，认为该纠纷可以委托人民调解组织调解，从而委托给人民调解组织调解。③诉后协助和解，即依托现有的人民调解网络，共同建立执行协调机制，由法院聘请人民调解员及相关人员担任协助执行员，协助法官做好辖区内涉及家庭纠纷、邻里纠纷等类型的执行案件的执行和解工作。[1]

（5）效力的对接。诉调对接的关键应是效力的对接。因为人民调解协议尽管已经被赋予了民事合同的性质，但仍不足以保护当事人的权利。因此，诉调对接中的效力对接应解决好这一问题，以保证当事人的权利及时、有效地得以实现。结合有关规定，实践中，效力的对接有如下四种模式：

第一种，诉前委托调解的效力对接。通过诉前委托调解：①如果人民调解组织调解成功，当事人要求人民法院（法庭）确认人民调解协议效力的，人民法院（法庭）对人民调解协议进行审查，如果内容合法，人民法院（法庭）制作民事调解书送达纠纷当事人。这样，就把人民调解协议书转化为民事调解书，赋予了人民调解协议强制效力。②如果人民调解组织调解成功，一方当事人对调解协议不予履行的，另一方当事人可以向人民法院申请支付令，人民法院经审查符合条件的，应予支持，以尽快促成当事人权利的实现。③当事人不接受人民调解或人民调解不能达成调解协议的，应指导当事人通过诉讼或其他救济途径解决。

第二种，诉中委托调解的效力对接。通过诉中委托调解：①如果人民调解组织调解成功，当事人要求人民法院（法庭）确认人民调解协议效力的，人民法院（法庭）对人民调解协议进行审查，如果内容合法，人民法院（法庭）制作民事调解书送达纠纷当事人。②人民调解组织调解成功，当事人申请撤诉的，人民法院（法庭）应予准许。③人民调解不能达成调解协议的，人民法院（法庭）应立即审理并作出裁决。

第三种，无论在任何阶段，经人民调解委员会调解达成的具有债权内容的调解协议，均可申请公证。如果经过公证依法赋予了人民调解协议强制执行的效力，而债务人拒不履行，债权人可以依法向人民法院申请强制执行。

例如，某市某镇法院受理了一起相邻关系纠纷案件，被告为一家烤鸭店，由于其擅自改变房屋原有的用途，把客厅改造成烤鸭炉，导致二楼住户房屋地面温

---

〔1〕 刘树桥、马辉主编：《人民调解实务》，暨南大学出版社 2008 年版，第 55 页。

度很高，严重影响了二楼住户的生活。法官征得双方同意，向原、被告所在地人民调解委员会发出"委托调解函"，社区人民调解委员会立即联系有关部门进行实地调查，经过多方调解，原、被告达成调解协议，被告自愿在3日内自行拆除烤鸭炉并赔偿损失，双方和睦如初。

第四种，司法确认。《人民调解法》第33条规定："经人民调解委员会调解达成调解协议后，双方当事人认为有必要的，可以自调解协议生效之日起三十日内共同向人民法院申请司法确认，人民法院应当及时对调解协议进行审查，依法确认调解协议的效力。人民法院依法确认调解协议有效，一方当事人拒绝履行或者未全部履行的，对方当事人可以向人民法院申请强制执行。人民法院依法确认调解协议无效的，当事人可以通过人民调解方式变更原调解协议或者达成新的调解协议，也可以向人民法院提起诉讼。"该条有以下四层含义：

第一，双方共同申请确认。调解协议生效后，如果当事人想通过人民法院确认调解协议的效力，应当共同申请。"司法确认"是对已经生效的调解协议的审查，并不是调解协议生效的必经程序。司法确认只是对调解协议的效力进行事后确认，并不影响调解协议的生效。如果认为有必要申请司法确认，那么双方当事人应当通过书面或者口头形式共同提出申请。一方当事人提出申请，另一方当事人表示同意的，可以视为共同提出申请。申请的期限是自调解协议生效之日起30日内。

根据2011年3月最高人民法院审判委员会通过的《最高人民法院关于人民调解协议司法确认程序的若干规定》（以下简称《司法确认程序规定》）第3条的规定，当事人申请确认调解协议时，应当向人民法院提交司法确认申请书、调解协议和身份证明、资格证明，以及与调解协议相关的财产权利证明等证明材料，并提供双方当事人的送达地址、电话号码等联系方式。委托他人代为申请的，必须向人民法院提交由委托人签名或者盖章的授权委托书。

第二，司法确认程序。根据《司法确认程序规定》及《民事诉讼法》的有关规定，当事人根据《人民调解法》第33条的规定共同向人民法院申请确认调解协议的，人民法院应当依法受理。人民法院邀请调解组织开展先行调解的，向作出邀请的人民法院提出；调解组织自行开展调解的，向当事人住所地、标的物所在地、调解组织所在地的基层人民法院提出；调解协议所涉纠纷应当由中级人民法院管辖的，向相应的中级人民法院提出。人民法院收到当事人司法确认申请，应当在3日内决定是否受理。人民法院决定受理的，应当编立"调确字"案号，并及时向当事人送达受理通知书。双方当事人同时到法院申请司法确认的，人民法院可以当即受理并作出是否确认的决定。有下列情形之一的，人民法院不予受理：①不属于人民法院受理民事案件的范围或者不属于接受申请的人民法院管辖的；②确认身份关系的；③确认收养关系的；④确认婚姻关系的。人民法院应当自受理司法确认申请之日起 15 日内作出是否确认的决定。因特殊情况需要延长的，经本院院长批准，可以延长 10 日。在人民法院作出是否确认的决定前，一方或者双方当事人撤回司法确认申请的，人民法院应当准许。人民法院受理司法确认申请后，应当指定 1 名审判人员对调解协议进行审查。人民法院在必要时可以通知双方当事人同时到场，当面询问当事人。当事人应当向人民法院如实陈述申请确认的调解协议的有关情况，保证提交的证明材料真实、合法。人民法院在审查中，认为当事人的陈述或者提供的证明材料不充分、不完备或者有疑义的，可以要求当事人补充陈述或者补充证明材料。当事人无正当理由未按时补充或拒不接受询问的，可以按撤回司法确认申请处理。

第三，审查结果。根据司法实践，人民法院对调解协议进行审查后，决定是否确认调解协议的效力。审查的结果一般有两种情形：其一，确认调解协议有效。具备以下条件的调解协议应确认为有效：①当事人具有完全民事行为能力；②当事人意思表示真实；③调解协议的内容不违反法律、法规的强制性规定和社会公共利益。其二，对调解协议的效力不予确认。根据《司法确认程序规定》第 7 条的规定，具有下列情形之一的，人民法院不予确认调解协议效力：①违反法律、行政法规强制性规定的；②侵害国家利益、社会公共利益的；③侵害案外人合法权益的；④损害社会公序良俗的；⑤内容不明确，无法确认的；⑥其他不能进行司法确认的情形。

第四，司法确认的效力。人民法院经审查认为调解协议符合确认条件的，应当作出确认决定书；决定不予确认调解协议效力的，应当作出不予确认决定书。人民法院确认调解协议效力的决定自送达当事人后发生法律效力。①人民法院依法确认调解协议有效，该调解协议即具有强制执行效力，一方当事人拒绝履行或者未全部履行调解协议所约定的义务的，对方当事人可以向作出确认决定的人民法院申请强制执行。申请执行的期间为 2 年，自经确认有效的调解协议中约定的履行期间的最后一日起计算；调解协议约定分期履行的，自规定的每次履行期间的最后一日起计算；调解协议未约定履行期间的，自确认决定之日起计算。②人民法院对人民调解协议不予确认的，当事人可以通过人民调解的方式变更原调解协议或者达成新的调解协议，也可以就原纠纷向人民法院提起诉讼。

实践证明，现代社会价值的多元化以及对当事人程序主体地位与程序选择权的尊重，需要"诉调对接"机制的存在。"诉调对接"让案件调解一步到位，减少了当事人的诉累，解决了执行上的难题。"诉调对接"机制的出现，是处理国家司法资源有限性与社会纠纷多元化之间矛盾的有效举措。其具体作用体现为：

第一，化解矛盾。社会转型时期，利益冲突多元化。目前，农村土地承包纠

纷、劳动关系纠纷、房地产纠纷、道路交通事故纠纷、医患纠纷等呈高发态势，当事人之间矛盾尖锐。如果单纯地一判了之，就可能造成"案结事不了"的局面。诉调对接可以避免或减少单纯调解和单纯诉讼的弊端，有利于矛盾的化解、隔阂的消除。

第二，促进和谐。当前，人们的维权意识越来越强，但同时，"无讼"的传统观念仍然根深蒂固。由于"诉调对接"程序的便利性、非对抗性，可以协调情、理、法的冲突，实现法律效果与社会效果的统一。实践证明，诉调对接是化解矛盾纠纷、促进社会和谐的有效手段。

第三，缓解法院的压力。西方国家的实践表明，案件增长是经济增长的一个附带产品，案件数量"起飞"是现代化进程中的一个必经阶段，且是一个长期存在的现象。20年来，我国法院每年受理的一审民事案件几乎增加了几十倍，在法官数量增加不多的情况下，法院担负的审判任务非常艰巨，法院受理案件的数量大幅上升与法院审判力量有限之间的矛盾日益凸显。一线法官工作压力和心理压力空前加大，而传统的"非诉"解决纠纷功能弱化，法院判决之后又不能完全定分止争，上访问题成为困扰法院的一大难题。诉调对接将一部分化解矛盾的工作任务分流给社会力量，一定程度上缓解了法官的压力，有利于法官集中精力审理重大、疑难、复杂案件。

第四，促进审判工作。由于加强了调解，法院的调解、撤诉率上升，当事人上诉案件减少，案件进入强制执行的比例降低。实践证明，实行"诉调对接"工作的法院，往往上诉少、申诉投诉少、移送执行少、发回改判少，案件的审判质量和效率都得到了很大的提高。

3. 警民联调。一直以来，公安派出所每天都要处理大量的非警务纠纷，这已经成为困扰基层工作的一大难题，一定程度上影响了刑事打击和治安管理的效能。但是，群众利益无小事，很多纠纷如果处理不当，很容易转化为治安、刑事案件，甚至酿成上访案件及群体性事件，对社会安定造成很大的冲击。因此，近年来，全国很多城市的公安机关越来越意识到通过多种渠道化解民间纠纷的必要性，纷纷创设了"警民联调"工作机制，即在派出所内设立人民调解工作室，解决公安"110"接警中属于民事纠纷的事件，实现人民调解与治安调解的有机结合，也为民间纠纷的调解探索出了一条新路子。经过实践检验，"警民联调"被证明是解决群众纠纷的有效手段和途径。

深圳的罗湖公安分局早在2004年6月就已率先在桂园、黄贝两个派出所设立"人民调解委员会警民联调工作室"，24小时滚动值班随时化解纠纷。两个派出所的警民联调试点开展得非常顺利。2004年9月，罗湖公安分局在各派出所全面推广警民联调机制，67名联调员上岗后，24小时轮流在调解室上班，随时接受"110"报警台批转过来的民事纠纷。2005年3月，警民联调机制在全市公安机关推广，使群众发生纠纷到派出所报警求助能得到及时、便捷、有效的调处，群众对此非常满意。

深圳的"警民联调"采取以下三种运作方式：①独立调解，将民间纠纷交给调解员独立主持调解，调解结束后，三方签订人民调解协议书；②参与调解，对于矛盾比较尖锐、可能升级的民间纠纷，调解员邀请民警参与，共同主持化解纷争；③合作调解，对于邻里纠纷引起的治安案件，民警和调解员分别就治安部分和赔偿部分进行调解。

近几年的实践证明，"警民联调"紧密贴近群众，运作快捷方便，满足了群众低成本、高效率解决问题的需求。争执双方握手言和，对立情绪得到化解，增加了社会的和谐因素，减少了社会的不和谐因素，密切了警民关系，真正实现了"为公安减压，为法院减负，为群众解难，为政府分忧"的多赢目的。

例如，2006年12月15日，吴女士到某区一家医院检查，医生告诉她，检查不到腹中婴儿的位置，很可能是葡萄胎，有癌变的可能。吴女士一听就慌了，希望医生能想办法帮助解决，医生便给吴女士做了无痛人流手术。吴女士回家10天后感觉肚子疼痛难忍，丈夫将她送往该市人民医院，吴女士被确认为宫外孕，又动了一次手术。手术过后，吴女士经过多方面咨询确认第一家医院误诊，提出该医院应赔偿其精神损失费等各种费用共15万元的请求。但该医院认为吴女士的要求太高，不同意赔偿。吴女士多次上门理论未果，便召集家属和朋友到医院闹事，使医院正常工作秩序受到干扰，双方闹得不可开交。2007年3月12日，某派出所接到报警后，该所的民警和人民调解员马上联合起来对双方当事人进行细致的调解，最后于3月13日下午，双方达成赔偿3.4万元的协议，仅用了短短一天的时间就成功地将一起可能引发重大纠纷的矛盾消除在了萌芽状态。

据此成功经验，《人民调解法》第18条（该条规定："基层人民法院、公安机关对适宜通过人民调解方式解决的纠纷，可以在受理前告知当事人向人民调解委员会申请调解。"）对该机制以法律的形式予以充分肯定。

4. 其他方式。

（1）信访调解。我国的信访工作实行"分级负责、归口办理"的原则，基层信访部门接到来信来访后，由兼职工作人员将问题送交具体职能科室办理，如果问题无法彻底解决，就只能把案件转回信访工作人员处，进行再次分派、协调、办理。因此，有关复杂问题的信访办理过程时间拖得过长，导致效率低下，造成信访人员误解，认为是政府部门推诿扯皮，不愿解决问题，影响了干群关系，造成了群众向上一级上访或是越级上访的现象。所以，现在许多地方都将信访工作跟人民调解工作结合起来，形成信访调解。由原来的单一处理转变为多层次联合协调，充分发挥人民调解的作用，变被动应对上访为主动下访排查，一方面疏导教育，另一方面又解决问题，及时将矛盾化解在萌芽状态，大大改善了政府与群众之间的关系，维护了社会稳定。

（2）联合调解。对于群体性、突发性纠纷以及其他涉及面广、危害性大、后果严重等具有特殊性的民间纠纷，如由土地、山林、坟地、宗教信仰等引起的大型纠纷和群体性械斗，人民调解委员会往往会在当地党委、政府的统一领导下，联合其他地区或部门的调解组织、群众团体以及各有关的职能部门，相互配合，协同作战。联合调解主要适用于跨地区、跨单位、跨行业的纠纷和久调不决、有可能激化的纠纷以及单一的部门组织无力解决当事人合理的具体要求的纠纷，这些纠纷一般需要联合各个部门的力量来解决。

除了信访调解、联合调解之外，人民调解委员会也可以跟城建、房管、国土等职能部门的行政调解结合起来进行调解，这也是人民调解的受案方式之一。随着社会的发展，人民调解还将不断涌现出新的受案方式，但就目前而言，主要还是上述几种类型。

（三）申请受理的步骤要求

对于被动（申请）受理的纠纷，人民调解委员会应遵循一定的步骤做好相应的工作，包括接待当事人、审查当事人的申请、制作接待笔录、填写受理登记表，为介入调解做好准备。

1. 接待当事人。当事人申请人民调解委员会对其纠纷进行调解时，人民调解委员会应做好接待工作。主要是向上门要求调解的当事人了解有关调解的意向和纠纷的基本情况，并做好笔录。

2. 审查当事人的申请。人民调解委员会在受理纠纷时，要认真审查当事人的申请，对于法律、法规未作禁止的事由的申请，应当予以受理。而对于当事人申请人民调解组织调解，经过审查又不符合受理条件的纠纷，人民调解委员会应当根据《人民调解工作若干规定》第24条第2款的规定，向当事人作出解释，并且告诉当事人到相关部门要求处理。但对于随时可能激化的民间纠纷，应当在采取必要的缓解疏导措施后，及时移送有关机关处理。《人民调解法》第25条规定："人民调解员在调解纠纷过程中，发现纠纷有可能激化的，应当采取有针对性的预防措施；对有可能引起治安案件、刑事案件的纠纷，应当及时向当地公安机关或者其他有关部门报告。"第26条规定："人民调解员调解纠纷，调解不成的，应当终止调解，并依据有关法律、法规的规定，告知当事人可以依法通过仲裁、行政、司法等途径维护自己的权利。"

3. 制作接待笔录。无论是否受理，接待人员都应认真制作接待笔录。接待笔录的内容至少应当包括由谁接待、接待的当事人姓名、纠纷事由、纠纷简要概况、当事人的要求、接待人签字等事项。

4. 填写受理纠纷登记表。对当事人提出的纠纷调解申请，经调解组织审查后，无论是否受理，都要填写受理纠纷登记表；对于涉及面广、跨辖区的疑难、复杂纠纷，应当认真做好登记并移送有关部门处理。

随着"线上解纷""解纷码"等在线调解服务平台系统的推广，可加强对在线调解服务平台系统的建设及线上申请调解纠纷的宣传，通过现代技术手段为当事人申请调解提供更便捷的方式，方便当事人选择线上申请纠纷的调解，并通过线上受理、线上调解的方式，及时化解纠纷。

三、调解前的准备

（一）选定调解人员

《人民调解法》第 19 条规定："人民调解委员会根据调解纠纷的需要，可以指定一名或者数名人民调解员进行调解，也可以由当事人选择一名或者数名人民调解员进行调解。"该条是关于指定和选择人民调解员的规定。

根据该条的规定，确定调解纠纷的人民调解员的途径有两个：一是由人民调解委员会根据调解纠纷的需要，指定一名或者数名人民调解员进行调解；二是由当事人选择一名或者数名人民调解员进行调解。

1. 根据不同纠纷的需要指定不同的人民调解员。

（1）根据不同纠纷的种类指定不同的人民调解员。民间纠纷的种类繁多，包括婚姻家庭纠纷、邻里关系纠纷、债务纠纷等，纠纷的类型不同，调解纠纷的人民调解员也应不同。比如，婚姻家庭纠纷，一般由那些已婚的、德高望重的、善于处理婚姻家庭关系的人民调解员，包括一些女性人民调解员进行调解比较合适；邻里纠纷，由那些与纠纷双方都比较熟悉，又受纠纷双方尊重的人民调解员进行调解可能更为妥当；债务纠纷，由那些精通法律的人民调解员进行调解，有利于准确清楚地向当事人讲解有关的法律规定和国家政策，促使当事人在平等协商、互谅互让的基础上达成调解协议。

（2）根据纠纷当事人的身份特点指定适宜的人民调解员。纠纷当事人有男有女、有老有少、有汉族也有少数民族，考虑当事人的这些特点，指定适宜的人民调解员进行调解，有助于纠纷的解决。比如，对于外嫁女引发的土地承包纠纷，由女性人民调解员调解，其提出的纠纷解决方案可能更容易为女性当事人所接受；对于涉及少数民族的纠纷，由本民族的人民调解员调解，可以消除当事人存在的关于少数民族可能会受到不公正待遇的担忧。

（3）根据纠纷的复杂程度、影响大小、紧迫与否指定人民调解员。民间纠纷有的发生在两人之间或者夫妻、家庭之间，情节比较简单、社会影响不大，而有的纠纷涉及人数较多，各种矛盾交织，影响面广，比较复杂；有的纠纷属于小

打小闹，当事人之间关系时好时坏，矛盾虽断断续续发生但没有激化的迹象，而有的纠纷由来已久，长期得不到解决并有突发的可能。指定人民调解员时要考虑纠纷的性质和特点，对于情节简单、较易处理、可以掌控的纠纷，可以考虑指定1名人民调解员进行调解，介入调解工作的时间也不需要太紧迫；而对于情节复杂、影响面广，不及时处理就可能导致矛盾激化的纠纷，可以考虑指定多名人民调解员进行调解，特别是当纠纷具有群众化、扩大化、暴力化倾向时，为了控制事态发展，人民调解委员会应尽可能派更多的人民调解员，及时赶赴现场解决纠纷。

人民调解委员会指定人民调解员的具体做法有三种：①纠纷发生后，当事人尚未向人民调解委员会申请调解，人民调解委员会为了及时解决民间纠纷、消除不安定因素、维护社会和谐稳定，主动指定人民调解员进行调解；②当事人申请人民调解委员会调解，但没有选择人民调解员，由人民调解委员会指定人民调解员；③一方当事人拒绝由对方选择的人民调解员进行调解，无法就选择人民调解员达成共识，由人民调解委员会指定人民调解员。当事人对人民调解委员会指定的人民调解员没有明确表示拒绝的，人民调解员都可以进行调解。

2. 由当事人选择人民调解员调解。人民调解员是由村民会议或由村民代表会议、居民会议和职工大会、职工代表大会或者工会组织推选产生的，或者由人民调解委员会依法聘任的具有一定文化水平、政策水平和法律知识的人员。虽然人民调解员得到了人民群众的普遍认可，但在发生纠纷时，有的当事人还是希望能够由他们选择的人民调解员进行调解。

实践中，有的人民调解员得到双方当事人的一致认可，被双方共同选择为解决纠纷的调解员；有的当事人考虑到人民调解员与对方当事人的亲情关系、朋友关系、师长关系等，不认可对方选择的人民调解员，而选择了自己信任的人民调解员。为了保证人民调解的公平、公正，《人民调解法》第19条规定，当事人可以选择1名或者数名人民调解员进行调解。也就是说，当事人可以共同选择1名或者数名人民调解员进行调解，也可以各自选择1名或者数名人民调解员进行调解。

（二）调查核实纠纷

人民调解组织受理纠纷后，被确定的具体调解人员要深入开展调查工作，充分掌握材料，确认纠纷情况，判明纠纷性质和是非曲直。这是正确、圆满地调解纠纷的前提，也是做好调解工作和达成调解协议的基础。《人民调解工作若干规定》第26条规定："人民调解委员会调解纠纷，应当分别向双方当事人询问纠纷的事实和情节，了解双方的要求及其理由，根据需要向有关方面调查核实，做好调解前的准备工作。"

调查的内容主要是纠纷性质、发生原因、发展过程、争议的焦点、目前所处的状态和发展程度以及证据和证据来源、当事人个性特征和当事人对纠纷的态度。重点是明晰纠纷症结和事实真相的关键情节。调查的途径主要有：①耐心听取双方当事人的陈述，了解纠纷过程和他们的真实思想和要求；②向纠纷关系人、知情人和周围的群众进行调查，进一步掌握其他有关情况，并印证双方当事人的陈述；③到当事人所在单位了解情况，必要时，可求得单位领导和有关人员的支持；④有些纠纷还须到现场调查，有些疑难的伤害纠纷还须请有关部门进行伤情检查鉴定，查明伤害程度。调查过程中，调解人员应当对调查情况进行详细的记录，必要时可以请被调查人写出书面材料。在广泛调查的基础上，进行综合分析，通过去粗取精、去伪存真，抓住纠纷的主要矛盾和矛盾的主要方面，对症下药，这样才能有效、顺利地调解纠纷。

比如，在"导入案例"中，上访事件发生后，镇主要领导高度重视，迅速召开专门会议研究部署有关工作。司法所在调查处理工厂工人劳资纠纷问题的过程中，发现有些律师煽动工人闹事，便引导工人通过合法的途径解决问题。在调查过程中，工作人员还发现厂方的法律顾问与工人的代表律师竟然是同一个律师事务所的存在关联关系的人，遂与厂方讲明这样做可能激发双方的矛盾，对双方都不利，建议厂方更换法律顾问。同时，工作人员组成6个调查组，与员工深入交谈以了解事发的起因、事件的经过、需要解决的问题等。

（三）拟定调解方案

具体负责对纠纷事项进行调解的调解人员，在分析、判断纠纷事实和证据材料的基础上，应拟定调解方案。调解方案大致应包括以下要素：①纠纷概况，即矛盾双方当事人发生纠纷的具体情况。②争执的焦点，即双方当事人的主要矛盾。③调解要达到的目的，即调解双方都能接受的一致意见。④调解所具体涉及的法律、法规、规章、政策条款。⑤调解过程中可能出现的问题及对策。要站在双方当事人的立场，设计调解方案，提出对策，以便顺利解决问题。⑥具体的工作方法和工作重点。根据双方矛盾的焦点，确定工作方法，针对重点问题上进行调解。⑦对调解可能达成的协议的基本设想。

调解方案一般应由担任调解工作的调解工作人员亲自拟定。对于疑难、复杂、易出现反复的纠纷，应事先做好多次调解的准备。在调解时，要根据实际情况的变化，灵活、有效地把握调解活动的节奏和进程。调解方案也可以由当事人提出。

四、实施调解

（一）调解地点、规模和形式的确定

1. 调解地点。《人民调解工作若干规定》第28条规定："人民调解委员会调

解纠纷，一般在专门设置的调解场所进行，根据需要也可以在便利当事人的其他场所进行。"《人民调解法》第21条第2款规定："调解民间纠纷，应当及时、就地进行，防止矛盾激化。"人民调解委员会应当创造条件，设置专门的用于调解纠纷的场所，如人民调解室等。对于一些事实清楚、情节简单、争议不大的纠纷，或应当事人的要求，人民调解委员会从便利当事人的角度出发，也可以在其他场所（如当事人所在的车间、田间、地头、家里）进行调解。对于疑难复杂的矛盾纠纷的调解，则应当在专门的调解场所进行。

2. 调解的规模。对于那些比较小的纠纷或涉及隐私、不宜公开调解的纠纷，可由人民调解员主持，仅限于纠纷当事人参加。对于一些家庭纠纷，如婆媳不和、夫妻吵架、兄弟姑娌间的矛盾，以及赡养、继承、财产之类的纠纷，可在人民调解员主持下召开家庭内部调解会，必要时可邀请他们的亲友、邻居参加，帮助调解。对于打架斗殴、遗弃、虐待、侵占、伤害、损害名誉等影响较大、教育意义较大的纠纷，还可以将参加调解会的人员扩大到村民小组、居民小组、楼院、车间等范围，以扩大教育范围。

3. 调解会的组织形式。人民调解组织召开调解会议，纠纷当事人双方必须出席。纠纷当事人双方必须按人民调解组织通知的时间、地点出席调解会。调解会由人民调解员1~3人组织进行，小型纠纷可由调解员1人组织，比较大的、复杂的纠纷，可由2~3人组织。由2人以上组织的，应由调解小组或调解委员会明确指定1名调解员为调解会的主持调解员。

（二）调解的进行

1. 告知当事人权利和义务。《人民调解工作若干规定》第30条规定："人民调解委员会调解纠纷，在调解前应当以口头或者书面形式告知当事人人民调解的性质、原则和效力，以及当事人在调解活动中享有的权利和承担的义务。"《人民调解法》第23条规定，当事人在人民调解活动中享有下列权利：①选择或者接受人民调解员；②接受调解、拒绝调解或者要求终止调解；③要求调解公开进行或者不公开进行；④自主表达意愿、自愿达成调解协议。《人民调解法》第24条规定，当事人在人民调解活动中履行下列义务：①如实陈述纠纷事实；②遵守调解现场秩序，尊重人民调解员；③尊重对方当事人行使权利。

2. 双方当事人陈述。双方当事人陈述是调解工作的重要环节和步骤。调解开始时，必须首先由双方当事人对纠纷进行陈述并提出证据，以表达各自对纠纷责任的看法和解决纠纷的具体意见。调解人员要积极、耐心地引导当事人讲清事实真相，并在此过程中进一步查明事实、分清责任。对于个别当事人在陈述过程中故意歪曲事实、无理纠缠的行为，应当及时予以制止和纠正。

3. 进行调解。在听取了双方当事人的陈述后，调解人员应当依据纠纷当事人的特点、纠纷的性质、解决纠纷的难易程度、纠纷发展变化的情况，采取灵活多样的方式方法，依据有关法律、法规和政策的规定，对双方当事人进行耐心细致的说服、教育和疏导，帮助他们提高认识，解开思想上的疙瘩，消除对立情绪。在此基础上，引导双方当事人就纠纷事实和责任交换意见，达成一致，使双方当事人重归于好。

例如，在"导入案例"中，一方面，工作人员与厂方代表进行座谈，商讨该公司的有关问题，劝导企业首先要支付工人工资，该公司代表承诺工厂将会在当年 11 月 15 日复工。随后，两位厂方代表与该厂 15 名员工代表谈判，初步达成一致意见，形成公告。另一方面，由于部分员工不满意公告中关于经济补偿金的处理意见，要求厂方按照有关法律文件对员工进行经济补偿，并要求明确补偿方式和补偿金额，于是调解的重点转向员工一方。在向员工耐心解释，说明厂方的处理意见，化解员工疑惑，并承诺会解决工人工资及社保问题后，工人同意回厂。

又例如，陈某在某市一医院切除子宫肌瘤的过程中，形成下肢深静脉血栓，至今仍然无法正常生活。某市法院审理此案时没有将此事认定为医疗事故，仅判决医院给予陈某 3 万元抚慰金，引起陈某的强烈不满。陈某家人随后在长达 8 年的时间里多次上访，仍未得到妥善解决。对此，调解员客观全面地给陈某家人分析了利害关系：一是法律上二审作出了终审判决，已发生效力，并且上级各部门一直没有改变处理结果；二是当事人及其配偶年纪都很大了，这样闹下去不仅自身的身体吃不消，也无法安度晚年；三是随着时间的推移，医院的很多当事人都不知所踪，时间越长越不利于事情的解决。经调解，双方达成 13.8 万元的赔偿协议。

在调解过程中，要密切注意当事人的情绪和周围情况的变化，以便及时发现纠纷激化的苗头，有效采取对策，防止纠纷激化。对于已有激化征兆或易向恶性案件转化的纠纷，要及时采取必要的防范措施，以免当事人情绪失控，酿成恶性事件。

4. 达成协议。人民调解员应积极促使双方当事人互谅互让，引导、帮助当事人达成调解协议。如果双方当事人已互谅互让，具备了达成调解协议的思想基础，调解人员就应该抓住时机，促成双方当事人达成调解协议。在实践中，达成协议一般有两种情况：一是双方当事人平等协商后，达成一致，从而解决纠纷；二是由人民调解委员会提出解决纠纷的建议，经双方当事人认可后达成协议。

如果在人民调解委员会做了大量的工作后，纠纷双方仍未能达成一致意见，调解人员可以提出合法、合情、合理的建议性解决方案，促使其在进一步协商后自愿达成调解协议。对于一次调解不成的，可以中止调解，延期进行调解。调解员还可以在做好调解工作的基础上，告知当事人向基层人民政府申请处理或向人民法院起诉。

人民调解委员会在调解纠纷过程中，应制作调解笔录。即使调解不成功，也要保留笔录。经人民调解委员会调解处理的民间纠纷，具有民事权利义务内容的，可以制作书面调解协议。当事人认为无需制作调解协议的，可以采取口头协议方式。人民调解员应当记录协议的内容。调解协议应当载明下列事项：①纠纷当事人基本情况。②纠纷简要事实、争议事项及纠纷当事人责任。③纠纷当事人的权利和义务。④履行协议的方式、地点、期限。⑤纠纷当事人签名，调解人员签名，人民调解委员会印章。

上述调解工作的程序是相互联系、相互渗透的，不可机械地照搬套用或把各个程序割裂开来。在调解具体纠纷时，要做到具体情况具体分析。确定步骤和方法时，要注重简便易行、讲究实效。

五、调解回访

（一）调解回访的含义

调解回访，指的是人民调解委员会主持调解达成协议后，应适时派员了解掌握协议履行情况，听取当事人和群众的意见，以巩固调解成果。

《人民调解工作若干规定》第 36 条第 2 款规定："人民调解委员会应当对调解协议的履行情况适时进行回访，并就履行情况做出记录。"人民调解委员会在调解协议达成后进行适时的回访，有利于及早发现和解决出现的新问题，避免协议不能有效解决纠纷的情况出现。对于那些比较复杂、协议履行比较有难度的纠纷或者当事人思想不稳定、容易出现反复的纠纷，应当列为重点回访的对象。一旦发现问题，应及时解决，加强对当事人的说服教育工作。

（二）调解回访的要求

要做好回访工作，必须坚持以下几点：

1. 必须坚持实事求是的原则。要本着对当事人负责的精神，认真进行回访工作，讲求实效，不走过场。

2. 回访工作必须及时。人民调解委员会要在调解协议达成后的适当时间内派员进行回访，以便及早发现和解决新出现的情况和问题，减少工作中的失误，避免影响扩大。

3. 回访应当有重点地进行。对那些比较复杂、疑难的纠纷，或者协议的履行有一定难度的纠纷，或者当事人思想情绪尚不稳定、容易出现反复的纠纷，要列为重点回访的对象，坚持适时回访。

4. 回访必须注意发现问题，加强对当事人的说服教育工作。如当事人思想出现反复，或者有些问题尚未落实的，或是未能完全履行协议的，调解人员都应当及时发现，针对不同情况及时采取措施加以解决，引导、说服当事人本着互谅互让的原则，自愿达成协议，从而化解矛盾。

通过回访，可以产生以下效果：①使调解组织了解和掌握调解工作的效果；②发现调解的不足，改进调解工作；③帮助、督促当事人履行调解协议；④果断采取措施，排除纠纷再次发生的隐患。

例如，在"导入案例"中，事件达成调解协议半个月后，工作人员到工厂进行回访，了解员工的去向，并帮助工厂进行资产重组，解决员工的实际问题。

学习情境

【案例1】 廖某是某镇某鞋厂的杂工，因无法证明自己的头部撞击是工伤，于 2009 年 9 月 29 日，在员工宿舍打开煤气瓶将自己点燃，然后从宿舍三楼跳下，当场死亡。家属得知后，围攻该厂办公楼并到镇政府上访，在社会上造成了极大的影响。

问题： 本案应如何实施调解？

【案例2】 某村村民李某与陈某是相邻关系，陈某所建的房屋旁边留有一条 1 米多的行人通道，陈某为了方便自己的日常生产，就在行人通道上筑起了宽 0.4 米的水泥板及路障。李某认为此举给村民的出行带来不便，要求陈某拆除水泥板及路障，但多次与其协商未果。李某多次向市、省、国家信访局信访，多年的邻里纠纷已使双方心力交瘁。

问题： 本案调解前应如何准备？怎样核实纠纷？如何拟定调解方案？

【案例3】 在"案例2"发生 1 个月后，镇有关领导、司法所等部门负责人到李某家中开展"调解矛盾纠纷回访活动"。李某之前因房屋道路出行问题与邻居产生长达十多年的邻里纠纷，自签订了调解协议书后，双方都认真遵守协议的内容。

问题： 什么是调解回访？调解回访有什么要求？

【案例4】 张某的儿子张甲在某镇某小学就读四年级，2008 年 10 月 30 日，张甲在学校与另一名学生玩耍时发生意外，张甲摔倒在教室地上，造成右手骨折。当张某想追究对方家长的责任时，因为该小学是外来务工人员子弟学校，对方家长早已带着小孩逃之夭夭了。张某想追究学校的责任，但学校处于放假中，没人管这件事。2009 年 1 月 20 日，张某与其妻子踏入了司法所，哭诉儿子在学校骨折，赔偿无门，自己二人又是外地人，不懂法律，且外来打工、经济困难，希望司法所帮忙调解，还他们一个公道。数天后，他们又到法院起诉，寻求解决。

问题： 本案应怎样进行调解的审查？应以什么方式受理？是否可以适用诉调

对接？

模拟实施民间纠纷预防，体会人民调解工作过程。

1. 按角色需要对学生进行分组。
2. 以组为单位，让学生自行分配角色并开展讨论。
3. 各组学生按角色任务拟定纠纷预防和调解工作过程方案。
4. 模拟实施民间纠纷预防，体会人民调解工作过程。
5. 学生自我评价实训效果。
6. 教师点评、总结实训活动情况。

思考与练习

1. 人民调解有几种受理的方式？分别是什么？
2. 如何拟定调解方案？
3. 简述调解回访的含义和要求。

【案例1】某村村民杜某于2005年与该村村委会签订了土地承包合同，承包了村里的3亩农用地，期限为1年。杜某在承包的土地上自行栽种了果树，并在没有和村委会续签合同的情况下，于2006年合同期满后继续使用该土地，并在4月份对这些果树进行了嫁接。由于村委会对杜某私自使用土地的事情不闻不问，村民普遍感到不满和愤慨。在村里土地承包抓阄当天，村民聚集到村委会集体抗议，他们将抓阄的纸条撕碎，将抓阄用的盒子到处乱扔乱砸，致使土地承包工作无法进行下去。有的村民表示，如果杜某可以无偿占用土地的话，那么所有的村民都可以无偿使用土地，何必再抓阄。村委会意识到事情的严重性，找到杜某要求其返还土地，以求息事宁人。但杜某表示自己已经对土地进行了很大的投资，目前还没有任何收益，无论如何也要把自己的果树栽种下去。村委会在这种两难的境况下，只好求助于镇司法所的调解员，希望他们可以帮助其将事情顺利解决。

问题：请同学们思考，在本案中，调解员应如何实施调解的工作步骤？

【案例2】某犯罪嫌疑人杀父伤母被捕后，留下刚上小学的8岁儿子，生活没有着落，他的4位兄弟家境都一般，没人愿意抚养侄儿。其前妻，即小孩的生母，因瘫痪离婚，一直卧床在娘家，生活无法自理。小孩的外公外婆均已60岁有余，也没有能力抚养外孙。那么孩子的监护、抚养问题应如何解决呢？

问题: 如果你是人民调解员,对本案将如何启动调解程序?具体调解方案是什么?

【案例3】 王家和李家是邻居,相交多年关系甚好,两家儿女青梅竹马并定了亲。谁料后来王家儿子王某大学毕业后留在省城工作,而李家女儿李某高中毕业后在县城工作。王某几次直言自己和李某缘分已尽而且有了中意的女朋友,要中断这门亲事,还让李某交回定亲财物。李家人听闻此事怒火中烧,李某更为伤心,大骂:"王某就是陈世美。"一天王某领回新女友,正在吃饭时,李某一家吵上门来,要向王某讨还公道。王某父母起先还作了解释并赔礼道歉,可后来也跟着吵起来,说婚姻是儿女的事,儿子想退就退,有自己的自由。为此,两家人越吵越凶,一场剑拔弩张的激烈"战争"即将爆发。

问题: 作为一名调解员,面对此场景你将如何应对?

1. 本书编写组:《人民调解工作的方法与技巧》,中国法制出版社2003年版。
2. 本书编写组编著:《人民调解员工作手册》,中国法制出版社2003年版。
3. 王红梅编著:《新编人民调解工作技巧》,中国政法大学出版社2006年版。
4. 刘树桥、马辉主编:《人民调解实务》,暨南大学出版社2008年版。

单元三习题库

单元四　人民调解基本原则的适用

> **知识目标**
> ● 理解人民调解基本原则的内涵；掌握人民调解基本原则的适用规则和要求。
> **能力目标**
> ● 能在调解纠纷时准确适用人民调解的基本原则。

导入案例

　　1998 年 6 月，某省某村刘先生携一双未成年子女与邻村王女士按照当地习俗举行了结婚仪式（但未办理结婚登记手续）。2006 年 10 月，在刘先生之子小刘结婚时，刘先生与王女士考虑到年轻人成家置办家业不容易，便决定将自己当时居住的 3 间大房和 5 头牛中的 3 头给了小刘，两人带着女儿搬到另一小房内居住。2008 年 8 月，刘先生与王女士又建了一处住房供一家三口居住。当年 12 月，在煤矿打工的刘先生因煤矿塌方事故死亡，在多方协调之下，煤矿老板最后决定对刘家给予各项赔偿费用共 48 万元。后因刘先生的遗产继承问题，小刘与王女士产生了较大的分歧和矛盾。于是，小刘便以王女士与父亲生前未办理结婚登记手续为由，要求继承煤矿支付给刘家的全部 48 万元赔偿金和王女士现居住的房屋。

　　问题： 1. 如果你是人民调解员，在日常调解工作中应遵循哪些基本原则？
　　2. 在本案的具体调解过程中，你将适用哪些具体原则？又将怎样具体适用这些原则？

基础知识

　　人民调解的基本原则，是人民调解组织及人民调解员在调解纠纷工作中必须遵循的活动准则，它是人民调解工作长期积累的经验总结，体现了人民调解工作的性质、特点和根本要求。

　　为构建人民调解大格局，充分发挥人民调解工作在和风细雨中化解矛盾、消除当事人之间的隔阂、预防纠纷激化升级、促进社会和谐稳定的功能和作用，《人民调解法》第 3 条规定，人民调解委员会调解民间纠纷，应当遵循下列原则：

①在当事人自愿、平等的基础上进行调解；②不违背法律、法规和国家政策；③尊重当事人的权利，不得因调解而阻止当事人依法通过仲裁、行政、司法等途径维护自己的权利。

依据上述规定，并结合人民调解组织在实际工作中的具体做法，可将人民调解的基本原则概括为自愿原则、平等原则、不违法原则、合情合理原则等四项基本原则。

一、自愿原则

人民调解自愿原则的实质，就是在民间纠纷调解活动中实行当事人意思自治。即当事人可以根据自己的判断去参与民间纠纷调解活动，国家及任何其他第三人一般不干预当事人的自由意志，充分尊重当事人的选择。人民调解中的自愿原则包括纠纷当事人可以根据自己的意愿自主决定是否参与民间纠纷调解活动，参与的内容、行为方式，以及对自己参与纠纷调解活动所导致的结果如何承担责任等方面。

（一）自愿原则的含义

自愿原则，是指人民调解组织及人民调解员在开展人民调解工作过程中必须始终遵循的依照当事人意志、尊重当事人意愿，不得将人民调解组织及人民调解员的意志强加给纠纷当事人，更不允许采取任何强迫措施的行为活动准则。换言之，纠纷当事人是否选择以调解的方式来解决纠纷必须是出于当事人自己的意愿。只有在产生纠纷的双方当事人都同意的情况下，人民调解组织和调解人员才能主持调解活动。如果经调解，双方当事人不能达成一致意见，人民调解组织和调解人员就应当中止调解程序，而不得久调不结或强行调解。经调解所达成的协议也必须完全依据双方当事人的意愿，不得带有任何的强制色彩，不能把人民调解组织和调解人员个人的意志强加于当事人，迫使其接受调解协议。假使在外力的强制下，当事人无奈地"达成协议"，由于这个"协议"不是当事人真实的意思表示，其心理不可能获得平衡，事后也必然会出现反悔或拒绝履行"协议"的现象，必然导致纠纷难以得到实质上的解决。当然，强调在人民调解工作中坚持自愿原则并不排斥在必要时对当事人进行合理的劝说和引导，也不等于调解工作可以放弃原则，迁就当事人的过错。

为准确把握自愿原则的内涵，对于自愿原则应从以下几个方面来理解：

1. 解决纠纷是否选择调解必须出于双方当事人自己的意愿。双方当事人发生纠纷后，享有管辖权的人民调解委员会能否对该纠纷进行调解，应完全依据双方当事人的意愿，要充分尊重双方当事人的选择权。如果双方当事人愿意由对该纠纷享有管辖权的人民调解委员会主持调解，那么，该人民调解委员会就应当受理并认真主持调解；如果双方当事人不同意由该人民调解委员会进行调解，该人

民调解委员会就不能违背当事人的意愿强行要求纠纷当事人到人民调解委员会进行调解；如果纠纷当事人向享有管辖权的人民调解委员会申请调解，该人民调解委员会受理后，在调解过程中，当事人不愿意继续接受调解或调解不成功或在调解协议达成后反悔、拒绝履行调解协议，而向人民法院起诉或申请仲裁，或依法通过行政途径维护自己权利的，人民调解委员会不得以任何理由予以阻止，应充分尊重当事人的选择权。否则，纠纷当事人必然拒绝接受劝说，不愿转变态度，调解协议也就不可能达成。

比如，国务院颁布的《人民调解委员会组织条例》和全国人民代表大会颁行的《民事诉讼法》也都对这一原则作出了明确规定。即纠纷发生后，纠纷当事人有权选择解决纠纷的途径或方式。对于所发生的纠纷，是申请由人民调解委员会解决，还是诉请人民法院解决，完全由当事人自己决定，任何组织和个人都无权干涉。如果当事人不经人民调解委员会调解而直接向人民法院起诉的，应当允许；在人民调解委员会调解纠纷的过程中，如果双方当事人或一方当事人认为人民调解委员会解决不了问题，不愿意继续接受调解而改请人民法院解决，应当允许，不得强行阻拦；如果纠纷经人民调解委员会调解达成协议后，当事人一方或双方由于这样或那样的原因反悔，不愿意履行协议而改向人民法院请求解决的，亦不得强行阻止。这是正确理解和把握人民调解自愿原则内涵的第一点要义。

2. 调解协议的达成必须出于双方当事人的自愿。化解矛盾、消除隔阂、平息纷争、达成协议是人民调解组织开展调解活动的根本出发点，也是调解活动的根本目的。因此，人民调解组织及人民调解员在调解过程中只能竭尽全力，通过对双方当事人进行说服、教育、引导、疏导、劝说，晓之以理、动之以情，努力促使双方当事人互谅互让、取得共识、达成协议。无论如何都必须以双方当事人自愿为前提，而不能带有任何强制性。哪怕是人民调解组织和调解人员在调解过程中对双方当事人提出的解决纠纷的建议，也仅供双方当事人参考，绝不可以强迫任何一方当事人接受，最终所达成的调解协议的内容必须完全由双方当事人自主自愿决定。这是正确理解和把握人民调解自愿原则内涵的第二点要义。

3. 调解协议由当事人自觉履行。纠纷双方当事人通过人民调解组织和调解人员的调解所达成的协议，由于是双方当事人自主自愿的行为，大多数情况下，当事人都能够做到自觉自愿地履行。但是，也不排除在某些情况下，由于某种原因，当事人对当时所达成的调解协议事后又出现不积极主动履行、不全面履行甚至不履行的情况，即便出现这种情形，人民调解组织及调解人员也只能细致耐心地进一步做好工作，通过采取说服、引导、督促甚至帮助的方式促使当事人履行，而不得采用任何强制或胁迫的方法或手段迫使当事人履行协议。哪怕是当事人达成协议后又出现反悔的情形，人民调解组织及调解人员也只能建议当事人重新选择调解或向人民法院起诉。这是正确理解和把握人民调解自愿原则内涵的第三点要义。

例如，2009 年 8 月的一天，80 岁的方老伯正在街边小花坛旁观邻居下棋。突然，一块巴掌大的混凝土块从天而降，正中方老伯的后脑，当医护人员赶到现场时，方老伯已经不治身亡。后经警方调查，结论为：该混凝土块是该小区某单元的 11 岁少年陆某所投。方老伯的子女向陆某的父母索赔 20 万元，由于陆某的父母均为下岗职工，平时以打零工为生，无法满足方老伯子女的诉求。于是，方老伯的子女便向当地的人民调解委员会请求解决。该调解委员会立即确定 3 名调解员对该纠纷进行调解，在调解人员的主持下，陆某的父母表示：愿意尽其所能，哪怕是砸锅卖铁，也要对自己孩子的行为负责，并诚恳地向方老伯的子女表达歉意。方老伯的子女为对方的真诚所感动，考虑到对方的实际情况，自愿将原来索赔的数额降低到 6 万元。双方签订协议后的第三天，陆某的父母在亲朋好友的帮助下，凑足了 6 万元，通过人民调解委员会交给了方老伯的子女。该纠纷双方当事人没有诉诸人民法院，纠纷在当地人民调解委员会的主持下得到了顺利地解决。

该案例中，方老伯子女请求当地人民调解委员会解决纠纷的行为、双方当事人愿意在调解员的主持下接受调解的行为、调解协议的签订以及调解协议的全面履行行为等，都是双方当事人的自主自愿行为。在此案的调解过程中，调解人员只是对双方当事人进行了耐心细致的说服、教育、引导和疏导，没有任何强加、强迫、强制性行为。这一案例的调处过程和结果，就是人民调解组织和调解人员遵守自愿原则的真实体现和写照。

（二）自愿原则的意义

人民调解工作之所以要贯彻自愿原则，完全是由人民调解组织的性质所决定的。由于人民调解委员会既不是国家司法机关，也不是国家行政机关，只是群众性的自治组织，它不享有国家审判权和行政命令权，没有国家赋予的强制权力。因此，人民调解委员会在解决纠纷时，必须始终依当事人的意志，尊重当事人的意愿，围绕当事人的争议焦点，通过说服、教育、引导、疏导、劝说等方式，摆事实、讲道理，细致、耐心、认真地开展调解工作，而不能有任何强迫因素。否则，必将违背人民调解组织的性质和宗旨，侵害当事人的利益，损害人民调解组织的形象。因此，强调人民调解工作应始终贯彻自愿原则，对顺利而有效地开展人民调解工作具有重要意义。自愿原则的意义有以下几个方面：

1. 只有坚持自愿原则，才能在纠纷当事人与调解人员之间形成良好的沟通氛围，从而取得良好的调解效果。纠纷产生以后，双方当事人之所以选择人民调

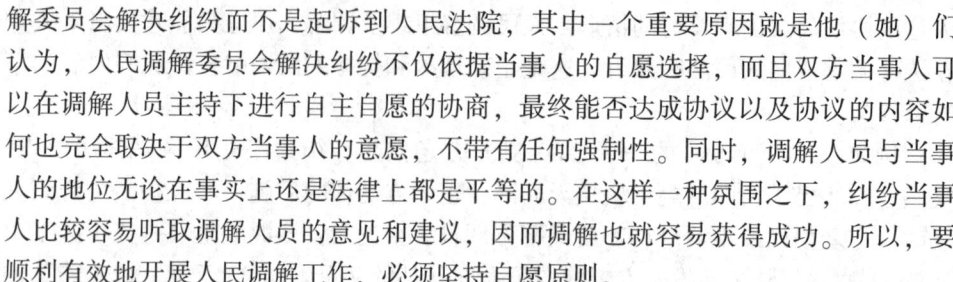

解委员会解决纠纷而不是起诉到人民法院，其中一个重要原因就是他（她）们认为，人民调解委员会解决纠纷不仅依据当事人的自愿选择，而且双方当事人可以在调解人员主持下进行自主自愿的协商，最终能否达成协议以及协议的内容如何也完全取决于双方当事人的意愿，不带有任何强制性。同时，调解人员与当事人的地位无论在事实上还是法律上都是平等的。在这样一种氛围之下，纠纷当事人比较容易听取调解人员的意见和建议，因而调解也就容易获得成功。所以，要顺利有效地开展人民调解工作，必须坚持自愿原则。

2. 坚持自愿原则，有利于彻底消除纠纷当事人之间的隔阂，增进双方的沟通，为他们今后长期和睦相处奠定良好的基础。由于人民调解委员会所受理或解决的各类纠纷案件中，有相当数量的纠纷是因双方当事人之间对某一法律或事实的理解或认识存在差异导致的，甚至有的纠纷纯属误会所致。即便是由于利益分配和权益保护的原因而产生的纠纷，双方当事人之间也不存在根本性的利益冲突。对此，双方当事人一般都有和好如初的良好基础，并且大多数当事人也都有和好的愿望，希望在纠纷解决后能够继续和睦相处。纠纷当事人的这种愿望恰好与人民调解委员会的根本任务和宗旨是完全一致的。所以，解决这类纠纷只能采用解决人民内部矛盾的方式。只要人民调解组织和调解人员在解决纠纷时充分尊重双方当事人的意愿，始终坚持自愿原则，就能把调解工作做细、做好，落到实处，从而化解矛盾、消除隔阂，促进社会稳定，最终服务于和谐社会的构建。

3. 坚持自愿原则，尊重当事人的诉讼权利，是司法最终解决原则的要求。司法最终解决原则是处理国家审判机关与其他组织在解决纠纷时相互关系的一个根本原则，司法审查是保证社会公平与正义的最后一道屏障，因此，任何法律纠纷，原则上只能由人民法院作出排他性的终局裁决。坚持自愿原则，尊重当事人的诉讼权利，允许当事人向人民法院起诉，既可以迅速、及时解决纠纷，也可以加强人民法院对人民调解工作的监督，有利于维护当事人的合法权益，保障社会安定。现实生活中，由于有的民间纠纷十分复杂，所涉及的法律、法规、规章及政策的内容也非常广泛。然而，有的调解人员由于法律、法规或政策水平不高，业务能力有限，对某些问题的理解和把握不够准确，在调解工作中不可避免地会出现这样或那样的一些偏差。因此，通过当事人向人民法院起诉，经人民法院的进一步审查，就能使人民调解工作中出现的偏差或错误及时得到纠正，有利于维护当事人的合法权益。即使纠纷经人民调解委员会调处后所达成的协议内容完全正确，当事人起诉到人民法院，再由人民法院进一步进行审查，对人民调解组织来说也是有益的，因为人民法院对案件的处理，实际上是对人民调解委员会正确意见的肯定和支持。这样做不仅不会损害人民调解委员会的形象，反而会大大提高人民调解组织的威信和声誉。

尊重当事人的诉讼权利，允许当事人在诉讼时效期内向人民法院起诉，自由选择自己满意的争议解决方式，这既有利于尊重当事人的处分权，保证案件得到客观、公正的处理，保护当事人的合法权益，又可以消除当事人的疑虑，提高当事人对人民调解机制的社会信任度，促进人民调解机制的健康发展，充分发挥人民调解机制的社会功能，最终实现人民调解工作服务群众、服务基层、案结事了、维护稳定、促进社会和谐的终极目标。

（三）适用自愿原则应注意的问题

人民调解组织及调解人员，为确保人民调解工作在构建和谐社会中真正发挥其应有的功能和作用，在具体的调解工作中不仅要做到始终贯彻自愿原则，而且还应做到正确贯彻自愿原则。只有这样，才能真正实现人民调解工作的根本宗旨和任务。因此，为确保自愿原则的正确履行，人民调解组织及调解人员应当注意以下几点要求：

1. 要把当事人自愿选择人民调解途径解决纠纷的自愿原则与人民调解员积极主动开展工作、对当事人施行说服教育的方法紧密结合起来。也就是说，人民调解员在日常开展人民调解工作的过程中，不能因人民调解制度的设计强调要始终贯彻自愿原则，就不主动或不敢主动介入当事人间的纠纷，只坐等当事人找上门来才予以解决。纠纷当事人上门请求调解固然是自愿原则的体现，但并不意味着只有纠纷当事人上门请求调解纠纷才能启动调解工作程序，调解人员必须做到在日常排查、回访等工作中善于发现问题，要及时介入、主动解决问题，平息纷争；人民调解员也不得因强调调解协议的达成最终完全取决于双方当事人的自主自愿或依双方当事人的意志而定，就对当事人的意见听之任之，而放弃自己的工作主动性，使人民调解工作处于消极被动状态，必须始终把自愿原则与人民调解员积极主动对当事人施行说服教育的方法紧密结合起来，通过采用说服教育、耐心疏导的方式，摆事实、讲道理，使纠纷当事人受到教育、提高认识、明辨是非，引导双方当事人达成共识，化解纠纷；即便是在调解协议的履行环节，人民调解员也必须始终牢记自己的职责。这不仅是正确贯彻自愿原则的根本要求，也是有效开展人民调解工作的根本途径。

2. 坚持自愿原则，不等于在调解纠纷时可以放弃原则、迁就错误。人民调解工作的实践证明，纠纷当事人取得谅解、达成协议，不可能完全取决于双方当事人的意愿。如果能完全依双方当事人的意愿来解决他（她）们之间的纷争，那么，当事人之间或许就不会产生这样或那样的纠纷，甚至在纠纷产生后也没必要选择人民调解或其他途径来解决他（她）们之间的纷争。这里强调达成协议的内容应取决于双方当事人的意愿，是结果要求，并不排斥调解人员在调解工作中对双方当事人采用说服、教育、感化、规劝、疏导等有效方法，以确保双方当

事人所达成的协议不偏离法律、法规、规章、政策的要求和公序良俗的轨道。因此，调解人员在调解纠纷的过程中，既要尊重双方当事人的意愿，又要注意正确引导，使双方当事人明辨事理、分清是非、明确责任。只有这样，人民调解工作才能取得圆满成效。

3. 要正确处理尊重当事人的诉讼权利与人民调解组织工作绩效评价的关系。各级政府及各类组织不能把某个地区的人民调解组织受理或解决案件的多少，尤其是经调解后又向人民法院起诉的案件比例，作为衡量人民调解工作绩效的考核标准。否则，就会导致人民调解组织错误地认为：某个地区起诉到人民法院的案件少，或者经调解后又向人民法院起诉的案件比例低，就是人民调解工作搞得好；起诉到人民法院的案件多，或者经调解后又向人民法院起诉的案件比例高，就是人民调解工作做得不到位。这必然会导致在日常工作中出现人民调解组织及调解人员强迫调解、剥夺当事人诉讼权利的现象。所以，人民调解组织不能在任何阶段以任何借口阻止当事人向人民法院起诉。即不论是纠纷未经人民调解组织调解，当事人直接向人民法院起诉，还是调解过程中当事人不愿意继续接受调解而中途放弃，抑或是经人民调解组织调解达成协议后又反悔，人民调解组织都应尊重当事人的选择。现实工作中，有的基层政权组织为了搞"纠纷不出村、不出队"，规定纠纷未经人民调解委员会调解或者未经人民调解委员会同意，不能向人民法院起诉；有的人民法院也把是否持有人民调解委员会的介绍信作为受理案件的必备条件。这些做法都是不正确的，应当及时予以纠正。

另外，也不能把尊重当事人的诉讼权利同人民调解组织和调解人员主动积极地调解纠纷对立起来。主动积极地调解纠纷，为群众排纷解争，是人民调解组织和调解人员义不容辞的职责，也是党和政府以及广大人民群众对人民调解组织和调解人员寄予的殷切希望，它体现了人民调解组织和调解人员为人民服务的宗旨。因此，绝不能因为强调要尊重当事人的诉讼权利，就对纠纷的调解抱消极态度，把纠纷往人民法院推。这是对尊重当事人诉讼权利的一种错误理解。对于人民调解组织和调解人员来说，既应当积极主动地调解纠纷，又要充分尊重当事人的诉讼权利。

二、平等原则

平等原则，是法律上人人平等的宪法原则的具体体现。这种平等，不仅指平等的权利，也包括平等的义务。在社会主义民事法律关系中，当事人的权利与义务是一致的，任何人都不能只享有权利不承担义务，也不能只承担义务不享受权利。平等原则规定权利主体的独立地位，但这种独立性并不是以个人为中心而脱离社会主义法律轨道，而是以社会主义制度作为民事法律关系的基础。平等原则强调双方意思表示必须一致，但这种协议并不等于自由放任，更不代表协议就是法律。平等原则保证当事人的经济利益，但绝不允许自私自利，不得为了个人私利而损害国家、社会利益和他人的合法权益。这是人民调解组织和调解人员必须准确理解和深刻领会的平等原则的精髓。

（一）平等原则的含义

所谓平等原则，是指在调解纠纷过程中人民调解组织及调解人员必须遵循的保证双方当事人法律地位平等，确保每一个当事人有凭借自身能力获得成功的同等机会的行为活动准则。该原则的核心内容是"非歧视性对待"和"无区别对待"。这不仅是《民法典》第4条规定的"民事主体在民事活动中的法律地位一律平等"原则的具体落实，也是《宪法》第33条第2款规定的"中华人民共和国公民在法律面前一律平等"原则的具体体现。"法律面前人人平等"是我国社会主义法律制度的基本要求。为准确理解和把握人民调解的平等原则，应注意以下三个方面的内容：

1. 保障纠纷当事人在调解活动中的法律地位平等。纠纷当事人在调解活动中的法律地位平等，也就是法律上的人格平等。这种人格是指民间纠纷当事人在参加纠纷调解过程中享有的独立和平等的法律人格，各纠纷当事人互不隶属，各自能独立地表达自己的意志，其合法权益平等地受到法律的保护。即在人民调解组织和调解人员主持的调解活动中，必须保证不因纠纷当事人存在民族、种族、性别、职业、教育程度、家庭出身、社会地位、政治面貌、财产状况、宗教信仰、居住期限等差异而区别对待，更不得有歧视性对待，必须保证当事人独立、平等地享有权利和承担义务。

尤其是随着社会文明程度的提高及人民群众法律意识的逐步增强，平等原则的内涵也在不断变化和丰富。因此，在具体的民间纠纷调解活动中，人民调解组织和调解人员必须努力做到保证纠纷当事人法律地位平等，不允许有上下高低之分。"不轻视小额案件，不轻视困难群体，不轻视当事人的任何权利"，是宋鱼水法官对当事人法律地位平等原则的深刻诠释，也是人民调解组织和调解人员在调解过程中必须始终牢记的准则。

2. 保证对纠纷当事人在适用法律上一律平等。这是由人民调解的性质决定的，最集中地反映了人民调解的本质特征。人民调解针对的是平等主体之间因财产关系和人身关系所产生的纠纷，财产关系与人身关系的主体只有法律地位平等，才能保证自愿实现财产流转。马克思在论商品自由让渡时提出："一方只有符合另一方的意志，就是说每一方只有通过双方共同一致的意志行为，才能让渡自己的商品，占有别人的商品。"因此，只有商品交换的双方处于平等地位，彼此自愿，自由让渡，才能达到商品交换的目的；人身关系是与人身不可分离、以特定精神利益为内容的社会关系，由于人身关系反映着存在于人身之精神上的利

益，所以，人身关系的主体也必须是平等的。即使是具有隶属关系的上、下级组织，彼此在民事法律关系中也应处于平等的地位。

调解平等主体之间的财产关系和人身关系必然要求人民调解组织和调解人员对纠纷当事人在适用法律上一律平等。即人民调解组织和调解人员在调解民间纠纷时，要严格按照法律、法规、规章、政策的规定及社会公德办事，将法律、法规、规章、政策及社会公德作为衡量是非的基本标准和尺度。依据法律、法规、规章、政策及社会公德判断纠纷当事人之间的是非，判定谁应当承担责任，谁应当受到保护。任何主体的合法权益受到侵害时，都应受法律的平等保护，任何当事人承担的民事责任范围也都应以等价赔偿为原则，不允许人民调解组织和调解人员有任何偏袒，也不允许任何当事人享有特权。这是人民调解所必须遵循的准则。

3. 确保人民调解组织和调解人员与纠纷当事人的法律地位平等。平等原则不但体现为当事人之间的法律地位平等，还应表现为人民调解组织和调解人员与当事人之间的法律地位平等。即在调解过程中，人民调解组织和调解人员虽然是主持者，控制着整个调解局势和场面，并且始终通过各种调解方法和技巧来说服、劝说、教育、引导和疏导纠纷当事人朝着公平正义的法治轨迹前行。但是，这里强调的是说服、劝说、教育、引导和疏导，而非指挥、命令。人民调解的性质和本质也要求人民调解组织和调解人员在调解活动中，必须与当事人站在同一位阶上，处于平等地位，不得因自己是调解活动的主持者，便以为自己就是调解活动的指挥者，摆出一副高高在上的姿态压制当事人或者支配当事人。对于任何涉及当事人权利义务内容的事宜，都必须做到与当事人平等协商。美国著名法学家埃比曼教授指出："一项制度的功能如何须取决于操作者的素质。"人民调解组织和调解人员的职责是平息纠纷当事人之间的矛盾、消除当事人之间的隔阂、重筑当事人之间友谊的桥梁，其所处的地位决定了其必须具有较高的道德修养和职业素质。人民调解组织和调解人员必须牢记这一原则，这是妥善、有效解决民间纠纷的根本保证。

（二）平等原则的意义

任何社会都没有绝对的平等，诸多不平等的表现形式在不同国家的不同时期都始终存在着。我国当然也如此，在社会不同阶层和领域，也都存在着不同程度的不平等现象。正是因为现实中存在着诸多不平等，才会在各利益主体之间产生各种各样的矛盾、冲突或纠纷。平等的利益主体之间之所以会产生矛盾、冲突或纠纷，是因为他们认为在利益分配和权利保护方面存在不公平，欠缺正义性。所以，解决不同利益主体之间的矛盾、冲突或纠纷的根本要求就是任何救济活动的过程与结果都必须坚持和体现公平、正义的平等原则。人民调解组织和调解人员在进行调解活动中也必须遵循平等原则，不得对任何一方当事人存有歧视或偏私。

1. 坚持平等原则，能保证人民调解组织和调解人员客观公正地判明是非、分清责任。公正的调解过程和正义的调解结果都要求人民调解组织和调解人员在调解活动中应当为当事人创造一种良好的平等环境，保证当事人平等地行使法定权利，对双方当事人的意见和证据予以平等的关注，一视同仁地对待纠纷当事人。人民调解组织和调解人员在调解纠纷活动中如果不平等对待当事人，就可能在认定事实和认定证据方面先入为主，形成主观臆断，产生偏执，以至于作出错误的判断。平等对待是给予每个人以应得权益这一正义原则的基本要求，正义不仅应当得到实现，而且还应当以人们所能够感受得到的方式实现。只有这样，纠纷当事人才能确信自己受到了公正对待。平等原则就是保障正义能够以人们能感受得到的方式得到实现的价值标准。平等对待当事人，能确保人民调解组织和调解人员通过消除自己的偏见并给予双方当事人平等参与的机会，使纠纷双方当事人受到公正的待遇，实现社会公平正义。

2. 坚持平等原则，能客观准确地适用法律、法规、规章和政策等评价尺度，充分保护当事人的合法权益，确保经济社会和谐稳定。在人民调解工作中贯彻平等原则，是由我国的社会主义性质所决定的人民民主平等原则的具体体现，民主使得人与人之间的关系成为平等关系。这种平等关系在我国政治、经济、文化以及社会生活的各个方面都得到了法律的确认，在实践中也得到了贯彻。作为解决民间纠纷的人民调解活动当然也不例外，必须贯彻平等原则，因为平等原则符合我国社会主义法治理念的基本要求。公民在法律面前一律平等，已为我国《宪法》所确认，这一原则不但应当在民事活动和诉讼活动中得到贯彻，也应当在调解活动中得到贯彻。平等原则不仅体现为平等主体在民间纠纷调解活动中平等地享有权利和承担义务，更体现为其合法权利受到法律的平等保护。在双务民事法律关系中，当事人享有的民事权利和承担的民事义务通常都是对等的，法律也必须对双方提供平等的法律保护，不因单位大小、职位高低、经济实力强弱等情况的不同而在适用法律上有所区别。贯彻这一原则，不仅要求人民调解组织和调解人员要保证纠纷当事人在调解活动中地位平等，还要求人民调解组织和调解人员对纠纷当事人在适用法律、法规、规章及政策等评价标准上也必须平等，要准确把握公正尺度，正确引导双方当事人用信任的方式解决纠纷。

在调解活动中贯彻平等原则，客观准确地适用法律、法规、规章和政策等评价尺度，充分保护当事人的合法权益，既可以使人民调解组织和调解人员取得当事人的信任，又可以化解当事人双方的对立情绪，从而有利于纠纷的顺利调解，并保证纠纷的妥善解决，改善纠纷当事人之间的关系，确保经济社会和谐稳定。

3. 坚持平等原则，能在和风细雨中化解矛盾和纷争。纠纷当事人选择到人民调解委员会进行调解来解决他们之间的纷争是行使法律规定的救济权利的手段，是实现权利保障的具体形式。要使他们成为实际享有权利的当事人，还必须赋予当事人同等的陈述权、辩论权等，要保证纠纷当事人在调解过程中有充分而平等的发言机会，人民调解组织和调解人员要对当事人的各项权利予以平等保护和平等对待。人民调解组织和调解人员在调解过程中，应保持中立的姿态，对双方参与者一视同仁，平等对待。要自始至终保持冷静和中立，细心、耐心地倾听，心平气和地进行说服、劝导、疏导和引导，形成一个平和的氛围。平等尊重纠纷当事人的合法权利，可以避免各方的猜测和怀疑，使各方参与者感受到并确信他们受到了公正待遇，从而在和风细雨中化解矛盾，使大量的矛盾和纠纷得到有效的疏导和化解，使纠纷当事人消除隔阂，平息纷争，握手言和，达成和解。

（三）适用平等原则应注意的问题

坚持平等原则，不仅是人民调解工作的本质要求，也是对司法公正价值的深刻理解。如果人民调解组织和调解人员在调解活动中能正确理解和准确把握平等原则的内涵，并能始终如一地遵循这一原则，人民调解工作就一定能营造出令纠纷当事人和人民调解工作"双赢""双满意"的和谐局面。因此，为确保平等原则在人民调解活动中得到正确的贯彻和实施，人民调解组织和调解人员在调解工作中必须做到：

1. 人民调解组织和调解人员要正确理解和准确把握平等原则的内涵。人民调解组织和调解人员是人民调解工作的具体组织者和实施者，其自身对平等原则内涵的理解和把握程度直接影响到平等原则贯彻落实的效果。因此，各级人民调解组织和调解人员必须在思想上提高对平等原则的认识——虽然平等原则决定了当事人的独立地位，但这种独立性不得以个人为中心而脱离社会法治轨道，应以社会制度作为调整其法律关系的基础；平等原则强调双方当事人意思表示必须一致，但这并不等于基于此达成的协议内容可以自由放任，而是要接受法律制度的指导；平等原则保证当事人的经济利益，但绝不允许自私自利，不得为了个人私利而损害社会的公有财产，损害他人的合法权益；平等原则是法律上人人平等的宪法原则的具体体现。这种平等，不仅指平等权利，也包括平等义务，当事人的权利与义务是一致的，任何人不能只享有权利不承担义务，也不能只承担义务不享受权利。人民调解组织和调解人员要正确理解和准确把握平等原则的内涵，牢固树立平等的观念，增强贯彻平等原则的自觉性。

2. 人民调解组织和调解人员在调解活动中对纠纷当事人要一视同仁，要善于营造平等的氛围，使双方当事人都能够充分陈述自己的意见和要求，平衡当事人的心理，从而有利于解决纠纷。心理平衡，是人们追求公正、合理的心理获得满足的一种心理状态。当事人获得心理平衡后，一般会表现出积极的态度，有助于纠纷的圆满解决。如果心理不平衡，往往会萌发出如何来满足这种心理追求的动机，并实施相应的行为反应，人民调解组织和调解人员所获得的信息也就可能不真实、不客观，进而影响到调解人员对纠纷事实的判断。如果是在这种情况下勉强达成调解协议，许多当事人就可能事后反悔或不履行协议，导致调解最终无果。当事人的心理能否获得平衡受多种因素的影响，除了自身法律意识、道德观、价值观等因素外，对方当事人的态度和行为表现，调解人员的劝说、疏导方式、工作态度以及当时的语境氛围等因素对调解过程和效果都会产生强烈的影响。之所以强调人民调解组织和调解人员要善于营造平和的氛围，是为了让双方当事人都能够充分陈述自己的意见和要求，通过信息的传递，促使当事人理解沟通，调节心理冲突，使双方心理获得平衡，转变不正确的态度，都愿意并且能积极配合人民调解组织和调解人员的工作，消除纷争，达成协议，从而提高调解质量和效果。

3. 调解人员在调解活动中要排除各种不当干扰，敢于坚持原则，取信于人。现实生活中有相当数量的纠纷当事人认为，他们之间所产生的权益纷争，很大程度上是由于在当时的背景下受到了各种各样不公平因素的影响所致，虽然目前选择了调解途径来解决纠纷，但仍然担心在调解过程中会受到各种各样的不当干扰，难以实现公正的利益诉求。因此，调解人员应具有公正、公平、坦荡、无私、刚直、忠于事实和法律的职业品质，排除各种不当干扰，敢于坚持原则。只有这样，才能获得当事人的尊敬和信任，也才有助于调解工作的有效进行，才能保证调解的公平、公正，达到理想的调解效果。

三、不违法原则

虽然人民调解组织和调解人员调解民间纠纷的活动是人民群众自我教育、自我管理、自我服务的自治性活动，但并不代表自治性的人民调解活动便可以无原则、无依据、随心所欲地自由进行，人民调解活动同样必须遵守其特定的行为活动准则，必须符合当下社会法律制度的要求。也就是说，人民调解活动也必须依据法律、法规、规章和政策进行，必须坚持依法进行调解，这是公正解决矛盾纠纷的最基本的要求。坚持依法调解，不仅可以使当事人懂得什么是合法，什么是违法，受到法治教育，从而规范自身未来的行为，避免或减少在今后的行为活动中产生侵权纠纷，而且可以使当事人清楚在日常交往活动中自己都享有哪些权利、应该履行哪些义务，哪怕是产生了矛盾和纷争，也懂得如何选择合法的救济途径来解决矛盾和纠纷，学会运用法律武器来保护自己的合法权益。

（一）不违法原则的含义

不违法原则，是指人民调解组织和调解人员以及纠纷当事人在人民调解过程中必须坚持的，在查明事实、分清是非的基础上，遵循一定的程序，在不违反法律、法规的强制性和禁止性规定的前提下，可以依据政策、社会公德、村规民约、公序良俗和行业习惯进行充分说理，促使纠纷双方当事人对争议的问题进行平等协商、互相谅解、消除隔阂，帮助当事人自愿达成协议、解决纠纷的行为活动准则。不违法原则，是《人民调解法》规定的人民调解工作必须坚持的一项基本原则。《民法典》第8条及第143条第3项对不违法原则也作出了明确规定。坚持不违法原则是我国法治原则的要求，只有坚持调解不违法才能做到以事实为根据、以法律为准绳，才能分清是非和责任，纠纷才能真正得到解决，才能维护社会正常秩序，保障社会安定。任何民间纠纷的调解都必须在法律的框架内进行，否则可能导致调解无效，调解就会失去积极的社会作用。不违法原则包括以下几个方面的内容：

1. 人民调解组织受理和调解矛盾纠纷的范围要符合法律、法规和规章的规定。虽然人民调解组织调解民间纠纷是群众自愿、自治性活动，但不等于说任何矛盾纠纷产生以后，当事人都可以选择适用人民调解的方式来解决。至于哪些案件、哪类案件可以适用人民调解的方式解决，哪些案件、哪类案件属于人民调解组织有资格受理管辖的案件，法律、法规、规章同样作出了规定，人民调解组织只能对法律、法规及规章规定属于人民调解组织受理范围并有权管辖的案件进行受理和管辖。法律、法规、规章规定只能由专门机关管辖处理的，或者法律、法规禁止采用调解方式解决的民间纠纷案件，或者人民法院、公安机关或者其他行政机关已经受理或者解决的案件，人民调解委员会不得适用调解方式处理。但治安案件、刑事犯罪案件引起的人身伤害、财产损害的赔偿案件，或者人民法院、公安机关虽已受理，但认为更适合通过人民调解解决，移交或者建议人民调解委员会调解的案件，或者虽然构成犯罪但人民检察院决定不起诉及人民法院裁判不处罚的特殊刑事案件（如暴力干涉婚姻自由、遗弃、虐待等刑事案件），人民调解委员会可以受理。总之，人民调解必须在法律允许调解的范围内进行。

2. 人民调解组织必须依法客观、准确地判断和评价争议事实。人民调解组织调解纠纷，应当在查明事实、分清是非的基础上，开展耐心、细致的说服疏导工作，促使双方当事人互谅互让、消除隔阂，引导、帮助当事人达成解决纠纷的调解协议。以事实为依据，以法律为准绳，是进行人民调解所必须遵循的法定原则，特别是人民调解的规则不同于诉讼，人民调解组织不能强制性地要求纠纷当事人提供证据，不能采用诉讼制度的证据和举证规则。所以，人民调解组织和调解人员要有效地解决纷争，就必须了解事实真相，掌握具体案情。要想了解事实真相，掌握具体案情，人民调解组织和调解人员在受理案件后，就必须主动、积极地深入当事人周围了解案件情况的人群中间，认真、细致、全面、客观地听取当事人和了解案件情况的相关人员的陈述，调查分析矛盾纠纷产生的原因，坚持以客观存在的事实作为处理案件的根本依据。

由于民间纠纷发生时，调解人员一般都不在现场，并不了解纠纷发生的具体情况，因此，要想了解纠纷的真实情况，必须深入群众，向当事人、见证人进行调查，收集证据，据此对纠纷进行分析、研究，形成对纠纷的正确认识。只有通过调查研究，才能使自己的认识正确地反映客观事实，看清纠纷的本来面目。绝不能凭主观想象、推测或无根据的推理、议论来判断是非与曲直，要重证据、重调查研究。认定事实必须以查证属实的证据为根据，适用法律又必须以查明的事实为根据；在查明事实、分清是非的基础上，以法律、法规、规章、政策为依据，对案件的处理应坚持以法律规定为标准，以法律规定作为评价已经查明的案件事实的尺度，坚持以法律为准绳，保证处理案件尺度的统一，实现公平正义。

3. 纠纷调解的结果和当事人权利义务的确定，必须符合法律、法规、规章和政策的要求。按照人民调解的自治性要求，人民调解组织和调解人员在主持调解活动中应当允许当事人双方对自己的民事权利作出适当的处分，但当事人的处分不得违背法律、政策的规定或损害国家、集体和其他公民的利益，这是合法原则的最基本要求。由于调解协议合法性的要求与判决合法性的要求有所不同，当事人可以运用处分权，在不违反法律禁止性规定的前提下达成双方所能接受的调解协议，尽管协议的内容与法律上严格认定的权利义务关系并不完全一致。可见，这里强调的调解不违法原则不是指调解协议的内容必须严格遵照法律的规定，而是指协议内容不得与法律的禁止性规定相冲突，不得违反公序良俗或损害第三人的合法权益。譬如，在继承纠纷案件中，当事人在所达成的调解协议中将国家所有的财产当作遗产予以分割，则此协议无效。如果法律对当事人权利与义务关系作了强制性规定的，则不允许当事人有任何的选择余地，纠纷当事人违反这一法律规定所达成的调解协议当然无效。譬如，《民法典》第 1084 条第 1 款规定，父母与子女的关系，不因父母离婚而消除。在调解案件中，当事人所达成的因离婚而解除父母子女关系的调解协议就不具有法律效力。再譬如，《民法典》在收养部分规定了收养人与被收养人年龄差距的限制性条件，当事人违反这一规定所达成的收养协议自然也不具有法律效力。再者，调解协议不得存在规避法律的现象，如果双方当事人故意通过达成调解协议来逃避债务，则该调解协议无效。另外，调解协议不得显失公平，如当事人对某一事实和法律产生误解，或者受到他人强制、哄骗而与对方达成的协议内容同法律规定的权利与义务关系大相径庭，甚至完全违背法律规定，则纠纷当事人最终达成的调解协议无效，不受法律保护。

4. 调解程序必须符合相关法律法规的规定。也就是说，民间纠纷发生以后，

当事人是否选择适用调解的途径来救济权利，必须完全出于双方当事人的自愿，人民调解组织和调解人员不得强行调解或强迫当事人达成协议；人民调解组织和调解人员在调解成功后所制作的调解协议书以及调解协议书的送达等要符合法律规定，必须是在当事人自愿达成调解协议的基础上制作调解协议书，由双方当事人签收后才生效，绝不能先让当事人在送达回证上签字，过后再送达调解协议书。对未按照法律法规规定程序进行的调解，当事人可以要求重新调解，或者中途放弃调解，或者向人民法院起诉。对此，基层人民政府和基层人民法院也可以予以纠正。

例如，王老太生有 3 子，其配偶、长子和次子已先后过世。2021 年 3 月，在城乡改造拆迁时，王老太曾领到一笔资产处置费，共计四万多元。之后不久，王老太去世，这四万多元的处置费由王老太的三儿子李某保管。事后，王老太次子的一双儿女要求分割由三叔保管的这笔费用（而王老太长子的两个子女表示放弃继承这笔遗产）。为此，双方来到了该地的人民调解委员会请求调解。在调解过程中，李某称：此款大部分用于为母亲办理后事，其中，办理丧事和招待来宾的餐费共计人民币 18 600 元，可供继承的遗产仅有 21 400 元，何况两位哥哥已经去世，自己是母亲遗产的唯一合法继承人，这笔钱还轮不到晚辈来继承。听到此番话后，调解主持人对李某耐心地讲道："公民合法的继承权受法律保护，你母亲去世后，其遗产应由其法定继承人依法继承。按照我国《民法典》继承编的规定，你的两位哥哥虽然均先于你母亲去世，但他们应继承的份额由两人的子女代位继承。你大哥的两个子女明确表示愿意放弃继承权，属于当事人对自己权利的处置，于法不悖。用于办理后事的费用也可以从被继承人的遗产中扣除，剩余的两万多元钱，应由你和你二哥的子女各继承 10 700 元。也就是说，你二哥的两个子女代位继承其父亲分得的 10 700 元，你分得 10 700 元。"这就是人民调解组织和调解人员依据不违法原则进行调解的真实案例。

类似的纠纷在现实生活中并不鲜见。所以，为解决民间纠纷、消除不和谐因素、促进社会稳定，遵循合法原则进行调解是非常必要的。

（二）遵循不违法原则的意义

不违法原则的确立不仅是社会主义国家性质的必然要求，而且是我国宪法精神的基本要求；不仅是健全和完善社会主义法治的直接要求，而且是实现依法治国方略的现实要求；不仅是牢固树立社会主义法治理念的根本要求，而且是构建人民调解大格局，实现社会公平正义，促进社会稳定，构建和谐社会的本质要求。所以，人民调解工作遵循不违法原则具有重要意义。

1. 人民调解组织和调解人员调解纠纷遵守不违法原则，是社会主义法治原则的要求，也是我国宪法精神的基本要求。我国《宪法》第 5 条第 4、5 款规定：

"一切国家机关和武装力量、各政党和各社会团体、各企业事业组织都必须遵守宪法和法律。一切违反宪法和法律的行为，必须予以追究。任何组织或者个人都不得有超越宪法和法律的特权。"这是中国法治精神的核心内容和高度概括。《宪法》的这一规定，任何组织和团体均必须遵守。因此，人民调解委员会作为解决民间纠纷的群众组织，其活动也必须遵循不违法原则。人民调解的程序、形式、方法，调解协议的签订，协议内容及履行均应符合法律的要求，而不得与法律相抵触。这一原则是人民调解工作的基本原则之一，而且是其重要原则。人民调解作为解决民间纠纷的一种方式，在调解过程中遵循不违法原则，保障当事人的合法权利，对解决民间纠纷来说，具有极为重要的意义。

2. 人民调解组织和调解人员只有遵守不违法原则，才能使纠纷得到正确解决，维护当事人的合法权益。因为国家的法律和政策体现了人民的意志，代表了广大人民群众的根本利益，是纠纷当事人双方统一认识的基础和评判是非的标准。离开了法律和政策所确定的准则来解决纠纷，双方当事人就会缺乏共同基础，各执己见，难以使纠纷正确、及时得到解决。自愿原则本质上要求以合意为核心解决纠纷，而不是人民调解组织和调解人员的强迫，调解人员必须居中调解，不能偏袒任何一方，始终体现"中立、平等、透明、公正、文明"的现代法治理念，以事实为根据，把案件的解决建立在可靠的事实基础之上，以法律为准绳，明确当事人的责任。只有这样，调解才能成功，才能最终促成当事人之间达成实质性和解，真正发挥人民调解的功能，实现"公正与效率"的法治目的。

例如，2009 年 10 月 23 日晚，李某因家庭琐事与自己的哥哥在路口发生了冲突，混乱中将随身携带的装有八千多元现金的纸袋掉在地上，路过此处的王某兄弟看到后欲上前帮助拾起，恰巧被看热闹的张某抢先拾走。失主李某经王某兄弟指认后向张某索要，但遭拒绝。后李某向当地司法所的人民调解委员会申请调解，张某也同意在该人民调解委员会进行调解。在调解过程中，王某兄弟作为参加人对当时张某捡拾钱袋的情况进行了说明，但张某仍矢口否认。对此，调解人员首先对周围的群众进行走访，通过走访所获取的信息进一步证实了王某兄弟及李某的说法。在调解过程中，调解人员细致耐心地对当事人做说服教育工作，强调："拾金不昧不仅是中华民族的传统美德，而且，无合法根据取得利益并给他人造成损害的，属不当得利，应依法返还，这是法律所确定的义务，任何人都必须遵守，否则将承担法律责任。这八千多元钱，也不是小数目，谁丢失这么多钱，都会很着急的，你看李某都急成什么样了。如果真的是你捡到了，还是归还给失主，何况还有那么多在场围观的群众看到。如果李某起诉到法院，对你也是不利的。再者，周围的群众会怎么看，你今后怎么和周围的人相处？"通过调解人员的说服、教育和引导，在事实面前，张某不但承认是自己捡了李某的八千多元钱，当场连同装钱的纸袋一起还给了李某，向李某和参加调解的人员表示歉意，而且非常感谢调解人员教育了自己，使自己避免误入歧途。这就是人民调解组织和调解人员坚持以事实为根据、以法律为准绳，明确当事人的责任，发挥人民调解功能，实现"公正与效率"的法治目的的现实例证。

遵循不违法原则，有利于及时、彻底解决纠纷，做到案结事了；有利于增强人民内部团结，维护社会稳定；有利于法治宣传，对实现依法治国具有重要的现实意义和深远的历史意义。

（三）适用不违法原则应注意的问题

遵循不违法原则，有利于实现社会公平正义，有利于提高人民调解的质量和效率，有利于促进社会和谐稳定。但是，由于我国还处于社会主义初级阶段，社会转型期的不稳定因素比较多，情势瞬息万变，矛盾类型各异，纠纷产生的原因也纷繁复杂。现实背景是：其一，因为法律无法面面俱到，无法满足人民调解工作的现实需要；其二，人民调解的自治性质也决定了人民调解工作必须同时兼顾自愿及情理等原则。所以，人民调解组织和调解人员在适用不违法原则时，还应注意把握好以下几个问题：

1. 要正确处理不违法原则与自愿原则的关系。自愿原则强调民间纠纷案件是否选择调解途径来解决，要以当事人的自愿为前提。在调解过程中，允许一方当事人让渡其部分合法权利，自由行使自己的处分权，使当事人在平衡利益的基础上实现自身利益的最大化，实现自身合法权益的最大程度保护。但是，如果单纯为了达到调解结案的目的，无原则地迁就当事人的意愿而不惜损害国家利益和他人利益，或者违背当事人的意愿而强行调解，或者以牺牲权利人的利益为代价而换取达成调解协议，无疑都违背了法律原则和法律精神，这样达成的调解协议都是不符合人民调解的不违法原则的。可见，纠纷产生以后，该案件是否适用调解必须基于当事人自愿，调解协议是否达成必须基于当事人的意愿。但尊重当事人的自愿，不等于允许其违法。也就是说，人民调解组织和调解人员调解纠纷，既要坚持自愿原则，又要遵循不违法原则，两者缺一不可。自愿是调解的前提，不违法是调解的保证，不违法原则与自愿原则必须有机结合，辩证统一。

2. 要正确处理公正与效率的关系。公正与效率都是法治社会所追求的重要价值目标。公正是评价法律效率的基本尺度，效率是实现法律公正的重要条件，二者相辅相成，绝不允许把二者割裂开来，而是要坚持公正与效率并重。人民调解工作既要反对以公正为借口，任意延长调解时限，甚至久调不结、损害公正；又要反对以提高调解效率为借口，违背当事人的意愿强行调解，迫使当事人达成调解协议，损害当事人的合法权利。调解人员努力追求的应是公正与效率的最佳结合。不论处理什么案件，都应当坚持"以事实为根据，以法律为准绳"这条基本要求，只有这样，才能保证公正与效率得到完美的结合与体现。

3. 要大力提高调解人员的法律和政策水平，特别是要使调解人员熟悉和掌握与调解工作直接相关的一些法律和政策的内涵。这是正确贯彻不违法原则的前提和关键，离开了执法水平，也就根本谈不上不违法原则的贯彻执行。可见，人民调解员必须不断加深学习，不断加强自身的专业素质建设，不断提高理论修养，努力提升自己对法律法规及政策内涵的理解能力，实现理论素质与知识运用上的高水平；要不断加强自身的技能素质建设，使自己不但业务技能熟练，而且在履行职责上达到高质量、高效率的要求。做到以更好的执法质量、更低的执法成本、更快捷的执法形式，履行人民调解工作职责。例如，黄某与情人张某同居，后黄某立遗嘱将遗产遗赠给情人张某。作为调解人员，对黄某的立遗嘱行为的效力应如何评判？本问题指向的是黄某的遗嘱行为本身，而非黄某与情人张某的同居关系，因为黄某的立遗嘱行为和黄某与情人张某同居的行为是两个完全不同的法律行为。所以，回答这个问题时，就不应将对黄某与情人的同居所作的评判作为评判遗嘱行为效力的依据，而应从黄某的遗嘱生效要件方面进行评价，判断遗嘱的效力。否则，就是不当干涉私人自治权利。

4. 要自觉接受基层人民政府和基层人民法院对人民调解工作的监督和指导，这是做好人民调解工作的根本保证。只有将人民调解活动置于基层人民政府和基层人民法院的监督之下，才能使人民调解组织和调解人员在开展人民调解工作时更加注意其社会影响，做到勤勉、谨慎、认真、负责。人民调解组织和调解人员自觉接受基层人民政府和基层人民法院对人民调解工作的监督和指导，不仅可以充分保障当事人的合法权益，而且可以更好地促进我们国家的社会主义法治建设。这是因为法治建设的内涵就是要使社会各方面的活动都能在法律的调控下进行。人民调解作为化解社会矛盾和纠纷的重要途径，作为法律制度中一个重要的环节，自觉接受基层人民政府和基层人民法院对调解工作的监督和指导是非常重要的，也是必须的。

四、合情合理原则

合情合理原则本属不违法原则的范畴，但鉴于实践中该部分内容实属突出，并发挥着主要角色的作用，所以单独列出，以示重视。

人民调解组织和调解人员调解纠纷必须坚持以事实为根据，以法律为准绳，遵循一定的程序进行调解。只有坚持依法调解，才能做到以事实为根据，以法律为准绳，才能分清是非和责任，纠纷才能真正得到公正解决，才能维护社会正常秩序，保障社会安定。任何民间纠纷的调解都必须在法律设定的框架内进行，否则可能导致调解无效，这是人民调解应遵循的不违法原则的根本要求。在人民调解活动中，依法调解固然重要，但是依情依理调解同样有着法律所不能替代的效

果。因为法律不是万能的，不可能涵盖现实生活中的所有现象或要解决的所有问题，立法者在立法的当时不可能预见一切损害国家利益、社会公益和道德秩序的行为而作出详尽的禁止性规定，更何况法律制度的设计本身就是在人们对自身的行为不能施加有效控制或不能把握其朝着善的方向发展时，才发挥其功能作用的，其目的是防治恶。也就是当人们的自律的一面不能发挥其应有的作用时，或者是当纠纷当事人的自治行为超越法律所允许的底线时，法律才有发挥其所特有的他律功能的必要。民间纠纷属于人民内部矛盾，人民调解是纠纷当事人自我管理、自我教育、自我服务的自治性活动，强调在和风细雨中化解纷争，消除隔阂。在调解过程中，当事人让渡自身的合法权利，自由行使自己的处分权，只要不损害社会、国家和他人利益，不违背社会公德，不为法律法规、政策所禁止，都是允许的，也是正当的。可见，不违法原则只是人民调解组织和调解人员在调解工作中应遵循的最基本的原则，是底线性的规则，而不是全部原则，合情合理原则同样是人民调解组织和调解人员开展人民调解工作所应遵循原则的重要组成部分。

（一）合情合理原则的含义

合情合理原则，是指人民调解组织和调解人员在调解纠纷时应遵循的，在不违背法律、政策的前提下兼顾公理、人情，以当事人在情感上能够接受的方式和人们共同认同、信守的公德为标准，尊重当地的公序良俗进行调解的行为活动准则。

司法部 2002 年颁布实施的《人民调解工作若干规定》第 4 条第 1 项规定，人民调解委员会调解民间纠纷，应当依据法律、法规、规章和政策进行，法律、法规、规章和政策没有明确规定的，依据社会主义道德进行调解。这一原则不仅强调了人民调解活动不得违背有关法律、法规、规章的规定以及党和政府的政策要求，而且强调了人民调解活动还应依据社会主义道德规范对当事人进行说服教育，使当事人按照法律、政策和道德标准，分清是非、辨析责任，确保调解工作规范、公正、合情、合理。

合情合理原则，包含着合乎情理原则与合乎适当原则两个层面的内容：

1. 情理原则，属于社会公德范畴，是指为社会大众所普遍接受并共同遵循的、调整人与人之间在交往过程中所形成的社会关系的非强制性的行为准则。情理原则不仅包括人与人之间普遍认同的自然情感规则，还包括基于该情感产生的善良风俗、习惯等。情理原则强调人民调解活动应注重情理的融合，注重以和为贵，只要不违反法治原则和法律精神，在人民调解组织和调解人员的劝说、教育、疏导和引导下，双方当事人对通过自治性行为所达成的调解协议都能接受并能自觉自愿地履行，就达到了调解的目的。所以，人民调解组织和调解人员在日常调解活动中必须注重情理规则的准确运用，全面考察纠纷产生的原因、地点、经过以及争议的焦点、当事人的特点和相互关系等因素，结合当地的风俗、习惯、乡规民约，综合权衡情、法、理的利害关系，作出既不违背法律和政策的强制性规定，也不违反公序良俗的调解。只有这样，人民调解工作才能体现公民的意思自治，平衡当事人的利益关系，实现社会的公平正义价值追求，才有助于消除社会隐患，促进社会的和谐与稳定。

在我国，由于居住在农村、城镇及社区的人群关系相对较稳定，人口流动性较小，相互交往较密切，人们往往习惯用风俗、习惯、乡规民约来调整相互之间的关系。尤其在民间纠纷产生以后，人们更习惯于或更加注重运用当地人们普遍认可的情理规则进行解决。所以，这些区域的人民调解组织和调解人员在调解纠纷过程中应特别注意这一原则的适用。要正确理解情理原则的内涵，准确把握情理原则的运用规则，及时有效地化解矛盾，解决纠纷。

2. 适当原则，是指人民调解组织和调解人员在调解过程中对纠纷当事人的自治性行为进行规劝和引导时所应遵循的，调解活动不仅不能违反法律的禁止性规定而且还应在不违法前提下恰当、合理地进行调解的行为准则。因为在现实生活中，人民群众的行为活动具有相当的复杂性和差异性，法律规范不可能对每一个具体纠纷作出明确而细致的规定，即便对某类案件作出了相应规定，大多也只是原则性或者概括性规定，只规定了裁量幅度或底线。因此，人民调解组织和调解人员对纠纷当事人进行调解时，当事人所达成的调解协议不仅应当不违反法律的禁止性规定，还应当在法律规定的幅度内作出恰当、合理的选择，应当客观、适度。至少应在法律允许的范围内尽可能合理、适当，而不是任意裁量。只有这样，人民调解工作才能做到客观、公正地保护各方当事人的合法权益，实现当事人所追求的公平与正义目标。

例如，2003 年，某村的村干部考虑到本村一些村民小组人少地多，粮食价格低，农民负担重，便与村民协商把离村较远的一些土地发包给外地人种植，且承包期限为 10 年。近几年来，由于农村道路的建设和招商引资的企业用地，再加上国家实行了惠农政策，农民种田的实惠有较大的增加。于是，2009 年 8 月，该村大部分村民便要求终止与外地人签订的承包合同，收回土地。然而，承包户坚决不同意终止合同。在这种情况下，该地村民们自发地组织起来，各家各户拿着钉耙、锄头、铁锹到承包户田地抢着秋种，而承包户也是寸土不让，便把所有在该村承包土地的人召集起来，他们虽来自"五湖四海"，却有着共同的利益，于是准备跟当地村民拼个"鱼死网破"。一场群体性的械斗即将爆发。得知此事后，镇、村干部及时赶到现场，司法所所长也被"急召"到现场处理此事。司法所所长一边通知公安派出所和联防队的同志赶到现场帮助维持秩序，驱散围观

人群，一边做当事人的工作。"我是镇司法所所长、调委会主任，请大家放下手中的工具，有什么话跟我说，"司法所所长边说边毫不畏惧地站在"两支队伍"的中间，"你们的诉求都有一定的道理，你们的目的都是维护自身的合法权益，但这种方式不利于问题的解决，不仅会伤和气，而且触犯法律还会受到法律的追究。如果你们觉得打斗能解决问题，那就先从我身上踩过去；如果你们相信党委和政府，相信我这个司法所长能解决问题，就请各自回到自己的田里干活去。我说话算数，肯定会给大家一个合理的解决。"由于绝大多数村民和外地承包户都认识镇司法所所长，所以，几百号手持械具的人便陆续悉数散去，及时化解了"两军相峙"的场面，平息了事态的发展，避免了群体性械斗事件的发生。紧接着，经镇党政主要领导同意后，镇农业服务中心和调处中心分别抽调了2名同志，加上该村的4名干部，组成了以司法所所长为组长的9人调解小组。调解小组的8名成员兵分两路，一路专门围绕当地村民挨家挨户做摸底工作，先后3次召集相关村民小组的"户长座谈会"；另一路专门围绕承包户开展工作，2次召集代表座谈会。司法所所长兼顾两路，很快就收集到了双方争议焦点的详细资料，并及时召集调解小组成员会，形成了具体的调解方案。

首先，针对双方当事人对原有土地承包合同内容的争议情况，采用背对背的方法，根据《中华人民共和国土地承包法》（以下简称《土地承包法》）及民事法律中合同的有关规定，分别做"合法"文章。即一方面，给当地村民讲解承包合同的法律严肃性、有效性和变更、终止合同的程序性和规范性；另一方面，给承包户讲解合同内容的公平性、合理性和因国家政策调整及不可抗拒因素变更或终止合同的真实性和应然性。其次，从农产品价格提高、国家实行两免一补的惠农政策、农民种田效益增多的实际出发，做好"合情"文章，适当调整合同条款，提高承包金。最后，从土地逐年减少、人口不断增多的实际出发，做好"合理"文章，既劝导承包户适当缩短承包期或减少承包面积，又劝导当地村民要给外地承包户选择到其他地方承包土地留足时间和空间，不能说终止就马上终止。房屋租赁的期限变更都要提前1~3个月向对方提出书面通知，何况土地承包期限的变更需要更长时间。一般来说，承包土地以种植业为主，1年为1个生产周期。所以，变更方至少要提前1~2年向对方提出书面通知。通过调解人员耐心细致地说服、教育、引导，在事发后的第三天上午，当地村民和外地承包户在调解人员的主持下，经过面对面的充分协商，达成了共识：双方就原有的土地承包合同，分别作了不同类型的补充说明并重新订立了新的合同。人民调解组织和调解人员就这样化解了一起土地承包合同纠纷，平息了一场即将爆发的群体性械斗事件。

这是一起典型的土地承包合同纠纷，也是一起防止民间纠纷激化升级的典型案例。目前，农村土地承包经营过程中类似的纠纷普遍存在，而本案的调处成功起到了示范作用。其最大亮点就是通过大量细致的调查摸底工作，较好地把"法、情、理"有机结合起来，做好了"合法""合情""合理"的三篇文章。上述纠纷的调解不仅体现了法律原则和精神，而且从解决实际问题出发，以双方当事人都能接受和执行的结果来平息纠纷，很好地贯彻了合情合理原则。这确实是一个展示人民调解风采、体现"东方一枝花"特色的经典案例。

（二）遵循合情合理原则的意义

人民调解必须坚持以事实为根据，以法律为准绳，遵循具体的法律规范和法律的基本原则。但是，当现行法律对人民调解活动的调整欠缺相应的法律规范或在调解活动中适用授权性法律规范时，人民调解组织和调解人员便可依法律原则、精神要求和情理原则进行调解。可见，在人民调解活动中，合情合理原则有着法律所不可替代的独特功能。

1. 在调解过程中遵循合情合理原则，可以在一定程度上弥补法律的禁止性规定之不足。法律的确定性与稳定性是法律能够成为现代社会有效的调节方式的主要原因之一。但诚如柏拉图所说，"法律在任何时候都不可能完全准确地给社会的每个成员作出何为善德、何谓正当的规定。人之个性的差异、人之活动的多样性、人类事务无休止的变化，使得人们无论拥有什么技术都无法制定出在任何时候都可以绝对适用于各种问题的规则"。尤其是我国目前的法律制度还不够完善，还存在着这样或那样的欠缺或者盲区，更何况时代发展变化快，社会进步迅猛，人们的行为千差万别，完全依靠法律规则来调整或解决现实社会生活中的所有问题是根本做不到的，也是不可能的。当遇有损害国家利益、社会公益和社会道德秩序的行为，而又缺乏相应的禁止性法律规定时，人民调解组织和调解人员可直接依据情理原则进行调解。因此，人民调解组织和调解人员在实施调解过程中遵循合情合理原则，注意合情合理原则的准确适用就显得尤为重要。合情合理原则的遵循，可以给予纠纷当事人以常理性的关注和以人为本的公理性考量，而不是强调必须或只能遵循某种预先人为设定的严格的法律规则，这在一定程度上弥补了法律的禁止性规定的不足，在确保国家一般利益、社会道德秩序以及协调各种利益冲突、保护弱者、维护社会正义等方面起到了极为重要的作用。这种作用是法律规则所无法替代的，是合情合理原则所特有的。

2. 在调解过程中遵循合情合理原则，可以有效地促进社会的和谐稳定。在现实社会生活中，人们往往习惯于用是否"合情合理"的眼光来审视、评价纠纷的解决是否公平、合理。或者说，人们对调解结果进行评价时，不单单从法律的层面考量是否公平，是否符合法律的规定，也非常关注案件的处理结果是否符合他们日常生活中所认可并共同遵守的公理，是否符合情理。只有符合情理，当事人才会接受调解，才能消除当事人间的隔阂。因为，在我国传统法律文化中，一贯注重"德行教化"的作用，并以此造就了中华法系偏重伦理性的法律精神，这为情理原则在市场经济条件下的运用提供了良好的思想基础。同时，由于我国社会主义市场经济体制的确立与发展，社会生活中的交往日趋繁荣与复杂，这又为情理原则的运用提供了广阔的社会基础。情理原则来源于法律调整的固有缺陷，即人们交往的广泛性、复杂性、不稳定性与法律的不可穷尽性之间的矛盾，其任务则是解决这一矛盾，合乎情理就是义，反之就是不义。因此，人民调解组织和调解人员在实施调解的过程中，要充分考量情、理因素，注重情、法、理的融合。遵循合情合理原则不仅可以及时有效地调解纠纷、化解矛盾，促使当事人自愿达成调解协议，确保调解结果为当事人所接受并自觉履行，还能对当地民众产生积极的影响，促使民众自觉遵守国家法律和社会公共道德，维护社会公共利益，实现社会正义，减少不和谐因素，从而有利于实现社会稳定。

3. 在调解过程中遵循合情合理原则，有利于纠纷的彻底解决。现实生活中，民间纠纷产生以后，纠纷当事人之所以愿意选择调解途径来解决纷争，不仅仅因为人民调解的方式及时、方便、快捷、免费，而且因为人民调解的方式是公民自我管理、自我教育、自我服务的自治性行为方式。人民调解组织和调解人员所实施的调解不单纯以法律为标准评价当事人之间的是非曲直，纠纷解决的过程也充分体现了当事人的意思自治原则，使当事人完全处于平等的、和风细雨的轻松环境之中。在这样的环境之下，依情依理调整当事人之间的关系，注重从社会道德标准的角度对案件进行评判，将社会公众的良心和善恶标准、是非观念融入调解过程中，可使调解结果更贴近民意，更能反映社会的价值观念和道德准则，这种解决纠纷的方式往往比单纯通过法律规则判定权利义务更容易为当事人所接受。遵循合情合理原则，不仅有利于当事人心平气和地在法律层面上解决纠纷，而且有利于当事人消除心理负担，化解情感隔阂，做到案结事了，彻底解决纠纷，实现人民调解的目的。对人民调解组织和调解人员顺利、高效地开展调解工作也能起到积极的促进作用。

（三）适用合情合理原则应注意的问题

人民调解组织和调解人员主持纠纷当事人进行调解活动时，不仅要遵循具体的法律规范，还要遵循法律的基本原则。在现行法律对人民调解活动欠缺相应的法律规范进行调整时，人民调解组织和调解人员应依法律基本原则的要求和情理原则开展调解活动。情理原则，即社会公德，是现代法治理念的一项重要原则，其作用在于弥补强行性和禁止性规定之不足，限制私法自治原则。因此，人民调解组织和调解人员在调解工作中必须谨慎、准确、理性地适用情理原则。

1. 人民调解组织和调解人员在调解过程中要注意准确运用调解衡平技术，

以实现情、理、法的融合、衡平与协调。所谓情、理、法的融合，就是要求人民调解组织和调解人员在调解过程中既要坚持以法律为依据，又要兼顾社会公德，二者相辅相成，不得顾此失彼，不得偏废。也就是说，人民调解工作既要符合适法性要件，又要符合社会公德要件；所谓情、理、法的衡平与协调，就是要求人民调解组织和调解人员在调解工作中，遇到具体案件因其特殊情况使得严格适用法律将导致对某一当事人不公正，甚至有明显不合情理或者有悖法理的一般价值观念，发生情、理、法的冲突时，就需要在相互冲突的情理与法价值之间进行一种取舍与衡平，使情、法、理协调一致地发挥作用。任何纠纷的解决，都不是以绝对服从严格的规则主义为主的，而是以实现正义这一法律的根本价值为最终目的。一个优秀的人民调解员，应当能够正确地把握法律制度所预设的价值追求，并将自己对法的价值的认识融于法律的适用过程之中，以作出符合法的价值精神的公正决断。在面对情理与法的冲突时，能够从法正义的价值层面来深刻理解和把握情理与法的关系，并准确地把握情理原则的运用，以此来维护法律价值与社会情感的正向运行。只要适用情理原则不违反国家法治原则和法律精神，就可以优先选择适用情理原则。也就是说，在不违背法律强制性规则的条件下，可依公共秩序的一般要求和善良的风俗习惯进行调解，可以运用公共秩序的一般要求与善良风俗习惯处理纠纷。但当适用情理原则有悖国家法治原则和法律精神时，则只能适用法律规则。

在调解过程中，人民调解员应当在内心建立起一种契合社会现实并具有某种相对稳定的科学性的价值评价体系，准确理解和把握立法的精神和价值，结合案件的具体事实，借助于社会情理规则，正确地解释和运用法律与情理规则，实现情理与法的有效结合。

2. 人民调解组织和调解人员在调解过程中要准确把握情理限度，维护法律的权威。人民调解工作肩负着化解矛盾、平息纠纷的重要职能，这就要求人民调解组织和调解人员在解决纠纷时，必须准确运用调解衡平技术，做到情、理、法的融合，而且在考量情理规则的适用时，也必须准确把握情理的适用程度。情理原则意味着纠纷当事人在不违背强制性法律规则和法律不禁止的条件下，可自愿选择满足或有利于自身利益的行为。但该原则不得滥用，因为情理规则同不违法原则一样，包含了自由裁量的因素，具有极大的灵活性。如果在调解过程中容许人民调解组织和调解人员无限制地考量情理因素，或者调解过程和调解结果欠缺自由裁量的合理性、适当性，这样的调解必将偏离法律与社会公德的价值目标，必然导致难以实现案结事了。换句话说，在调解过程中，如果容许通过松弛情理原则的适用而为主观价值判断干预私法自治打开方便之门，以维护社会公德之名滥用公众授予的权力，则立法者所作的努力将付之一炬，法律所保障的个人自由将可能化为乌有。所以，在调解过程中，如果人民调解组织和调解人员太过于考虑情理因素，则会构成对法律权威性的威胁。因为只站在情理的立场上思考问题，使法律屈从于情理，那么法律就会丧失其应有的价值。同时，过分强调情理也易使人们产生一种错误的判断，即法律在一定时期，在一定程度上可以被忽视甚至被突破，从而导致法律权威的丧失。因此，在具体的调解过程中，人民调解员首先要坚持依法调解，严格遵循法律标准，忠实地服从规则。只有当发现现行法律无可适用，或一旦适用，调解结果将显失公正时，人民调解员才可依据公平正义的价值理念，合理考量情理因素，并理性地把握情理因素的适用程度，谨慎地运用情理规则。人民调解组织和调解人员的调解工作不仅要做到符合法律、合乎定律，而且要做到恰当、合理，使当事人满意，真正体现人民调解的正义价值。

3. 人民调解组织和调解人员可依据善良风俗对当事人之间的纠纷进行调解，但要坚决反对迷信。善良风俗乃一切社会、国家的存在和发展所必要的一般道德。《人民调解工作若干规定》第 4 条第 1 项明确指出，人民调解委员会调解民间纠纷，应当依据法律、法规、规章和政策进行调解，法律、法规、规章和政策没有明确规定的，依据社会主义道德进行调解。我国《民法典》第 8 条规定："民事主体从事民事活动，不得违反法律，不得违背公序良俗。"人民调解组织和调解人员在调解实践中，遇到立法时未能预见到的一些扰乱社会秩序、有违社会公德的行为，而又缺乏相应的禁止性规定时，可直接适用善良风俗进行调解。由于我国是中国共产党领导的社会主义国家，共产党作为执政党，无神论和坚定的共产主义信念是共产党人的最高信仰，崇尚科学、崇尚自然，反对封建迷信、反对陈规陋习是我党一贯坚持的基本立场。对日常生活中存在的一般性迷信行为，虽然国家法律没有明令禁止，但由于其对社会主义制度的存在和发展有害，对弘扬民族正气、牢固树立社会主义法治理念不利，即使该行为系当事人自愿，也绝不可给予任何保护和提倡。人民调解组织和调解人员在调解工作中必须引导纠纷当事人移风易俗，坚持依法、依情、依理调解，坚决反对迷信，实现人民调解的正义作用。

例如，甲、乙、丙与丁系同母异父兄弟。甲、乙、丙系李某与王某所生。王某去世后，李某嫁给陈某，丁系李某与陈某所生。陈某去世后，李某又嫁给林某，双方未生育子女。2008 年 12 月，李某患病，对如何处理其后事，甲、乙、丙与丁在村委会主持下，经协商达成协议。其中一条载明："李某后事的丧葬费用由 4 个儿子各承担 1/4，合墓时王某在先，陈某在其后，李某依顺序排放。"李某事后得知此协议内容，也没有表示异议。2009 年 8 月，李某去世，甲、乙、丙听信和尚唆教，合墓时拟将李某的骨灰盒排放在王某与陈某的中间。为此，甲、乙、丙与丁之间产生矛盾。8月6日，丁将李某火化，并将骨灰盒拿回自己家中。13日，甲、乙、丙向镇人民调解委员会提出调解申请，在调解过程中，要求丁履行原签订的协议且提出三死者间要搭"仙桥"，并要求丁赔偿精神抚慰金3000元。调解人员认为：虽然合墓的约定是当地的普遍现象，死者生前未持异议，甲、乙、丙与丁对其母的安葬事宜也有所约定，但关于"王某在先，陈某在其后，李某依顺序排放"的并骨合葬方式以及在尸骨间搭"仙桥"的主张显属迷信，是一种旧的丧葬习俗，不符合现代社会移风易俗、文明丧葬的道德风尚，虽不违反法律的禁止性规定，但与我国有关丧葬方式的公序良俗相抵触，不受法律保护。甲、乙、丙要求丁赔偿3000元精神抚慰金的主张，也是没有根据的。在人民调解委员会耐心、真诚的说服、教育之下，四兄弟最后消除隔阂，化解了纷争。这是一起典型的坚持依法、依情、依理调解，坚决反对迷信，提倡移风易俗的案例。不仅平息了矛盾，还使当事人受到了法律与道德教育。

五、对"导入案例"问题的综述

1. "导入案例"中，小刘和王女士申请到当地的人民调解委员会进行调解，调解委员会受理该案；调解过程中，双方当事人始终愿意接受调解；小刘和王女士在调解过程中依双方当事人的意志达成调解协议以及双方当事人自觉履行调解协议均系自愿原则的体现。

2. 人民调解组织和调解人员在对双方当事人的纠纷进行调解的过程中，无任何命令或强迫任何一方的行为而采用说服、引导、劝说、疏导及教育的方式；不因纠纷当事人存在性别、职业、教育程度、年龄及王女士是否办理结婚手续等差异而歧视和区别对待，与当事人处于平等地位，保证当事人平等享有权利和承担义务等，始终遵循平等原则开展人民调解工作。

3. 调解过程中，调解人员称：王女士与老刘之间没有办理登记手续，双方婚姻属无效婚姻，但王女士与老刘共同生活十余年，在共同生活期间对老刘也给予了无微不至的关怀和照顾。所以，对共同生活期间形成的财产的分割，应按照民法有关共同财产的规定进行；对老刘遗产的分配，也应按照民事法律有关继承的规定适当分配给对老刘尽到帮助、照顾义务的王女士。这是人民调解不违法原则的根本要求。

4. 调解过程中，调解人员还讲道：王女士与老刘共同生活的十余年间，不仅对老刘给予了无微不至的关怀和照顾，而且与老刘一同将老刘的一双未成年子女抚养长大。尤其是在小刘结婚成家时，王女士自愿将与老刘形成的共同财产中的大部分给了小刘。所以，在分配老刘的遗产时，依情依理都应该给予王女士适当份额。这是典型的依情理原则进行调解的案例，充分展现了中华民族的传统美德。

可见，人民调解组织和调解人员对本单元"导入案例"的调解，综合运用了自愿、平等、合法和情理原则，做到了"法、情、理"有机融合，取得了圆满的结果。这不仅是人民调解工作应遵循相关原则的基本要求，也是人民调解各项基本原则的具体落实。

学习情境

【案例 1】周某因与上级不和，于 2009 年 3 月向公司提交了辞职申请，并表示希望在 15 日内完成工作移交。公司未作答复，直至 1 个月后，公司表示接受其辞职请求。然而，此时周某却不愿意离职，希望继续履行合同，双方因此发生劳动争议。周某认为在自己提出辞职申请后，鉴于公司一再口头挽留，自己被公司的诚意感动，遂决定继续留在公司效力，并拒绝了其他公司的邀请。不料公司在此时又单方提出解除劳动合同。因此，周某希望公司撤销决定，继续履行劳动合同。而公司认为周某辞职意愿明确，公司经过一段时间研究决定同意其辞职，合乎法律规定。

问题：请同学们思考，本案可适用哪些原则予以调解？如何适用？

【案例 2】王某为某电器公司业务员，2008 年 3 月的一天，王某急需使用电梯搬运货物原料，与另一名有同样需求的员工李某因争用电梯发生口角，甚至产生肢体冲突。对此，公司领导意欲依据劳动合同中约定的"违反公司纪律"条款，决定开除双方。王某和李某得知该意见后，均认为自己是为了不影响公司的生产任务才产生了冲突，觉得很委屈，对公司的决定表示不服。

问题：请同学们思考，本案可适用哪些原则予以调解？如何适用？

【案例 3】2008 年 2 月 10 日，王某夫妇与房主刘某签订了一份购买坐落在某市的房屋的协议，约定价款为 38 万元。但由于房主刘某欠银行贷款 6 万元，房产证仍处于抵押状态，无法办理产权过户手续。刘某要求王某夫妇先拿出 38 万元中的 6 万元，替刘某偿还银行贷款并冲抵房屋价款，以便办理房屋产权过户手续。后在银行及房产部门工作人员在场见证的情况下，王某夫妇为刘某偿还了 6 万元银行欠款。之后不久，房产部门也顺利地为王某夫妇办理完房产过户手续，王某夫妇当即结清了剩余的 32 万元房款，并取得了房屋产权证。就在王某夫妇入住后不久，张某以 2007 年刘某签署的欠自己 38 万元债务且愿以该套房屋抵债的书面凭证为据，强行占用了该房屋。因此，产生了三方纠纷。然而，2008 年 3 月 28 日，该地基层人民法院所作出的王某夫妇胜诉判决生效后，张某仍拒不搬出。

问题：你作为人民调解员，对该纠纷将适用哪些原则？如何进行处理？

【案例 4】何某为某公司生产设备操作员，月薪 1500 元。2009 年 3 月，何某因醉酒而在工作期间睡觉导致该台生产设备产出废品，造成公司经济直接损失三千余元，公司遂决定由何某承担因工作不负责任而造成的损失，每月从何某工资中扣除1000元，扣满损失金额为止。何某对公司的决定表示不服，双方因此产生劳动争议。何某认为公司非法克扣工资，要求予以偿还。公司认为员工工作不负责任造成公司损失，承担赔偿责任天经地义。

问题：你作为人民调解员，调处该纠纷的工作准则是什么？如何正确把握这些工作准则？

工作任务

模拟调解，体会人民调解工作原则的适用。

实训步骤

1. 按角色需要对学生进行分组。
2. 以组为单位，让学生自行分配角色并开展讨论。
3. 各组学生按角色任务拟定调解方案，辨析调解原则。
4. 实施模拟调解。
5. 学生自我评价实训效果。
6. 教师点评、总结实训活动情况。

思考与练习

1. 怎样理解自愿原则的内容和意义？
2. 如何贯彻合情合理原则的要求？
3. 人民调解为什么要遵循这些基本原则？
4. 人民调解的基本原则与民事诉讼的基本原则有什么不同？

【案例1】张某为某电子科技公司员工，2008年2月18日春节过后，在公司员工未正式上班前，张某提前回公司并入住了该公司职工宿舍203房间。在公司员工于2月22日正式上班报到时，入住同宿舍的员工发现张某已经死亡，后经法医鉴定为心脏病突发死亡。

张某家属认为张某是在公司死亡的，公司对此应给予员工正常死亡的相应待遇；而公司则认为张某在员工没有正式上班之前提前入住公司宿舍，属于非工作期间，公司对此不承担任何责任。

问题：对该争议，你将如何调解？

【案例2】张某为某公司技术员，在该公司已工作了6年，2007年底意欲跳槽，但张某知悉2008年1月1日《劳动合同法》生效以后，如果公司辞退员工应给补偿。于是盘算着如何让公司主动提出辞退自己,这样既能达到跳槽的目的,还能得到公司给予的补偿。遂决定采用消极怠工的方法逼迫公司作出辞退决定,该行为一直持续了4个月,对公司内广大员工造成了极为不好的影响,公司在忍无可忍的情况下,决定对张某予以开除后双方就补偿问题产生争议。

问题:你作为公司的调解员,对该纠纷应如何处理?

拓展阅读书目

1. 马新福、宋明:"现代社会中的人民调解与诉讼",载《法制与社会发展》2006年第1期。

2. 何兵主编:《和谐社会与纠纷解决机制》,北京大学出版社2007年版。

3. 尹力:《中国调解机制研究》,知识产权出版社2009年版。

4. 戴建庭:《民事纠纷解决机制研究》,吉林大学出版社2007年版。

5. 张延灿主编:《调解衔接机制理论与实践》,厦门大学出版社2008年版。

单元四习题库

单元五　人民调解方法的运用

知识目标

● 理解一般纠纷调解方法的含义；熟悉一般纠纷的不同调解方法；掌握一般纠纷调解方法的适用规则和要求。

能力目标

● 能针对不同的纠纷灵活运用不同的人民调解方法进行调解。

导入案例

向阳小区是 2008 年底建成的居民新区，拥有一千多户住户。2009 年 6 月初，该小区的居民突然高举横幅标语，冲向物业管理公司，并准备走上公路堵路、示威。原来，该小区最初由方圆物业管理公司提供服务，方圆物业管理公司在服务期间，不尽职尽责，导致向阳小区的生活环境很差，引起居民的强烈不满。于是，居民与其解除了合同，而与祥云物业管理公司建立了合同关系。祥云物业管理公司进驻该小区后，发现方圆物业管理公司在管理期间管理不善，造成公司亏损，且该公司为维持运转挪用了物业管理费用。于是，祥云物业管理公司要求方圆物业管理公司归还挪用的物业管理费用，但方圆物业管理公司无能力归还。祥云物业管理公司坚决要求方圆物业管理公司归还，并声称不归还将难以工作。双方一直为此事僵持不下，导致物业管理工作不能正常进行。而物业管理公司的怠工导致该小区居民的一些日常生活问题得不到及时、有效的解决，因此小区居民也拒交管理费。再加上方圆物业管理公司挪用物业管理费用，最终导致拖欠水电部门几个月的水费、电费，水电部门不得已对该小区停水、停电。一连几天的停水、停电，导致该小区居民情绪激动，于是他们自动聚集在祥云物业管理公司门口，并高举横幅标语，强烈要求祥云物业管理公司为他们解决问题，并纷纷扬言要去堵路、示威。

问题：1. 如果你是人民调解员，在日常调解工作中，你会采取什么方法进行调解？

2. 在本案的具体调解过程中，你将采用哪些调解方法？你将怎样具体运用这些方法进行调解？

基础知识

　　纠纷的调解，离不开人民调解组织和调解人员对调解方法的运用。也就是说，开展人民调解工作，必须运用有针对性的方式、手段，这样才能保证取得较好的调解效果。如果人民调解的方法运用得恰当，可以使人民调解达到事半功倍的效果。反之，如果人民调解的方法运用得不恰当，则可能导致调解不成功，甚至会使纠纷进一步恶化。因此，人民调解方法的运用对于纠纷的调解是非常重要的。要想成为一名优秀的人民调解员，必须掌握灵活多样的人民调解方法。

　　那么，人民调解员进行人民调解应当掌握哪些方法呢？对此，法律作出了一般的规定。其中，《人民调解委员会组织条例》第8条第1款规定："人民调解委员会调解纠纷，应当在查明事实、分清是非的基础上，充分说理，耐心疏导，消除隔阂，帮助当事人达成协议。"司法部发布的《人民调解工作若干规定》第31条规定："人民调解委员会调解纠纷，应当在查明事实、分清责任的基础上，根据当事人的特点和纠纷性质、难易程度、发展变化的情况，采取灵活多样的方式方法，开展耐心、细致的说服疏导工作，促使双方当事人互谅互让，消除隔阂，引导、帮助当事人达成解决纠纷的调解协议。"《人民调解法》第22条规定："人民调解员根据纠纷的不同情况，可以采取多种方式调解民间纠纷，充分听取当事人的陈述，讲解有关法律、法规和国家政策，耐心疏导，在当事人平等协商、互谅互让的基础上提出纠纷解决方案，帮助当事人自愿达成调解协议。"可见，根据上述规定，人民调解员在进行人民调解过程中，无论遇到何种类型的纠纷，至少要做到以下几个方面：

　　1. 弄清事实真相，分清是非曲直。任何纠纷的公正解决都必须建立在弄清事实真相的基础上。换言之，人民调解组织和调解人员有效解决民间纠纷的前提是，知道是什么样的纠纷，纠纷的真相是什么。如果不清楚纠纷的事实真相，调解工作就无从下手，根本不可能解决纠纷，公正调解更无从说起。

　　在弄清事实真相之后，就要进一步分清是非曲直。民间纠纷的最终解决需要根据双方的是非曲直确定责任。所以，如果不能分清是非曲直，不能确定谁对谁错，就不能确定由谁承担责任，最终也会导致不能公正地进行调解。因此，对任何纠纷进行调解必须分清是非曲直，明确纠纷当事人的是与非：是一方过错还是双方过错，过错的原因是什么，以及这种是非与法律和道德的要求有何冲突等。从而在此基础上确定责任承担者，并最终化解纠纷。

　　2. 调查研究。要想弄清事实真相、分清是非曲直，必须对纠纷进行调查研究。可以说，调查研究是弄清事实真相、分清是非曲直的唯一办法。在一般情况下，民间纠纷发生时，人民调解员并不在现场，并不了解纠纷发生的具体情况，因此，要想了解纠纷的真实情况，必须深入群众，对当事人、见证人进行调查、收集证据，据此对纠纷进行分析、研究，形成对纠纷的正确认识。只有通过调查研究，才能使自己的认识正确地反映客观事实，弄清纠纷的本来面目。特别是人民调解的规则不同于诉讼，人民调解组织不能强制性地要求纠纷当事人提供证据，不能采用诉讼制度的证据规则。要想了解事实真相，人民调解组织和调解人员必须主动去调查。

3. 说服、疏导，消除隔阂。人民调解的性质决定了不论何种纠纷都要采取说服、疏导的方法。在调解过程中，人民调解员要运用国家的法律和政策，根据社会公德和民间风俗习惯的要求，对当事人进行说服、教育，耐心疏导，使当事人的思想觉悟提高，对纠纷形成正确的认识，理性地对待纠纷，互相谅解，消除隔阂，化解纠纷。

采取说服、疏导的方法，要求人民调解员必须把自己放在与当事人平等的位置上。只有这样，纠纷当事人才会接受人民调解员的说服、教育、疏导。在调解过程中，人民调解员还要保持诚恳、和蔼的态度，耐心听取纠纷当事人的不同意见，并做到耐心地向纠纷当事人宣传国家的法律、政策。此外，要想保证说服、疏导的方法取得实效，人民调解员必须有针对性地对当事人进行说服、教育、疏导，从而使当事人有所触动。

上述一般方法是对任何纠纷进行调解都必须要采取的方法。但是，在人民调解的过程中，不同的纠纷又具有不同的性质、特点、难易程度、发展状况，不同的纠纷也存在着影响纠纷的不同因素。因此，对不同的纠纷进行调解，不可能千篇一律地采取完全相同的调解方法。这就要求，在进行人民调解的过程中，除了按照人民调解的一般方法进行调解外，必须针对不同的纠纷，根据其具体情况采取不同的调解方法。即使是同一类纠纷，由于纠纷当事人及纠纷发展变化的规律、影响纠纷的因素不同，也必须采取不同的调解方法，而不能进行相同的处理。对此，《人民调解工作若干规定》第31条也规定，人民调解委员会调解纠纷，应当在查明事实、分清责任的基础上，根据当事人的特点和纠纷性质、难易程度、发展变化的情况，采取灵活多样的方式方法。否则，纠纷将难以平息，争议将难以解决，人民调解的功能将难以实现。

根据人民调解的实践，人民调解组织和调解人员开展人民调解工作至少要考虑下列具体方法的运用：

一、苗头预测法的运用

（一）苗头预测法的基本含义

苗头预测法，就是要求人民调解员要善于洞察和发现纠纷发生、发展、变化的苗头和客观规律，特别是纠纷当事人的思想和行为不断变化的特点，找出纠纷发生、发展、变化的原因，及时确定预防、解决纠纷的对策，把纠纷化解在萌芽状态或者遏制住其发展的势头，避免纠纷发生，防止矛盾进一步恶化、升级。

　　例如，村民宋某与村民李某是前后邻居，本来相处和睦。但在2008年9月，因李某垫高了自家的院子，导致宋某家旁边的排水沟被堵住，不能排水。宋某曾多次找李某交涉，李某一直没有采取措施。宋某不满，最终与李某发生了争吵，两家出现隔阂。不过，由于那时当地不是雨季，很少下雨，也没有引起严重的后果，所以两家的矛盾也没有恶化。但到了2009年8月，当地连降数日大雨，排水沟内积水排不出去，导致宋某家的房子一直被泡在水里，随时都有倒塌的危险。如果不及时解决，最终可能发生意想不到的后果，两家矛盾也可能因此事激化。村调解委员会根据对村里有关情况的了解，进行了矛盾纠纷的排查，在纠纷排查过程中发现了这一问题，于是立即着手进行解决。调解员向双方宣传了民事法律的相关规定，耐心细致地对双方做思想工作，最终使可能激化的矛盾得以平息。

　　该案中，在双方纠纷没有发生之前，人民调解委员会及时发现，面对将要发生的危险，果断介入，避免了双方当事人之间产生新的矛盾，充分体现了苗头预测在解决纠纷过程中的重要作用，在一定程度上有效地化解了社会矛盾，维护了社会稳定。

　　（二）运用苗头预测法的基本要求

　　运用苗头预测法解决民间纠纷必须做好两个方面的工作：①在纠纷还没有发生之前，就及时主动地预测纠纷可能发生的苗头，进而了解情况，发现问题，把纠纷遏制在萌芽状态，避免纠纷的发生；②纠纷发生以后，要做到预测纠纷发展的态势和可能出现的变化，以便采取措施，防止纠纷激化、升级。只有做到这两个方面，才能真正实现苗头预测法的准确运用。

　　运用苗头预测法解决民间纠纷实际上是人民调解"防调结合，以防为主"工作方针的具体要求。要做到"防调结合，以防为主"，必须及时掌握纠纷发展、变化的客观规律，发现纠纷发展和变化的苗头，洞察纠纷当事人思想和行为不断变化的蛛丝马迹，及时、有针对性地采取措施，进行积极的疏导，把矛盾解决在萌芽状态，防止其扩大和激化。

　　可以说，运用苗头预测法处理纠纷是目前解决民间纠纷的一种非常重要且行之有效的方法。由于我国正处于社会转型时期，利益冲突在所难免，有些纠纷会处在一种隐发的状态，一旦条件成熟或者一些因素介入，就会爆发，甚至后果会很严重，直接影响社会的稳定。同时，社会转型也造成了我国民事主体的利益和要求日趋多元化，使得我国目前民间纠纷表现出易激化的特点。特别是社会转型也使得纠纷数量和种类不断增多，新的、复杂的纠纷不断出现，有些纠纷极易反复，难以调解。所以，如果不了解这些纠纷的发展变化规律，是很难有效地解决这些纠纷的。而成功地运用苗头预测法就能够主动地预测并掌握这些纠纷的发生、发展态势，面对可能发生的纠纷及发展变化的复杂情况，就可以及时采取措施，从而有效预防纠纷的发生，避免纠纷进一步复杂、激化，防止严重事态的发生。

要运用好苗头预测法，要求人民调解员必须要有"纠纷具有复杂性、预防工作具有艰巨性和长期性，遏制纠纷继续发展和扩大具有重要性"的深刻认识，并在思想上高度重视，有意识地观察和分析苗头性问题。要做到这一点，人民调解员必须具有敏锐的信息意识，要善于发现信息、搜集信息，捕捉其中带有倾向性、苗头性的信息。在预测苗头时，还要注意对纠纷的变化有影响的因素，并区分不同的纠纷，具体分析、具体应对。

当然，需要说明的是，苗头预测法的运用并不只是简单地把纠纷发生、变化的苗头预测出来。更关键的是，人民调解员对预测出来的纠纷发展的苗头要给予高度重视，并及时积极行动起来，进行妥善地处理，以把苗头抑制并消除在萌芽状态，防患于未然。如果预测到了纠纷发生、变化的各种苗头后，不去积极预防，反而是"一拖二躲三搪塞"，只会使纠纷越来越复杂，越来越难处理，并使人民调解员的形象和信誉受到影响，最终必将失去纠纷当事人的信任，阻碍人民调解大格局的构建。

二、面对面调解法的运用

(一) 面对面调解法的基本含义

面对面调解法，就是把纠纷当事人安排到一起，当面摆事实、讲道理，进行调解的方法。

例如，小张(7岁)和小李(5岁)本是经常在一起玩耍的好朋友。但有一次在嬉戏中，两人忽然争吵起来，继而互相推搡，小张朝小李腹部踢了一脚。经诊断，小李有少许尿道出血的现象，打过针后，医生开了药让小李回家疗伤，张父当场支付了医药费共187.6元。但次日李母要求张母陪同复检时，张母没有同意，使得李母十分气愤，甩下几句威胁的话便转身带小李走了。张母在家越想越害怕，一方面担心医疗费用可能会越来越多，另一方面更害怕李家报复自家小孩。于是，她来到了社区调委会申请调解，希望一次性解决这场纠纷。调解员热情地接待了她，听她简要地叙述后，调解员意识到这虽是桩小事，但若不及时处理，也可能酿成更大的纠纷。于是调解员作出受理决定，约定等小李家人回来，征求其同意后再进行调解。下午3点，双方家长和小孩都来到社区调解室。仔细听完当事人陈述并且查看了医院诊疗病历和复检情况后，调解员得知小李的伤已无大碍，于是对调解结果已心中有数。此时双方家长仍是各持己见，张家表示自己仅靠在街边摆摊维持生计，家境困难，昨天已经支付了一百多元治疗费，现在实在拿不出钱来。李家却不仅坚持索要检查费，还要求给小孩适当的营养费。调解员见状从情、理、法多方面对双方进行讲解和规劝：未成年人小张造成小李身体伤害，父母作为其监护人依法应当赔偿医疗费。另外，小孩经常在一起玩，拌嘴打架在所难免，既然小李经复查已痊愈，张家又确实经济困难，建议营养费就不用支付了，大家应互谅互让，各自教育好自己的孩子，尽量减少这类事情的发生，这样对两个孩子的健康成长都有好处。经过数番耐心调解，双方终于达成协议：由张家支付小李医药费共人民币 210.9 元，双方保证以后不再因此事发生争执。几天后，调解员回访得知张家已经履行协议，两个小伙伴也和好如初。

该案例中，由于双方当事人之间并没有太大的冲突，而且纠纷的后果也不是很严重，从而就有了面对面调解的基础。在这种情况下，调解员直接把双方家长和小孩安排到一起，面对面地倾听当事人陈述、查看医院诊疗病历和复检情况，从情、理、法多方面对双方进行讲解和规劝，并经过数番耐心调解，最终促使双方达成协议。

（二）运用面对面调解法的基本要求

面对面的调解方法一般在两种情况下可以运用：一种情况是简单的纠纷。表现为纠纷双方当事人分歧不大，或者矛盾不尖锐，或者有着一定的感情基础，需要坐在一起解决问题。像家庭、婚姻、邻里、同事、朋友之间的纠纷，大都可以运用此方法。这些纠纷并不是很复杂，容易处理，所以，让当事人面对面地各自说出对纠纷的态度和要求，可以进行更好的沟通，也容易明确双方的分歧，从而进行调解。另一种情况是在人民调解员的努力下，双方当事人的分歧逐渐缩小，对抗性不强，情绪也较稳定。此类情形下，人民调解员可以把双方当事人安排到一起，就如何达成最终协议互相协商。

需要注意的是，进行面对面的调解，人民调解员一定要能够控制整个调解的局面和过程，要保证调解在人民调解员的主导下进行。如果面对面的调解可能导致局势失控，此时，人民调解员一定要注意把握时机，及时转为背靠背调解。运用背靠背方法，在纠纷再次出现转机时，再运用面对面的方法，有效调处纠纷。

三、背靠背调解法的运用

（一）背靠背调解法的基本含义

背靠背调解法，就是在调解时不让当事人进行直接面对面的沟通，而是由人民调解员分别对当事人进行说服、教育，使双方不断让步，分歧趋于接近，从而促成调解的方法。

例如，某有限公司与张某签订房屋租赁合同，由于张某拖欠 4 个月的租金和水电费，某有限公司根据合同约定条款欲解除与张某之间的房屋租赁合同，双方签订了解除房屋租赁合同协议书。现某有限公司根据解除合同协议书收回租赁物，限张某在一定期限内交清租金和水电费，办理搬迁手续，并愿一次性补偿其

4万元，而张某则要求其补偿50万元。为此，某有限公司与张某之间因合同纠纷产生了激烈的矛盾冲突，双方都请来一些社会闲杂人员在公司门前对峙，试图用暴力方式来解决。街道综治办和派出所等部门迅速赶到现场，经多方做工作，制止了恶性事件的发生，双方也同意通过调解方式来解决。最终，街道综治办、司法所、派出所和社区工作站人员在该公司二楼会议室就双方合同纠纷进行调解。在调解过程中，双方就补偿金数额问题展开了激烈的争论，但因各自都不肯做出让步，调处僵持不下。如继续调处，双方对抗情绪会越来越强烈，这样只会使情况变得更糟糕。于是调解人员马上改变策略，分别叫开双方当事者，在小房间里分别给当事者做思想工作，分析其利弊关系，很快僵局被打破，双方愿意做出让步，调解员趁热打铁，以法理相结合的方式反复调处，终于促使双方达成协议：由某有限公司一次性补偿一定金额给张某，店内所有设备归某有限公司所有，店内所用货物归张某所有，双方当场签订协议书。一场由合同引发的纠纷被巧妙化解。

上述案例中，由于矛盾纠纷比较激烈，双方明显存在着很强烈的对抗情绪，都不肯做出让步。尽管人民调解员尝试着采取面对面的方法进行调解，但结果不理想。在这种情况下，人民调解员采取背靠背的调解法，分别叫开双方当事者，在小房间里分别给当事者做思想工作，分析其利弊关系，打破僵局，促使双方做出了让步，并最终达成了协议。

（二）运用背靠背调解法的基本要求

背靠背调解法一般针对当事人之间对抗性比较强、双方的"火气"都很大、情绪波动大、对事实的认识出入大、分歧也较大、难以沟通的纠纷。在这种情况下，让双方当事人面对面地摆事实、讲道理，不但互相听不进去，反而会使纠纷加剧。因此，人民调解员要分别倾听当事人对纠纷的看法和各自所持的态度，考察双方的共同点和差异，寻找调解的突破口，然后分别对双方当事人进行说服、教育，逐步使双方的分歧缩小，并形成双方都能接受的调解方案，促使调解成功。

四、换位思考法的运用

（一）换位思考法的基本含义

换位思考法，就是在解决纠纷时，使调解人员和当事人都能设身处地地站在对方的立场上体会和思考问题，体察对方的感受和态度，形成与对方在情感上的交流，从而理解对方并改变自己的观点、态度和做法，使问题得到圆满的解决。换位思考法一般针对刚愎自用、固执己见、争强好胜的当事人之间的纠纷而采用。

从解决纠纷的具体情况来看，换位思考法的具体适用主要表现在两个方面：

一是人民调解员的换位思考，即人民调解员要站在纠纷当事人双方的立场和角度，促使当事人全面解决纠纷；二是当事人之间的换位思考，即人民调解员引导、启发纠纷当事人相互站在对方的立场上考虑问题。

1. 人民调解员的换位思考。人民调解员在调解民间纠纷时站在当事人双方的立场和角度进行调解是非常重要的。因为人民调解员在进行调解时，只有从当事人双方的立场和角度来思考，才能真正理解他们的感受及想法，才能知道怎样去进行调解，不至于在调解时引起当事人的对抗。只有站在双方当事人的立场和角度和当事人进行真诚交流，让当事人感觉到调解员是从当事人的利益出发的，当事人才会信任人民调解员，从而消除对人民调解员的抵触心理，调解才能取得成效。如果人民调解员在调解时不了解当事人的立场、感受及想法，只是急于追求调解成功而硬性调解，那么成功的概率是很小的，甚至会引起当事人的不满。

例如，小芳自幼父母离异，一直跟随母亲生活。今年要上初中，可母亲却以生活困难为由不再让她继续上学。于是小芳找到人民调解委员会，希望能帮她说服母亲让其读书。尽管在人民调解员多次劝说后，小芳母亲仍不同意让小芳再继续上学，但是调解员并没有气馁，而是继续思索说服小芳母亲的方法。调解员认为，每个母亲一定都希望自己的孩子比自己生活得更好。那么，小芳的母亲为什么不让小芳再继续上学了呢？她是怎么想的呢？于是，调解员不再直接劝说小芳的母亲，而是和她聊天。当聊到村里其他人因为懂技术、有文化都富起来了，小芳的母亲因为自己没技术仍然受穷时，调解员趁机劝说小芳的母亲，一步一步地引导："你为什么不让小芳上学呢？因为你家里生活困难。为什么你家里生活困难呢？是因为你没文化。如果你不让小芳上学，小芳也会没有文化，将来过得可能会比你还苦。你的今天也就是小芳的明天。"调解员的这些话对小芳的母亲触动很大，她终于同意让小芳继续上学。

该案中，人民调解员就是通过换位思考，设身处地地站在当事人的角度感受、分析当事人可能的想法，最终说服当事人，使调解取得了很好的效果。

人民调解员采用换位思考法进行调解，主要是在调解过程中，但也可体现在调解协议的达成过程中。即在提出调解方案或引导当事人达成调解协议时，站在当事人的立场，设身处地、将心比心地思考矛盾产生的原因、解决问题的关键和当事人所能接受的向对方让步的底线，从而提出当事人都能接受的调解方案，或促使当事人达成调解协议。

2. 当事人之间的换位思考。人民调解员在调解民间纠纷时，除了自己站在双方当事人的立场和角度进行调解外，还要引导、启发当事人之间进行换位思考，只有这样才能使调解顺利进行。

例如，某青年歌唱演员在某小区租住一套房屋，每天晚上都要练唱到深夜两三点钟，搅得附近居民都无法正常休息。大家纷纷向调委会反映，于是人民调解员劝说该青年歌唱演员不要影响大家休息。该青年歌唱演员当时也听从劝解，可没过几天，又恢复如初，于是人民调解员又劝解。如是反复几次。最后，人民调解员对该青年歌唱演员说："如果你经常半夜被人烦扰，不能好好休息，你会怎么想？"该青年歌唱演员幡然悔悟，从此不再扰民。该案中，人民调解员在多次劝说无效的情况下，通过提出适当问题的方式，让当事人自己去体会对方的感受，从而使当事人从思想根源上转变看法。这就是当事人之间换位思考方法的具体运用。

作为民间纠纷的当事人，一般都会存在着本位和利己的思想，都想在纠纷中获得最大利益。因此，在纠纷调解过程中都会出于自身利益考虑，互不相让，很容易造成矛盾激化，不利于纠纷解决。但是，如果人民调解员引导、启发当事人在考虑自己得失的同时，也站在对方的立场上设身处地地体会对方的感受，将心比心，以真诚换取真诚，以信任换取信任，就会很自然地为当事人营造出相互融通的心理氛围，便于纠纷的调解。正如俗话所说，"要想公道，打个颠倒"。

（二）运用换位思考法的基本要求

人民调解员在采用引导、启发当事人相互进行换位思考的方法进行调解时，一方面要求当事人要善于从公正客观的角度出发，考虑纠纷的具体情况，寻求合理的解决方法；另一方面要向当事人描述对方的处境，讲述出当事人所不了解的对方的苦衷，并通过类似"如果你是对方，会怎么办""如果是你，你将会……"或者"如果你的亲属是对方，会怎么样"的假设性问题，引导当事人思索对方的立场、感受和想法。值得注意的是，人民调解员引导、启发当事人互相之间进行换位思考，并不是直接告诉当事人对方的想法及感受，而是应当通过告知对方的处境等背景资料和不断提出适当的问题的方式进行引导，让当事人自己体会对方的感受，得出正确的结论。这种主动的思考可以减少由于当事人对调解员的抵触或不信任而可能对调解造成的消极影响。

人民调解员采用换位思考的方法，要给当事人灌输"凡事都要全面看问题"的观点，告诉当事人面对纠纷既要考虑自己的理由和利益，又要考虑对方的想法和感受。只有双方都能设身处地地站在对方的角度去思考、去感受、去体会，才会明白对方的想法也是情理之中的事，才能进行有效的沟通。换位思考，实质上是促使双方相互理解，消除对抗情绪，从而达成和解。

五、褒扬激励法的运用

（一）褒扬激励法的基本含义

褒扬激励法，就是对纠纷当事人本身所具有的优点和长处或者在该纠纷中表现出来的正确做法进行表扬激励，从而调动当事人的积极性，使当事人之间的纠

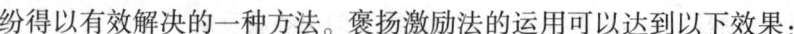

纷得以有效解决的一种方法。褒扬激励法的运用可以达到以下效果：

1. 平稳当事人的情绪。喜欢接受表扬是每个正常人固有的心理特征。每个人都希望得到别人的支持和肯定，而对批评一般都比较反感。因此，当纠纷出现后，人民调解员通过对当事人表扬激励，使当事人的抵触心理得以缓解，使当事人激动的情绪趋于平静。这样，就可以为调解工作创造一个良好的氛围。

例如，张某对外散布谣言说李某和赵某有不正当关系。为此，李某大怒，拿起菜刀就要和张某对峙，如果不及时予以制止，后果将十分严重。人民调解员闻讯后急忙赶来，首先夺下李某的菜刀。在没有完全了解事实真相的情况下，人民调解员先对李某说："人们都知道你是个明白人，今天怎么做出这么糊涂的事来呢？不管怎么说，拿刀砍人都是不对的，否则出了事后悔也来不及。另外，人们都知道你的为人，你这样做一定事出有因，但你也不要太冲动。等我把事情调查清楚，做一个公正的处理。如果你有委屈，我一定还你一个公道。"最终，在人民调解员的劝解下，李某情绪平稳下来，没有再去找张某，并且表示愿意由人民调解员帮助处理。

该案中，人民调解员针对李某情绪激动这一状况，首先决定稳定李某的情绪。通过褒扬激励法，人民调解员借人们的口肯定李某是个明白人，不应做糊涂事，使其情绪有所缓解。接着进一步借助大家的评价，劝解李某要冷静，要查清真相，从而使李某的情绪恢复，接受了人民调解员的建议。

2. 缩短人民调解员和当事人之间的距离。采用褒扬激励法还可以缩短人民调解员和当事人之间的距离，赢得当事人的信任，从而有利于调解。对于纠纷当事人来讲，由于他们之间的利益是对立的，相互之间的想法是不同的，因此，他们很难在纠纷过程中照顾对方情绪。特别是在情绪激动的情况下，一般双方言语都比较激烈，很容易伤害对方，结果就可能导致纠纷激化。而人民调解员作为一个独立、公正的第三方，一般不会引起纠纷当事人的抵触情绪，其赞扬的话反而容易引起当事人的共鸣，人民调解员也就能够取得当事人的信任，并会被当事人看作是"一伙的"。也只有取得当事人的信任，当事人才会容易接受人民调解员的劝解。此时，当事人也会较平静地向人民调解员讲述自己的观点，表明自己的态度，调解也就容易取得成功。

例如，老刘被孙家的狗咬伤，要求孙家为其花钱治疗。孙家交付了第一次治疗的医药费，而老刘再次治疗的时候，孙家就不再出医药费了。为此，双方产生争执，矛盾冲突一度升级。人民调解员介入后，首先对双方当事人依法调解，特别是向孙家讲解饲养动物造成他人损害要承担责任的有关法律规定，又对孙家的主人孙某说："老刘第一次治疗的时候，你及时交付医药费是非常正确的，特别是在当时你并不知道法律规定的情况下那样做，恰恰表明了你不仅凭良心做事，注重情感，还表现出了你作为一个共产党员所具有的良好的素质。但老刘是因为被你家的狗咬伤未痊愈才继续进行治疗的，这后续治疗的有关费用你也应该继续承担，这才是你为人处世应有的品格。"最终，孙家承担了相关费用。

该案中，人民调解员根据孙家的所作所为，公正客观地评价了孙某的优秀品质，使得孙某感到人民调解员看到了他的闪光点，从而信服人民调解员，愿意接受人民调解员的调解。

3. 通过褒扬激励法，还可以堵住当事人反复的后路。对当事人给予肯定的评价，会使当事人以此为衡量自己行为的标准，从而不会做出与此相悖的行为。例如：甲和乙早年离异，其3岁的孩子小兵随母亲乙一起生活。甲一直未再婚。当甲年老后，要求小兵对其赡养，遭小兵拒绝。人民调解员知道后，主动介入，找小兵谈话。首先对小兵进行《民法典》的教育，随后了解到小兵很孝顺，对母亲早逝未能尽孝感到遗憾和愧疚。基于此，人民调解员及时劝解小兵："大家都知道你是个孝顺的孩子，因为未能对母亲尽孝而感到遗憾和愧疚，而你完全可以通过孝顺你父亲来弥补。而且你父母离异有他们自身的原因，你不能因此就不赡养你父亲，《民法典》也规定你有义务赡养你父亲。如果你不赡养，别人怎么看你？你以后还会遗憾和愧疚的。"最后，小兵在调解人员的耐心教育、劝说之下，表示愿意对甲予以赡养。该案中，人民调解员抓住小兵孝顺的优点进行劝解，对其说明如果不赡养甲将来也会遗憾和愧疚这一事实，从而使小兵有所触动，决定赡养甲，也使小兵以后不致反复。

（二）运用褒扬激励法的基本要求

1. 使用褒扬激励法需要注意以下技巧：①不能无中生有地奉承或进行虚伪的称赞。对当事人的赞扬应该是针对当事人实实在在、真真切切的优点或长处，是当事人自己认可的闪光点。如果是进行无中生有的奉承或进行虚伪的称赞，可能会被当事人误解，以为是讽刺，最终不信任调解员，导致事与愿违。要做到切实地赞扬当事人，需要对当事人有一定的了解，因此，调解之前，一定要尽量熟悉当事人，分析当事人的性格特点。②对当事人的赞扬、激励要注意分寸。即对当事人的赞扬、激励要恰如其分，不能夸大。否则，当事人会怀疑你的真诚，从而影响调解的效果。③人民调解员可以选择多种多样的赞扬的方法。人民调解员可以直接肯定当事人的优点，这样产生的效果更直接；也可以通过间接表扬的方式达到预想的效果。例如，可引用当事人尊重信任的其他人对他的评价，也可引用大家对他的一致看法，甚至引用对方当事人对他的客观积极的评价。

2. 当对纠纷当事人在该纠纷中表现出来的正确做法进行表扬激励的时候，如果纠纷当事人在该纠纷中有做得不对的地方，人民调解员也要指出来，这种解决问题的方法我们可以称之为二分法。

也就是说，人民调解员对这类纠纷进行调解时，不能一味地赞扬激励。这样只会助长纠纷当事人的气势，反而不利于调解。因此，人民调解员在对这类纠纷进行调解时，一定要注意当事人行为的两面性，对正确的方面要充分给予肯定，对错误的方面要进行必要的批评。

一般来讲，任何纠纷的当事人的行为都不会是绝对正确的或绝对错误的，都会表现为两面性，既有做得对的一面，也有做得错的一面。此时，人民调解员就要善于把握这种两面性：通过对当事人对的方面的肯定，容易拉近人民调解员和当事人之间的关系，也会平息当事人的激动情绪，使当事人愿意接受人民调解员的调解；而通过对当事人错的方面的批评，可以说服当事人放弃、改正错误的做法，使当事人之间的分歧缩小，有利于调解的成功。

例如，小张家的水龙头坏了，于是来到邻居小王家，请小王帮忙修理。小王正在吃饭，听到小张的请求，放下手中的碗筷来到小张家给他修水龙头。不巧的是，小张一大意把一个坏的水龙头递给了小王。小王安装好后就回家了，之后小张去朋友家做客离开了家。结果，来水时水龙头一直流水不止，导致小张家的家具遭水浸泡，而小王家的院墙最终也未能幸免而倒塌。小王很气愤，找小张协商解决。小张正为自家的家具被水浸泡而烦恼不已，见小王来了，于是没好气地说："你家院墙倒塌是因为你没修好水龙头，你应该自己负责。现在我的家具也损坏了，也应该由你赔偿。"结果两人争吵起来，最后大打出手，小王还把小张打伤了。人民调解员介入后，对小王说："你帮助小张修水龙头说明你是一个热心人，人们都会尊重你。但有什么事应该互相商量，你打人就不对了。"接着又对小张说："小王热心帮你修水龙头，你反过来还让人家赔偿你，以后谁还会来帮你忙？你家的水龙头流水造成小王家的院墙倒塌，说明你有过错，侵犯了他人的财产权。根据《民法典》的规定，你要对你的行为后果承担责任。"最终，在人民调解员的说服、劝解下，双方都承认了自己的错误，达成了调解协议：小王赔偿小张医药费，小张负责小王院墙倒塌的损失。

本案中，人民调解员对小王就是运用了二分法，先是肯定了小王热心助人的做法，使小王情绪稳定并且能够听从人民调解员的劝解；接着，人民调解员指出了小王的错误做法，让小王认识到了自己的错误，并在对小张劝解的基础上使双方调解成功。

运用二分法，人民调解员必须站在公正、中立的立场上客观、真实地对当事人的行为作出评价，既不能过分夸大当事人正确的做法，也不能过分强调当事人错误的做法，只有这样才能使当事人服从调解。同时，二分法的运用也说明了人民调解员在调解过程中既不能只肯定当事人正确的做法而忽视其错误的做法，这样会纵容当事人，导致当事人的要求过高、当事人之间的分歧加大而不易调解；

也不能忽视当事人正确的做法而一味强调其错误做法，这样会引起当事人的反感，也不利于调解。

六、唤起旧情法的运用

（一）唤起旧情法的基本含义

唤起旧情法，就是针对具有感情基础的纠纷当事人，让他们回忆从前相处、共同生活或者共同经历的情与景，使其重温过去的美好时光，再现同舟共济、相互包容、相互理解、相互支持的历程，体会到他们从前的深厚感情，从而产生心灵触动，使纠纷得以解决的调解方法。

这种方法一般适用于同事、朋友、家庭、婚姻等具有感情基础的当事人之间的纠纷。当同事之间、朋友之间、父母子女之间、兄弟姐妹之间、夫妻之间出现纠纷时，基于一时的气愤或情绪激动，一方当事人一般不会顾及他们之间的友情、亲情、血缘关系，往往会与对方强烈对峙，甚至恶语相加。但是，一般情况下，他们之间的纠纷并不是不可协调、不可化解的，只是由于双方一时的、不理性的行为导致冲突，他们之间有着广泛的和好空间。怎么样促使他们和好并解决矛盾？无疑需要人民调解员引导当事人回忆从前相处的时光，唤起他们的感情，通过情感触动，让纠纷当事人想到对方的好，从而对自己的行为进行反思，最终妥协或回心转意。

例如，赵某和钱某原是一对恩爱的夫妻，但后来因为家庭琐事经常起摩擦，并导致夫妻争吵进一步升级，关系一度恶化到要离婚的程度。人民调解员知道后，着手对双方进行调解。调解员了解到双方过去的感情基础一直较好，并调查清楚了他们之间的矛盾起因。于是采用唤起旧情法，首先帮助他们回忆了过去恋爱时的浪漫经历和婚后生活的美好时光，并且讲到他们的互相关爱大家都看在眼里，都很羡慕。接着，人民调解员又委婉地指出了他们的错误，说事情发展到这一步是不应该的，今天的幸福生活应该珍惜。人不能总站在自己的角度考虑问题，不能总是挑对方的错，总认为自己是对的，尤其夫妻生活本来就没有谁是谁非。要多想想对方的优点、对方的好处。调解员通过不断让他们回想以前的恩爱生活，拉近他们的感情距离，最终使他们认识到自己的错误并重归于好。

（二）运用唤起旧情法的基本要求

该种方法的运用是基于纠纷当事人之间有着较好的感情基础，他们之间的纠纷可能通过情感的因素得到化解。因此，人民调解员如果运用该种方法进行调解，事前一定要做好充分的调查工作，首先，了解纠纷当事人之间是否有着较好的感情基础。其次，充分掌握纠纷当事人之间相处或共同生活的经历，即掌握大量的第一手材料。这样才能够恰当地运用该种方法，并运用手中掌握的材料达到唤起旧情的效果。如果纠纷当事人之间没有良好的感情基础，则不能运用该种方法，否则，结果可能适得其反。

七、冷处理法的运用

（一）冷处理法的基本含义

冷处理法，就是人民调解员对当事人要求解决的纠纷不要急于着手调解，而是想办法使当事人先冷静下来，待其心平气和后再进行调解的方法。

这种方法一般针对比较激烈的纠纷，这类纠纷的当事人一般文化水平较低，或者脾气暴躁，容易冲动、失去理智。当纠纷发生时，纠纷当事人情绪一般都比较激动，表现出剑拔弩张、势不两立的态势，谁的意见都听不进去。此时如果急于调解，很难对当事人进行有效的说服劝导，反而可能会由于处置不当而导致矛盾激化，甚至调解员也会深陷其中。

因此，接手这类纠纷后，人民调解员并不需要立即着手实施调解，而应先采取有效方法和策略，制止事态扩大或蔓延。然后，把纠纷放一放，给当事人一个缓冲的时间，稳定一下情绪，缓解一下紧张的气氛。这样当事人的心态会逐渐平静，不再那么偏执、冲动、固执己见。此时，人民调解员再依照法律法规对当事人进行耐心细致的说服教育，调解协议就比较容易达成。

例如，某工厂刚开工不久，将一工程承包给某包工头。该包工头组织包工队完成承包事项后，工厂将所有款项全部结清。在包工队准备离开的前一天晚上，因天气炎热，一名工人去工地附近的水库游泳（水库有警示标语），结果淹死了。死者家属从外地赶来，强烈要求政府解决此事。镇政府对此高度重视，找到厂方。但厂方认为死者与厂方已无任何关系，死者的死亡完全是死者自己的责任，厂方不存在任何过错，因此拒绝赔偿。此时，死者家属情绪激动，事态有愈演愈烈之势。镇政府让司法所着手解决该纠纷。针对死者家属激动的情绪，司法所让死者家属先回去考虑一天，第二天再来调解。第二天来调解时，司法所调解人员向死者家属耐心讲解法律法规，说明死者行为的性质，劝解家属不要感情用事。同时，司法所调解人员又对厂方做工作，说明死者及家属的不幸与不易，希望厂方顾全大局，建议厂方对死者家属给予人道援助。经过调解，厂方给付死者家属 2 万元，又承担了死者家属的往来路费、住宿费等，纠纷得到圆满解决。

在此案中，面对死者家属的激愤情绪，人民调解员知道如果马上就调解，死者家属的要求是很难得到满足的，调解是很难成功的。因此，人民调解员采取了冷处理法，先让死者家属回去考虑，经过一天的时间，死者家属的情绪平静下来，也能冷静对待该纠纷了，在此基础上，人民调解员再对双方做思想工作，从而使纠纷得到解决。

（二）运用冷处理法的基本要求

面对需要采用冷处理法的纠纷，人民调解员首先要做到临阵不乱、冷静思

考，注意缜密把握纠纷事态的发展，及时采取措施。因为在这样的纠纷刚开始的时候，场面一般都会比较激烈或混乱。面对这样的局面，人民调解员如果自己先恐慌，是无法进行调解的。而且，不冷静就无法理性地采取相应措施，人民调解员就不能发挥应有的作用，甚至可能导致纠纷进一步激化。所以，面对这种情况，人民调解员本身的素质和应变能力及处理问题的能力至关重要。

八、重点突破法的运用

重点突破法，就是指抓住纠纷中的重点作为解决纠纷的突破口，从而有效地解决纠纷的方法。具体表现为：抓住主要矛盾进行调解、抓住关键人物进行调解或者采取先易后难、逐个击破的方法进行调解。根据选择的重点的不同，重点突破法可以分为以下几种具体方法：

（一）抓住主要矛盾法

1. 抓住主要矛盾法的基本含义。抓住主要矛盾法，是指人民调解员在进行调解时，依照纠纷的具体情况，抓住纠纷发展过程中起决定作用的矛盾进行调解的方法。抓住主要矛盾进行调解一般表现为抓住当事人最关心的核心问题进行调解。

有些民间纠纷是极其复杂的，有时表现为发生的原因错综复杂，有时表现为在纠纷中存在多个矛盾。特别是在群体性的纠纷中表现得更突出。一般来讲，在一个纠纷中存在的多个矛盾之间往往有着千丝万缕的联系，其中一个矛盾解决了，就意味着其他矛盾也将迎刃而解，或者欲解决某一矛盾要以其他矛盾的解决为前提。此时，人民调解员要通过全面了解纠纷情况，发现对解决纠纷起关键作用的主要矛盾。抓住主要矛盾进行调解，也就等于抓住了调解工作的重点或关键，就会使得调解工作不至于"胡子眉毛一起抓"，毫无章法，而是有的放矢地进行。

抓住主要矛盾进行调解，是事物发展的客观要求，它符合唯物辩证法的基本原理。只有抓住主要矛盾，才能把握纠纷的本质和发展趋势，并带动和促进其他矛盾的解决。同时，抓住主要矛盾进行调解，能够掌控纠纷的发展和变化，掌握工作主动权，并有针对性地化解纠纷，提高效率。否则，就会使得调解工作无从下手，或者不分轻重缓急，被动应付。可见，抓住主要矛盾调解法是一种非常有效的工作方法。

例如，村民李某承包村里一处土地种植花卉后，竟多占土地建房出租。村主任找其多次协商让其退还多占土地并给村里补偿，或者就多占土地按工业用地标准补交租金及水电费。李某认为他这么做，前任书记和村主任都没有反对，不同意退还。村委会于是对其停水停电，导致其花卉枯萎。李某找到镇调委会要求解决。经过调查，调解员认识到这次纠纷的发生是由于李某思想上转不过弯，存在着错误认识。如果做好李某的思想工作，其他问题也就解决了。于是，调解员向李某宣传我国的《土地承包法》，又对其动之以情、晓之以理。最终，李某和村里达成了协议。

该案中，调解员抓住做好李某思想工作这一主要矛盾来进行调解，使李某认识到了自己的错误，从而接受了村委会的意见，村委会也对其恢复了水电供应，纠纷得以彻底解决。

2. 运用抓住主要矛盾法的基本要求。

（1）采用抓住主要矛盾进行调解法，人民调解员要立足于对纠纷的全局和整体的深刻认识和准确把握。只有正确把握和认识纠纷的全局和整体，才能发现主要矛盾。而要做到正确把握和认识纠纷的全局和整体，一方面要注重调查研究，尽可能全面地收集和纠纷有关的资料；另一方面，人民调解员还要善于观察、洞悉，准确把握影响矛盾纠纷的主要问题。此外，人民调解员还必须站在"旁观者"的位置上，保持客观中立的立场。只有这样，人民调解员才不会受环境影响，不会被纠纷当事人的情绪影响，从而保持冷静的头脑，在纷繁复杂的纠纷中快速理顺来龙去脉，透过现象把握本质，抓住影响纠纷的关键，及时解决。

例如，王家与周家承包的土地相邻，王家一直认为周家侵占了自己的承包地，导致两家纠纷不断，矛盾逐步加剧。之后，人民调解员介入调解，但从合同的内容和当事人陈述上无法作出判断。为了找出矛盾的症结，人民调解员亲自到承包地进行勘测，终于找出问题所在——原来是合同不规范而造成的纠纷。通过调解，矛盾最终得到解决。

该案中，针对是否侵占承包地，人民调解员首先向当事人了解情况并查看合同。在无法判断的情况下，又实际丈量土地，经过仔细的核算，终于发现是合同交代得不清楚而导致当事人的认识有偏差，并针对实际勘察的结果向当事人作了说明，最终真相大白。正是人民调解员保持冷静的思考，通过耐心细致的观察，准确把握了影响纠纷的主要问题，才使问题得到解决。

（2）人民调解员要想运用好这一调解方法，既要善于捕捉主要矛盾，注意采取有效措施集中力量解决好主要矛盾，又要注意根据纠纷的发展变化，判断主要矛盾和次要矛盾的转化，调整自己对主要矛盾的认识，修正调解方案，有效掌握调解工作的主动权。

（3）抓住主要矛盾进行调解，只是意味着人民调解员要分清工作的主次和轻重缓急，安排好调解工作的重心和解决问题的顺序。抓住主要矛盾进行调解并不意味着忽视次要矛盾的解决。因为，有时次要矛盾解决不好，会导致主要矛盾激化，使纠纷变复杂。所以，人民调解员在调解民间纠纷时，不仅要抓主要矛盾，把握关键，还要统筹兼顾，注意处理好次要矛盾，即遵循哲学的一般原理：

抓重点、带一般。

（二）抓住关键人物法

1. 抓住关键人物法的基本含义。抓住关键人物法，就是抓住纠纷当事人中起关键作用的人物，首先对其进行说服、劝解，形成初步调解结果，从而带动其他纠纷当事人接受该调解结果的方法。

在某些群体性的纠纷中，某些纠纷当事人往往对纠纷的性质、事态并不起多大影响，他们往往追随着某些纠纷当事人，听从或者参考这些纠纷当事人的意见，见机行事，随波逐流。因此，在调解时，只要集中力量，突破这些"关键"当事人的防线，那么整个纠纷也就容易解决了。

例如，某水产贸易有限公司在一村庄附近抽取地下水，结果造成地质下陷，该村 38 间房屋遭受不同程度的损害，水产贸易有限公司与该村也因此产生矛盾纠纷。当地人民调解委员会知道这一情况后，赶往现场了解情况，告诉村民如果进行诉讼，则要出费聘请地质部门对当地进行地质鉴定，同时还要证明地质下陷与抽水之间存在着因果关系，这是比较困难的。而如果接受调解，则可能得到双方都满意的结果。最终，双方当事人都愿意接受调解。人民调解员在调解过程中，除了对群众进行法律法规的宣传外，如果对每个村民都一一进行调解，难度会很大，也会增加负担。在调查过程中，人民调解员发现有两户村民甲和乙在村庄中的群众基础较好，有一定的威望，于是集中力量首先做好这两户村民的思想工作，与这两户村民达成了调解协议。最终在这两户村民的带动下，38 户村民都与水产贸易有限公司签订了赔偿协议。水产贸易有限公司共赔偿 38 户村民 16 万元，其中最高的获得 3.6 元赔偿。

该案中，村民甲和乙是这起纠纷的关键人物，其他村民都是认可这两户村民的意见的，如果这两户村民的问题解决了，其他人的问题自然就解决了。发现这一关键后，人民调解员马上调整调解方案，集中精力做这两户村民的调解工作，终于使这起群体性纠纷圆满解决。

2. 运用抓住关键人物法的基本要求。该种方法的运用，应首先确定谁是纠纷中的关键人物。只有确定了谁是纠纷中的关键人物，才能集中精力对其进行突破。这就要求人民调解员必须通过细致的调查，了解每一个纠纷当事人的具体情况，特别是每一个纠纷当事人在纠纷中的地位和作用，找出影响纠纷解决的关键人物。只有这样，才能有效地抓住关键人物进行调解。

（三）先易后难、逐个击破法

1. 先易后难、逐个击破法的基本含义。采用先易后难、逐个击破的方法进行调解，就是在人民调解组织和调解人员对纠纷进行调解时，先对纠纷中比较容易接受调解的当事人进行调解，达成调解协议，然后再对较难接受调解的当事人进行说服、劝导，最终使调解成功。

例如，某地一水电站被一老板承包。2009 年 5 月，天降大雨，为防止水电站遭受损害，该老板聘请十几个人对水电站进行维修。在维修过程中，水坝裂开，导致 2 名维修工人被水冲走死亡。死者家属找到当地镇政府，强烈要求赔偿。镇政府当即联系司法所等有关单位召开联合会议，会议决定由司法所负责调解。

由于围观群众越来越多，事态有扩大的趋势，于是司法所首先清除不利场面，安排死者家属到指定地点调解。在调解过程中，两死者家属提出了不同的赔偿要求，一死者家属要求赔偿 30 万元，另一死者家属要求赔偿 22 万元（根据相关的法律规定，要求赔偿 30 万元的最多获赔 22 万~23 万元，要求赔偿 22 万元的最多可获赔 17 万元）。对此，承包水电站的老板也愿意作出赔偿，但因这一事件导致其自身的财产损失惨重，经济承受能力降低，无法满足死者家属的要求，致调解陷入僵持阶段。

这时，司法所发现要求赔偿 22 万元的死者家属情绪不是很激动，也很讲事理，认为先从这一家入手也许能取得希望的效果。于是，司法所采取"背靠背"的调解方法，先把这两家分开，开始着重对要求赔偿 22 万元的死者家属进行调解。一方面安抚其心理，另一方面对其讲解法律法规，动之以情，晓之以理，告之提出过高的要求不一定能得到满足。最终，经过调解，这家获得 16.5 万元的赔偿。紧接着，司法所又做另一死者家属的调解工作，在司法所的努力下，另一死者家属参照已达成调解协议的前一家的情况，最终获得 22.5 万元的赔偿，调解获得圆满成功。承包老板也通过调解摆脱了困境，决定对当地再进行 30 年的投资，而当地镇政府也将获利 2000 万元。

2. 先易后难、逐个击破法的具体运用和基本要求。在民间纠纷中，不同的纠纷当事人文化水平、个人素质、脾气禀性都不同，在接受调解时的反应也就有所不同：有的当事人比较明白事理，容易接受调解；有的当事人比较激动，不易接受调解。针对这种情况，人民调解员就可以采用先易后难、逐个击破的方法进行调解。具体而言：当不同的纠纷当事人对解决纠纷的态度不同时，人民调解员可以通过"背靠背"的方法，先对容易接受调解的纠纷当事人动之以情、晓之以理，达成调解协议。然后再对其他纠纷当事人进行说服教育，在调解成功的当事人的调解结果的基础上，让其他当事人知晓调解的底线，知道再无理取闹也不会有结果，从而最终接受人民调解员的建议。

值得强调的是，采用先易后难、逐个击破的方法进行调解，首先要采用"背靠背"的方法，即把纠纷当事人分开，分别进行说服教育，只有这样才符合逐个击破的要求。因为，这种方法的本质决定了纠纷当事人在一起时是不可能逐个击破的。也就是说，当纠纷当事人在一起时，即使有一方纠纷当事人懂事理、讲道理，但当着另一方纠纷当事人的面也不会轻易地作出让步，并且，另一方当事人还会对他有看法。人民调解员当着另一方纠纷当事人的面，对懂事理、讲道理的一方纠纷当事人进行劝解、教育，要求其作出让步、接受某种调解结果时，另一方纠纷当事人有可能会在人民调解员调解的过程中进行干扰；另外，当着另一方纠纷当事人的面，对懂事理、讲道理的一方纠纷当事人进行调解，另一方纠纷当事人知道了人民调解员进行调解的具体情况，可能导致该纠纷当事人形成反向对策，反而给调解带来困难。

九、舆论压力法的运用

（一）舆论压力法的基本含义

舆论压力法，就是人民调解员在进行调解时，通过提示当事人关注周围的人对此事的看法和评价，给纠纷当事人造成一种压力，使得纠纷当事人放弃自己不正当的要求，从而达成调解的方法。

例如，某村村民钱某不赡养他年迈的母亲，已经在当地引起人们的议论，人们经常在背后对钱某指指点点。后来，钱某的母亲找到司法所，请司法所帮助解决赡养问题。调解员及时找到钱某，向其宣传我国《民法典》婚姻家庭编的规定，劝说钱某对老人尽赡养义务。最后，调解员告诉了钱某人们对他的评价，他的行为已经引起了人们的反感，如果仍然这样下去，人们就会疏远他、孤立他，他将不被人们接受。这样，以后他在和人们的交往中将面临很大的困难，甚至很难在当地生活下去。听了调解员的劝说，钱某的触动很大，感到了舆论的压力。最后，钱某承担起对母亲的赡养义务。

舆论压力法的运用，一般可以考虑两种情况：一种情况是"熟人社会"。主要表现为在乡村、单位内，甚至城市生活小区内发生的纠纷。这些区域内的人，地缘比较接近，甚至都生活在同一个圈子里，住在"同一屋檐下"，彼此之间"低头不见抬头见"。按照我国"熟人社会"传统文化的特点，"熟人社会"圈子内的人们一般都很在意周围的人对他们的道德评价。这将会影响到他们今后的交往行为，因为任何一个淳朴的人都不会和一个道德品质很差的人交往。一个人如果脱离群体，很难想象其心理、情绪等精神状况将是何等的痛苦。因此，"熟人社会"里公众的舆论对一个人改变自己的错误观点和做法会有一定的积极影响。所以，针对"熟人社会"里发生的纠纷，人民调解员可以充分利用熟人舆论的压力，对纠纷当事人进行说服、教育，促使纠纷当事人让步，促成调解。另一种情况是纠纷当事人为知名人士。知名人士的行为往往更容易引起社会的关注，而且关注的范围更广、程度更深，因此，知名人士更注重自己的行为和形象，以避免给公众留下不好的印象，影响自己的发展。因此，当纠纷当事人为知名人士时，人民调解员一定要善于利用公众舆论的力量，促使知名当事人时刻注意自己的形象，不要有过分的要求，并最终促成调解的成功。

（二）运用舆论压力法的基本要求

运用舆论压力法进行调解，要注意做到以下两点：①人民调解员一定要掌握公众对此纠纷是什么看法的信息。只有掌握了纠纷的有关舆论信息，才能充分利用这些信息。②要注意分辨哪些舆论是正确的，哪些舆论是错误的。因为公众的舆论并不都是一致的。人的文化水平、道德观念、法律素养不同，对问题的看法也就不同。因此，当一个纠纷出现后，不同的人往往会对其有不同的看法。所以，对于某一纠纷的公众评价，人民调解员要从法律、道德等层面进行分析、判断：如果主流舆论符合法律、道德的要求，是积极向上、有利于调解的，人民调解员就要充分利用，进而形成较好的处理结果；如果人们对纠纷的议论不符合法律或者道德的要求，就不能借助这些舆论进行调解，只能从正确的一面对当事人进行引导。

十、依法申请适用行政、司法等手段的运用

（一）依法申请适用行政、司法等手段的基本含义

依法申请适用行政、司法等手段，是指在适当情况下要依靠行政、司法等手段解决纠纷。也就是，某些民间纠纷基于纠纷当事人的个人原因，单纯地对其进行说服教育已经起不到调解的效果，还需要政府及相关部门在合法的前提下，运用罚款、限制人身自由或者其他行政、司法手段解决纠纷。

有些民间纠纷已不属于单纯的矛盾冲突问题，而是上升到严重违法的边缘，甚至就是一种犯罪行为。例如，有的纠纷当事人无理取闹、挑起事端就是想获取不正当利益。因此，对他们进行说服教育，有时效果甚微。在这种情况下，就需要借助国家权力，适当运用行政、司法等手段，以对其形成威慑，在此基础上再进行调解，才会取得好的效果。

例如，某村委会与当地镇政府共同开发了一个海滩项目。镇政府决定将这一海滩出租给某一老板承包，村委会没有任何意见，但该村村民不同意。于是在签合同的当天，村民组织起来阻止合同的签订，并堵塞公路，导致当地公路不能通行，严重影响了当地的社会秩序。在这种情况下，当地司法所介入，了解了有关情况，开始对当地群众进行说服教育，进行疏散。通过各方的努力，最终终止了合同并重新发包。此时，仍有一些人故意捣乱，阻挠承包工作的进行。他们出钱雇人闹事，哄抢海滩设施，事态有进一步扩大的趋势。司法所了解到这些人并没有诚意解决问题，而是在无事生非，他们的行为已经违反了《治安管理处罚法》。于是司法所请求当地公安部门协助，公安部门带走了5名带头闹事的人。但第二天，该村村民又在一些人的带领下堵塞公路。司法所了解情况后，赶赴现场，向群众解释情况，宣传法律，强调利害关系，2个小时后，聚集的群众由

200 人减少到 20 人。最终，这些不听劝阻的村民仍由警察负责处理，事态得到了控制。

这一纠纷由承包海滩引起，但事态的发展已经超出了纠纷的性质，单纯地依靠调解人员说服教育无法使纠纷得到圆满解决。因此，为平息这一事件，司法所请求公安机关介入，采取行政手段先后带走了 25 名聚众闹事的人。与此同时，司法所继续用调解的方式对闹事群众做工作，使大部分不明真相和不懂法的人最终疏散，使问题得到解决。该案说明在特定情况下对纠纷采用行政、司法等手段，效果更好。

（二）依法申请适用行政、司法等手段的基本要求

依法申请适用行政、司法等手段解决纠纷，必须把握好以下原则：

1. 纠纷当事人具有严重违法的情节。由于适用行政、司法等手段主要表现为罚款、限制纠纷当事人的人身自由或者其他强制性行为，因此，只有纠纷当事人具有严重违法情节，才有运用行政、司法等手段的可能性。如果纠纷当事人没有严重违法情节，则不能运用该种方法，只能采用其他的方法或者途径解决纠纷当事人之间的纠纷。否则，容易造成对纠纷当事人正当权益的侵犯。

2. 在采用其他人民调解的方法不能解决问题时，再考虑适用行政、司法等手段的运用。也就是，面对这类纠纷，人民调解员仍然要争取采取说服教育的方法促使纠纷当事人平息纠纷，争取以缓和的途径解决问题。只有采取说服教育的方法不足以改变纠纷当事人的态度时，才能运用行政、司法等手段解决纠纷。

3. 保证申请适用行政、司法等手段的合法性。即运用行政、司法等手段进行调解时，必须保证适用该方法的条件、手段和程序的合法性，以免造成对纠纷当事人权利的侵犯或者引起不可预测的结果。也就是说，运用该方法要符合纠纷当事人有严重违法行为的条件，适用行政、司法等手段是法律允许的方式，其程序要符合法律要求。否则，该种方法的运用将会适得其反。比如，某一当事人并没有严重违法行为，只是态度恶劣、较难调解，如果对该当事人采取行政、司法等手段，不仅缺乏合法依据，造成侵权，而且背离了调解的宗旨和目的，必将导致调解不能成功。

十一、模糊处理法的运用

（一）模糊处理法的基本含义

模糊处理法，是指人民调解员调解纠纷时，对纠纷当事人之间的一些非原则性问题，并不进行细致的分析和探究，而是做出粗线条的处理。也就是人们常说的"宜粗不宜细"。

由于民间纠纷所涉及的某些事实并不能清晰地进行判断，或者纠纷的处理结果不宜绝对地"一是一，二是二"。如果在这些枝节问题上斤斤计较，反而会影

响调解的效果。采用模糊处理法就可以避免这些问题。模糊处理法并非无原则的调解，同样需要建立在以法律和政策为依据、分清是非责任的基础上。

（二）模糊处理法的基本表现和运用要求

人民调解组织和调解员开展调解工作过程时要善于针对矛盾纠纷的不同情况，采用不同的模糊处理方法：

1. 模糊表述。在纠纷的调解过程中，难免会碰到一些问题不宜做出非此即彼的判断。在这种情况下，态度鲜明地表态是不必要的。此时，就应进行模糊表述。而且，现实生活中大量现象的模糊性以及人的某些认识的模糊性，也决定了某些问题模糊表述的必要性。在纠纷调解时更是如此，特别是对一些一时难以分辨或难以启齿的问题，运用模糊表述的方法效果会好一些。

例如，甲乙两人是一对感情很好的夫妻。乙怀孕后，因为不注意，导致胎儿先天畸形。乙为此很内疚，感到对不起丈夫甲，于是决定拿掉孩子。但为了不增加丈夫的心理负担，并没有把这一情况告诉丈夫甲。结果甲知道后，非常愤怒，与乙大吵一顿。乙则感到很委屈，也不向甲作出解释，而是恶语相向，说甲没男人味，不值得她稀罕，随便找一个也会比他强。最后，甲找到调解员讲述了他们夫妻争吵的事情，让调解员评理。

在这种情况下，调解员并不了解事实的真相，如果仅根据甲的陈述就贸然说谁对谁错肯定会导致严重的后果，但调解员又不能不发表意见。于是，调解员并不直接说谁对谁错，而是说："孩子没有了，谁都不好受。讲一些过火的话是难免的。我想你肯定也说了过头的话。现在关键是要先弄清楚她为什么要拿掉孩子，说不定她有苦衷呢！"

在这里，调解员实际上是对事情本身进行了实事求是的评价，以便让甲感到调解员是理解他的。同时体现了用模糊的语言回避了甲要求评理的做法，强调要了解事实真相，从而避免了调解员直接表态可能导致出现错误判断的后果。最终，在调解员的劝说下，甲情绪稳定下来，并通过调解员了解了事实的真相。

2. 模糊传达的双方信息。对于那些当事人双方意见分歧较大、情绪波动大、对抗较严重的民间纠纷，人民调解员对于双方陈述的事实、表达的要求要适当"过滤"后再传达给对方。这样就可以避免当事人分歧和对立的升级。

例如，甲乙两人是邻居，经常因一些鸡毛蒜皮的事争吵而不和睦。有一天，甲家的鸡飞过墙头吃了乙家晒在院子里的谷子，导致两家冲突加剧，互不相让。人民调解员介入调解，了解双方的态度。乙家说："甲家在村子里蛮横不讲理是出了名的，这次一定要他家服软，给我家赔礼道歉，还要赔偿我家的损失。"对此，人民调解员就不能将原话，特别是乙家对甲家的怨气告诉甲家，否则只会加剧矛盾，不利于调解，而只能结合法律强调乙家的要求，劝解甲家接受。

当然，双方信息的模糊传达并不是说人民调解员可以随意地传达当事人双方的信息，如果过于模糊导致传达的信息脱离了当事人的原意或者引起对方的错误认识，则会对调解产生负面影响。因此，双方信息的模糊传达不能离谱，要保证其不违背一般的道德规范、不违背纠纷当事人表达信息的基本意思。双方信息的模糊传达实质上是当事人以人民调解员为媒介的一种交流方式。所以，适应调解的要求，既要不激化纠纷双方当事人的矛盾，又要实现交流的效果。

3. 模糊调查。人民调解员在调查此类纠纷的具体情况时，特别是在了解纠纷的具体事实时，不要企图把纠纷发生过程中的每一个事实、每一个细节、当事人的每一个行为以及所说的每一句话都调查得清清楚楚，这既没有必要也不可能。所以，要采用一种模糊的方式对纠纷事实进行调查，其调查程度只要基本脉络清晰、基本事实清楚、足以分清是非责任就可以了，某些不易查清且不影响纠纷当事人责任认定的事实可以忽略。

例如，小王与小李经人介绍认识并确立恋爱关系。双方在恋爱过程中，小王给小李送过彩礼和不少其他财物。后两人分手，小王要求小李退还彩礼和财物，小李拒不退还。为此双方产生纠纷，并不断激化。人民调解员在进行调解时，认为小王经常性地给小李送财物的事实和数量是难以调查的，而且这部分财物是小王完全自愿赠送的，于是决定对这部分不再坚持调查。调解员通过对小王讲解《民法典》婚姻编中关于恋爱期间的往来财物视为赠与的规定，让小王放弃对这部分财物的退还请求。而对彩礼的金额则找到了双方的家长及相关人员进行了调查与核实，又对双方当事人讲解彩礼应当返还的法律规定，促使双方达成了返还彩礼的协议，使纠纷圆满解决。

本案中，人民调解员就采用了模糊调查的方法调解了纠纷。由于双方争议的财物核实起来比较困难，而且这部分财物的调查结果对纠纷的处理并不产生实质影响，再加上女方不认账，人民调解员在此事上非要弄个水落石出是不必要的。于是人民调解员没有坚持对其进行很细致的调查，而是通过讲解法律的相关规定让当事人放弃这部分请求。对于容易调查的彩礼，人民调解员则进行了细致的调查，明确了金额，结合法律的规定，明确了双方的责任，使调解得以成功。

4. 模糊调解。模糊调解强调在调解过程中，人民调解员只要在大是大非的基础上，使当事人双方的权利和义务得到保障和明确、协议得以达成就可以了，不需要对任何问题都面面俱到、查证属实并严格区分责任。因为，对责任的严格区分有时是不可能的：有些纠纷确实很难确定纠纷双方当事人的责任；有些纠纷如果严格区分责任，并绝对地要纠纷当事人承担责任是不现实的。这样的做法往往导致调解不成功。所以，在有些情况下，人民调解员要求纠纷当事人承担的责任只要基本符合法律的规定，双方当事人没有异议就可以了。当然，模糊调解并不等于"和稀泥",调解的基本原则还是要坚持的,谁是谁非也必须分清楚。

例如,在某居民小区居住的王某的 10 岁的孩子从八楼自家的阳台上往外扔碎玻璃,导致在楼下行走的张老伯被刺穿头部死亡。为此,张老伯的子女找到王某,要求赔偿,双方产生纠纷。为防止矛盾激化,人民调解员介入调解。人民调解员首先向双方当事人宣传民法的相关规定,明确了双方的责任。但在赔偿数额上双方分歧很大:张老伯的子女要求王某赔偿 10 万元,但王某因为家境困难只愿赔偿 3 万元。在人民调解员的进一步调解下,双方都做出了让步:张老伯的子女降到 7 万元,王某加到 5 万元。随后双方拒绝再让步,张老伯的子女的情绪再次激动。在这种情况下,人民调解员一面让物业公司登门对张老伯的子女进行慰问,一面继续做他们的工作,说他们做出让步表明他们是懂事理的人,有遇事谦让的美好品格,希望他们体谅对方的难处,再一次发扬风格,适当照顾对方的实际困难。接着又要求王某体谅受害者丧失亲人的悲痛心情,更何况责任完全在己方。最后,在人民调解员的努力下,最终以 5.5 万元的赔偿额达成协议。

该案中,人民调解员并没有按照法律的规定准确计算赔偿数额,而是通过模糊调解,在分清是非责任的基础上,对双方当事人从情、法、理方面进行说服、劝解,根据当事人的实际情况,形成了一个双方都能接受并能实际执行的调解结果。

5. 模糊批评。模糊批评就是在调解过程中,对当事人的模糊行为、错误思想,在适当的时机和场合指出来,但不过分指责和死死抓住不放,而是强调"点到为止"。

例如,田某和姜某是上下楼的邻居,田某住在三楼,姜某住在二楼,因一些小事经常起摩擦,姜某经常指桑骂槐地指责田某。田某忍无可忍,于是通过向自家卫生间的墙缝灌水,使水渗透到姜家,致使姜家无法居住,导致矛盾激化。姜家求助人民调解员,要求帮助解决纠纷。对此,人民调解员一面安抚双方的情绪,一面做他们的思想工作。在调解过程中,人民调解员并不急于求成,而是通过模糊批评的方法,让双方改变错误的认识。首先让田某查看姜家受淹情况,引导田某认识到自己的错误,使其后悔自己的所作所为,又引导姜某反省自己的行为,让其认识到其行为也是错误的,会影响邻里关系,最终使纠纷得到解决。

模糊批评实质上就是既适时、适当地指出纠纷当事人的错误,又让纠纷当事人接受,不致让当事人感觉人民调解员是专门针对自己的缺点、错误进行说教。要程度适当,恰到好处。

十二、依靠多种社会力量协助调解法的运用

(一)依靠多种社会力量协助调解法的基本含义

依靠多种社会力量协助调解法,就是指在调解过程中,除了依靠人民调解员自身的力量进行调解外，还需取得当事人的亲友和当地有威望的人以及其他社会力量的支持和帮助，从而完成调解的方法。

例如，某社区的危电改造开始动工。当外线施工架设铁管到张某家时，遭其阻拦。理由是铁管上的雨水会溅到他家的空调室外机上，可能会造成空调机损坏。张某这一行为致使其他居民也以此为理由阻拦施工。调解员介入后，首先说服了其他居民支持施工。但由于张某的个性较强，思想工作不好开展，调解员就找到张某的母亲和妻子，让她们一起做张某的思想工作，同时邀请平时和张某谈得来的赵某也参与说服工作。最后，在大家的共同努力下，张某不再阻拦施工。

该案中，调解员调动了当事人的亲属、朋友等多方面的力量参与调解，取得了调解工作的圆满成功。

一个调解员或者一个调解组织的能力和水平总是有限的，有时对民间纠纷的调解单纯依靠一个调解员或者一个调解组织是远远不够的，特别是一些涉及面广、难度较大的纠纷。因此，如果人民调解员善于动员当事人的亲友以及有威望的人或者其他多种社会力量协助调解，纠纷往往会由难变易。

（二）依靠多种社会力量协助调解法的具体表现

依靠多种社会力量协助调解具体表现为以下几个方面：

1. 依靠当事人的亲友。人民调解员要善于动员当事人的亲友协助调解。当事人的亲友一般是指与当事人关系密切的亲戚和朋友。他们因为与当事人的关系比较密切，彼此之间存在着一定的信任基础，依靠他们协助调解，容易为当事人所接受。特别是这些人对当事人的状况也比较熟悉，能够抓住问题的症结，对症下药，再加上感情亲近，有利于说服当事人，易取得较好的效果。

例如，村民甲擅自占用公用通道堆放物品，影响他人通行。受影响的人们多次和甲交涉，要求甲疏通通道，但甲非常固执，谁的话都不听，继续占用公用通道堆放物品。于是，这些人找到人民调解员，要求人民调解员做甲的工作。人民调解员多次从法律、情理的角度对甲进行说服教育，也没有效果。这时，人民调解员通过了解得知村民甲与村民乙的关系特别好，村民乙的话对村民甲一般很有作用。于是，人民调解员找到乙，对其讲述了甲的情况，又对其讲解了相邻关系的法律规定，希望其能从大局出发，劝说甲改正错误。乙当即拍胸脯表示帮忙。最后，在乙的劝说下，甲搬走了堆放的物品，疏通了占用的通道，方便了他人的通行。

2. 依靠当事人家族中或者当地有威望的人。人民调解员还要善于依靠那些在当事人家族中或者在当地有威望的人对当事人进行说服、劝解。在当事人家族中或者在当地有威望的人，是指那些社会经验丰富、明白事理、会处理事情，在当事人家族中或者在当地有影响并受到尊重的人。依靠这样的人对纠纷当事人进

行调解，纠纷当事人基于对这些人的尊重和信赖，往往能够听得进这些人讲的话，接受某种调解结果。因此，依靠那些在当事人家族中或者在当地有威望的人对当事人进行说服、劝解，可能效果会更佳。

例如，2009年7月的一天，住在某村的张氏兄弟二人因分家产产生矛盾，都想自己多得到一些家产。最后，他们找到了该村人民调解委员会，请求解决他们之间的问题。该村人民调解委员会派人民调解员对他们之间的纠纷进行调解。人民调解员给他们摆事实，讲道理，动之以情，晓之以理，并对他们进行相关法律规定的宣传。但不管人民调解员怎么努力，他们兄弟二人就是互不让步，纠纷处在僵持状态。这时，人民调解员了解到：张氏兄弟二人所在的家族中，有一个长辈，不仅见识广，而且在家族中很有影响力。张氏兄弟二人对这个长辈也很尊重，平时也愿意接受这位长辈的劝解。于是，人民调解员找到这位长辈，希望他协助解决张氏兄弟二人之间的纠纷。这位长辈欣然接受。张氏兄弟二人的这位长辈首先对张氏兄弟二人进行了一番批评教育，指出他们为了家产而反目成仇实在不应该，这只会让别人看笑话，兄弟之间本应和睦相处、互谅互让。然后，这位长辈针对他们的家产如何分割提出了具体的建议。在这位长辈的劝解下，张氏兄弟二人认识到自己的不对，觉得非常惭愧，最后互相妥协、道歉，按照这位长辈的建议进行了家产的分割。最终纠纷得以圆满解决。

3. 依靠媒体的力量。人民调解员在实施具体纠纷的调解过程中要善于依靠媒体的力量。因为有些纠纷当事人可能什么都不在乎，但就怕被媒体曝光。因此，在调解时，有时依赖媒体力量，效果会很好。

例如，某花园别墅业主擅自在两栋别墅相邻的地方建围墙，影响其他别墅的通风和采光。被执法队强令拆除后，该业主与其他业主矛盾激化，该业主经常制造一些事端。人民调解委员会介入调解后，该业主不接受调解，矛盾日趋激化。这时，人民调解员分析，在别墅区居住的人，大都明白事理，而且该业主是律师，很要面子，于是考虑通过媒体将此事曝光。人民调解员找到当地法制报的记者报道了此事。该业主感受到了压力，主动要求和解，向其他业主道歉。一宗已激化的纠纷在媒体的参与下终于得到彻底解决。

4. 依靠相关部门。如果碰到特别复杂的纠纷，人民调解员可请求相关部门到场协助，联合调解。目前实行联合调解的纠纷越来越多，根据纠纷的情况不同，可分别由当事人所在单位、行业协会、当事人居住地的基层组织、政府有关部门与人民调解组织一同调解，或者多个部门联合调解。

例如，某外资企业因效益不好，决定裁掉100名工人，这100名工人于是向该外资企业要求赔偿，在赔偿数额没有达到他们要求的情况下，与该外资企业产生矛盾。由于这些工人认为自己的诉求一直得不到满足，且感到该外资企业对他们的诉求不认真对待，总是敷衍，这100名工人情绪激动起来，准备上访，甚至有一部分工人已经走上街头，情况十分紧急。由于该纠纷人数多、影响大、涉及面广，街道党工委非常重视，组织街道人民调解委员会、司法所、综治办、劳动保障所、派出所、相关社区工作站以及企业负责人立即赶赴现场进行调处。区劳动监察、劳动仲裁等部门也及时介入调解。最终，在调委会人员和相关部门工作人员的耐心说服教育之下，上访群众返回企业参加调解，并最终使纠纷得到圆满解决。该案的成功之处在于多方的参与，使纠纷的彻底解决获得了有力的支持。如果没有政府有关部门的配合，单靠人民调解组织的力量是远远不能解决好该类纠纷的。

（三）运用依靠多种社会力量协助调解法的基本要求

人民调解员运用该方法进行调解时，主要有以下两个方面的基本要求：①要注意照顾当事人的情绪，避免盲目依靠他人调解引起当事人的不满，造成不好的后果。因为有些纠纷当事人可能不希望别人知道他的纠纷情况，更不希望别人介入到他的纠纷中来。人民调解员如果硬要依靠他人进行调解，只能起到相反的效果。②要求协助调解的人从当事人的利益和社会安定团结的大局出发，运用法律和政策，自愿提供帮助和支持，公正、客观地劝服当事人。人民调解员依靠多种社会力量协助调解，目的在于借助这些社会力量促使纠纷当事人作出让步，接受调解。但是，人民调解员所依赖的这些社会力量，特别是纠纷当事人的亲友和纠纷当事人有着亲密关系，如果他们不能秉着客观、公正的态度协助人民调解员进行调解，不能从当事人的利益和社会安定团结的大局出发进行调解，是不能起到预期效果的，甚至可能帮倒忙，不仅起不到好的作用，反而会使纠纷越来越复杂。

上述人民调解的具体方法是人民调解过程中经常使用的一些方法。上述方法彼此之间并不是孤立的。这些方法可以根据纠纷的具体情况结合起来共同使用，即在一个纠纷中可同时使用两种以上的调解方法，特别是在复杂纠纷的调处过程中，尤为必要。例如，本单元"导入案例"中的纠纷的解决，就可能涉及要运用依靠多种社会力量协助调解法、重点突破法、舆论压力法、褒扬激励法、背靠背调解法、面对面调解法等。具体而言，针对已经聚集在一起、情绪激动并扬言要去堵路、示威的向阳小区居民，首先，要运用依靠多种社会力量协助调解的方法，依靠公安部门、政府有关部门疏散群众，平息小区居民的激动情绪。其次，运用重点突破法，抓住主要矛盾，解决关键问题。由于向阳小区居民情绪激动，聚集在一起并扬言要去堵路、示威是因为停水、停电，而水电对于居民的生活来讲是最重要的，恢复了水电供应，居民的情绪自然就稳定下来，就可以避免矛盾激化。所以，人民调解员要先和水利部门、电力部门沟通，解决好水电问题，这也就意味着该纠纷解决了一半。接下来，就是解决方圆物业管理公司挪用物业管理费用、小区居民拒交管理费用、小区欠水电费用、祥云物业管理公司未能尽职服务等问题。这些问题不彻底解决，纠纷仍会激化。这时，可运用"背靠背"的调解方法，对不同的纠纷当事人分别进行说服、劝解：对方圆物业管理公司，可运用舆论压力法等，让其从维护自己形象的角度考虑返还物业管理费；对祥云物业管理公司，可运用舆论压力法、褒扬激励法，劝其交纳水电费、尽服务职责；对小区居民，可运用重点突破法中的抓住关键人物和先易后难、逐个击破的方法以及褒扬激励法劝其交纳管理费，平息纠纷。最后，当问题解决后，把有关纠纷当事人安排到一起，面对面地进行沟通，形成该纠纷的最后协议，并就以后如何和睦相处和交流提出建议，给予勉励。通过调解人员的上述大量调解工作的开展，纠纷最终得以圆满解决。

调解人员在调处纠纷时，除了运用上述具体方法外，在丰富的实践活动中，正在凭着他们的智慧逐渐发现、总结、提炼更多灵活有效的方法。随着人民调解工作的成熟，人民调解的具体方法也必将越来越多。当然，对于调解人员来讲，要想真正掌握人民调解具体运用的方法，除了要在理论上正确理解外，还必须经历大量的调解实践活动的锤炼。

学习情境

【案例1】 某镇米酒厂生产的米酒远近驰名，该厂近年生意一直很好，为某镇某村的经济发展做出了一定的贡献。米酒厂在经营米酒生产的同时还兼营养猪。由于排污措施做得不好，猪场流出的污水污染了部分村民赖以灌溉农田和饮用的清水渠，不少村民对此意见很大，并要求酒厂老板关某整改排污设施，但酒厂老板对此不以为然，认为这只是个别村民无事生非挑起的纠纷。

2009年夏天的一天，该村四十多名村民聚集在米酒厂前，每人手拿锄头等农具，扬言要强行拆除酒厂和猪场。酒厂方也毫不示弱，认为村民故意上门闹事，召集全厂十多名工人与村民对峙。双方剑拔弩张，械斗一触即发。

问题： 如果你是一名人民调解员，你准备采用什么方法对该纠纷进行调解？

【案例2】 某社区人民调解信息员在2009年10月份的矛盾纠纷排查中发现6名妇女正在辖区某大厦天台上悲声痛哭，随时准备跳楼自杀，情况紧急。该街道调委会接报后立即赶到现场，了解事件起因，寻求化解途径，同时向领导做了紧急汇报。在街道党工委的直接指示下，街道综治、城管办、司法所、治安办和执法队等部门会同调委会现场调处纠纷，化解矛盾。

原来，该大厦开发商和承包商未经批准擅自改变大厦使用功能，将一楼改作商铺承包给多位租户做生意，事先收取了各种押金14多万元。结果租户生意还没开张，违建商铺就被城管执法队依法查处。开发商和承包商拒绝返还押金。眼看生意做不成，钱又收不回来，6名女租户情绪激动，爬到四楼天台以自杀相要挟。

问题：如果你是一名人民调解员，你准备采用什么方法对该纠纷进行调解？

【案例3】2008年春节前夕，某社区某建筑公司门口聚集了三十余名工人静坐。社区调解员马上赶到现场了解情况。原来，他们是某建筑工地小包工头谢某雇请的工人。这几天该项建筑工程完工，大家找谢某结算工资，结果谢某突然不见了踪影。眼看年关将至，只好请发包方某建筑工程公司协助他们寻找谢某。工人们告诉调解员，他们在这里已经等了两天，还没有打听到谢某的消息，大家正商量准备到政府上访讨个公道。调解员意识到情况严重，一边稳住工人的情绪，一边向街道劳动所报告。

街道劳动所的工作人员接报后，立即赶到现场。经向某建筑工程公司的负责人调查，了解到该公司3天前已将三十多位民工的工资13.5万元交给了谢某。调查中还发现，未经工商登记的谢某不具备用工主体资格，也未按规定与民工们签订劳动合同，没有留下任何承包工程的相关资料，甚至连工人的出工时数、个人工值等都没有登记造册。劳动监察员初步怀疑谢某携款潜逃。看到某建筑公司负责人和政府工作人员神色凝重，工人们内心焦急，情绪也激动起来。他们把某建筑公司的负责人团团围住，不断叫喊："你们公司监管不力，应负全部责任。我们要工钱！我们要血汗钱！"某建筑工程公司的负责人分辩说工程款已拨给了谢某，工人们应该找谢某算账，公司没有责任，也没有钱再支付你们的工资。双方态度对立，形势一触即发。失望的工人们开始控制不住自己的情绪，有的要追某建筑公司的负责人，有的准备动身到市政府上访。

问题：如果你是一名人民调解员，你准备采用什么方法对该纠纷进行调解？

【案例4】2009年8月，76岁高龄的张伯将其拥有的红日广场的一间商铺以每月20 800元的价格租给齐某经营音像制品。张伯却没想到会因此惹下了一身麻烦。3个月过去了，齐某一直都没有给张伯交租金，反让张伯垫付了七千余元的管理费、电费。张伯不断与齐某交涉，并欲按约定终止与齐某的合同。但齐某仍拒交租金，并辩称其不交租金是因为张伯没有提供银行账号给他，还反咬一口说张伯借故提前终止合同，并向张伯纠缠，扬言要张伯补偿5万元才愿意将铺位交回。后来张伯退让一步，租金不追究，只要求齐某退回铺位。张伯一度申请法院对财产进行查封保全，但在法院执行时，齐某竟纠集二十多人进行阻挠，使查封不了了之。事后齐某还在铺位铁闸门上写上"此铺位仍在打官司，不能出租，如有租用，定招麻烦"字样，并对前来洽谈的租户进行恐吓，仍拒不交铺。"从来没有遇到过这样的恶租户。"张伯气愤地说。在万般无奈的情况下，抱着试试看的想法，张伯来到了该地商业步行街人民调解委员会。

问题：如果你是一名人民调解员，你准备采用什么方法对该纠纷进行调解？

 **工作任务**

模拟调解，体会人民调解方法的适用。

实训步骤

1. 按角色需要对学生进行分组。
2. 让各组学生自行分配角色并开展讨论。
3. 各组学生按角色任务拟定调解方案，灵活选择、有效运用调解方法。
4. 实施模拟调解。
5. 学生自我评价实训效果。
6. 教师点评、总结实训活动情况。

思考与练习

1. 在人民调解过程中，常用的人民调解方法有哪些？
2. 如何运用重点突破的方法进行调解？
3. "面对面"调解法和"背靠背"调解法运用的条件是什么？它们相互转换的条件是什么？
4. 换位思考包括几种情形？如何运用换位思考的方法进行调解？
5. 怎样理解和运用苗头预测法进行人民调解？

【案例1】住在某社区某山庄的张老太在自家阳台防盗网上挂了一面八卦镜"避邪"。镜子正对着王老太家的大门。王老太非常不高兴，心想你避邪也不能影响我们家的风水啊。但是人家在自家阳台上挂镜子，自己有什么理由去干涉呢。于是王老太只好忍着。

不料，八卦镜挂了不到一个月，王老太就病了，住院花了近二千元。出院后王老太直接找到物管公司调解小组，要求张老太把镜子取下来，并支付她的医疗费用。调解小组组长、山庄业主委员会罗主任接到投诉后，立即带着两名调解员到张老太家中了解情况，做她的思想工作："……张大姐，挂八卦镜避邪那是搞封建迷信，能不能取下来？""迷信？什么迷信，祖辈们都是这样做的，我在自己家里挂，跟别人没关系。你们真是多管闲事！"张老太冷冷应对，没有给任何商量的余地。

调解员无奈只好回过头来做王老太的工作。谁知王老太一听到张家不愿取下镜子，非常生气，连门都不让进。两位老太太的意见分歧太大，而且态度都很坚决。

问题：你作为调解员应怎么办？

【**案例2**】2009年4月，某街道调委会接到社区工作站报来的信息称，辖区某工厂八十多名工人因不满工厂终止劳动合同，准备上访。街道党工委非常重视，组织调委会成员单位司法所、综治办、劳动保障所、派出所、相关社区工作站以及有关公司负责人立即赶赴现场进行调处。区劳动监察、劳动仲裁等部门相关工作人员也及时介入调解，为纠纷的彻底解决提供了有力支持。

经调查，涉事工厂成立于1988年，是一家从事来料加工业务的外资企业。该厂现有员工四百余人，86名工人因劳动合同终止要求解决社保、工伤、劳动合同争议等问题，与厂方发生矛盾。该纠纷人数多、影响大、波及面广、处理不好可能引起工人以非正常手段维权甚至导致矛盾激化等后果，因此该调委会及时制定了应急预案。在街道调委会主持下，经过多轮谈判，厂方于5月11日作出部分赔偿方案，但是由于标准较低遭到工人拒绝。当天，部分工人走上街头，打算上访市政府。

问题：作为调解员，遇到这种情况应该怎么解决？

拓展阅读书目

1. 本书编写组编：《人民调解工作的方法与技巧》，中国法制出版社2003年版。

2. 王红梅编著：《新编人民调解工作技巧》，中国政法大学出版社2006年版。

3. 宋才发、刘玉民主编：《调解要点与技巧总论》，人民法院出版社2007年版。

4. 何兵：《现代社会的纠纷解决》，法律出版社2003年版。

5. 宋朝武等编著：《调解立法研究》，中国政法大学出版社2008年版。

6. 左卫民等：《变革时代的纠纷解决：法学与社会学的初步考察》，北京大学出版社2007年版。

7. 吴卫军等：《现状与走向：和谐社会视野中的纠纷解决机制》，中国检察出版社2006年版。

8. 范愉：《纠纷解决的理论与实践》，清华大学出版社2007年版。

单元五习题库

单元六　人民调解技巧的运用

知识目标

● 熟悉影响纠纷调解效果的不同因素；掌握人民调解不同技巧的运用。

能力目标

● 能在人民调解过程中熟练运用人民调解的不同技巧。

○ **导入案例**

在现实生活中，社区的邻里间难免会出现一些矛盾和纠纷，如果处理不当，或多或少会影响社区安定。其实，邻里纠纷都是些小事，因双方互不相让才导致矛盾激化。邻里间都应当遵循"方便生活、团结友善、公平合理"的原则正确处理相互间的通行、通风、采光、卫生、噪音和互不干扰等相邻关系。如给对方造成妨碍或损失的，应当停止侵害、赔礼道歉、赔偿损失。当然，要解决好邻里纠纷，需要采取有效的方式和途径。人民调解作为一种方便高效、经济实用的纠纷处理方式，在处理邻里纠纷中发挥着重要的作用。因为人民调解委员会分布在我国城乡的大街小巷，贴近群众的生活；人民调解工作人员是生活在群众身边的人，他们了解、熟悉周围群众；人民调解能快捷方便地满足群众的需要，维护邻里关系的和谐稳定，促进社会的健康文明。

2009年2月，邢女士与同楼邻室退休工人李某发生争吵，原因是，刚搬到此处不久的邢女士已年近七十岁又患有严重的心脏病，上下楼要用双手扶着楼梯，而家门口的扶手被邻居的堆放物挡着，手又够不着门，有几次差点摔倒。于是她敲开了邻居的门，要求李某把东西搬走。李某说："这些东西已放这好几年了，你凭什么让我搬走？"邢女士说："这是公用过道，东西又放在我家门口，我有权利让你搬走！"话不投机半句多，双方很快争吵起来。不仅事情没有解决，两家反倒成了路人，互不往来。于是，邢女士找到居委会，居委会工作人员去了几次，也没能解决。无奈，邢女士向司法所反映了情况，请求法律帮助。司法所介入调解。调解人员先到现场勘察，再到物业查找相关的规定，并向其他居民及居委会干部了解情况。随后又找来了李某，告诉他相关的规定，指出在公用过道堆放私人物品是不对的，按照小区物业管理条例的规定是违规的，地面有仓房，东西完全可以放进去，为什么非放在过道里？再说这些东西又不是经常用。这时李某道出了实情：老伴儿患了脑血栓行动不便，他不在家时方便取用。调解人员耐心地说："你的想法可以理解，但你的做法是不对的。"并进一步开导他："你只考虑自己方便，影响了他人正常出入，造成他人生活不便，这是不对的，是不合理的；作为邻居你也应该替别人想一想，你方便了，她就不方便了，万一造成火灾或者人身伤亡，你要负法律责任的，再说你们都这把年纪了，为一点小事大吵大闹，你们想想会给其他邻居造成什么影响，给子女留下什么印象？这于理于法都说不过去，应尽快将东西搬走。"听了这些话，李某答应回去好好想想，第二天给个答复。第二天，李某找来子女搬走了杂物并向邢女士道歉。邢女士也向李某表示，自己骂人也不对，以后大家就是好邻居。

问题：调解委员会工作人员是如何运用调解技巧处理好这起纠纷的？

基础知识

在调解工作实践中，经常会出现这样的情况：在调解同种类型、同等难度的民间纠纷时，尽管甲乙两名人民调解员采用的调解手段、运用的调解方法和遵循的调解程序大致相同，但调解结果却迥然不同。甲调解员又快又好地解决了纠纷，而乙调解员却事倍功半，久调不决。原因何在？一项调解工作的顺利完成取决于多种因素，其中一个重要的因素就是调解人员的调解方式和技巧。在调解不同类型的纠纷时，除了要运用不同的调解方法，还要根据纠纷的具体情况采用不同的调解技巧，只有把调解方法和调解技巧有机结合起来，才有助于达到事半功倍、顺利完成调解工作的目的。

技巧就是基本方法的灵活运用。它属于"方法"的一个范畴，主要是指对一种生活或工作方法的熟练和灵活运用。人民调解的技巧，就是人民调解员在调解工作中所掌握和运用的巧妙的工作技能。调解技巧在内容上主要包括两个方面：一是纠纷要素的运用技巧，是指调解员对纠纷的要素所具有的特点（如时间、地点或人员特点等）加以分析并巧妙运用的技能；二是语言的运用技巧，是指调解员巧妙地运用语言来进行调解、化解纠纷的技能。一名优秀的调解员既要熟练掌握各种调解方法，还要能够灵活运用各种调解技巧。调解方法和调解技巧既有密切的联系，又有一定的差异。调解方法主要指调解的途径、步骤、手段，具有一定的宏观性和战略性；而调解技巧主要指调解过程中所运用的一些巧妙的技能，相比较而言，其微观性和战术性更强。

一、时间要素的运用技巧

（一）时间要素技巧的内涵

时间要素技巧，是指纠纷的发生和解决都有一定的时间规律可循，调解人员要根据纠纷的时间要素和其他特点来选择恰当的时机进行工作，以取得最佳的工作效果。

民间纠纷中所涉及的时间要素，主要包括三个方面：纠纷发生的时间、纠纷持续的时间和调解纠纷的时机。民间纠纷发生的时间往往具有季节规律，它是调解人员做好预防工作所必须掌握的。民间纠纷持续的时间，往往说明了民间纠纷的复杂程度和调解工作的难易程度。对于持续时间长、隔阂深、问题比较复杂的纠纷，调解人员要做好持续作战的准备。调解纠纷的时机包括两个方面的内容：①对于持续时间长、久未解决的纠纷，调解人员要选取最佳时机再一次进行调解；②在调解纠纷的过程中，调解人员要把握好说话的时机。在调解中运用时间要素的技巧，主要包括纠纷发生的时间预测技巧、调解纠纷的时机把握技巧等。

（二）时间要素技巧的运用

1. 纠纷发生的预测技巧。民间纠纷的发生有较大的偶然性，但其实也有规律可循。有经验的调解员往往可以预测某种纠纷在某个时间段发生的可能性，从而提前做好准备或及时开展预防工作以避免纠纷的发生。

有些民事纠纷的发生、发展具有季节性。例如，在农村收种、生产紧张的季节就容易发生以下纠纷：农田水利纠纷，草场、牲畜纠纷，农用物资纠纷，春耕费用的借贷纠纷等。而在农闲季节容易发生的纠纷就不同了，如宅基地纠纷、婚姻家庭纠纷、邻里纠纷等。把握了这些纠纷的时令规律，人民调解组织和工作人员就可以做到有效地预测、及时地预防、避免和减少纠纷的发生。

例如，某镇是远近闻名的服装生产基地，镇内私营、个体、外商投资的服装加工厂云集，外来务工人员数量庞大。虽然经过多年的整治，但拖欠劳务工资的现象仍有发生，个别还酿成较大规模的群体性事件。2009年元旦过后，镇司法所工作人员根据多年经验，推测在春节前的这一段时间，拖欠工资的事件和纠纷容易爆发。基于这种判断和预测，镇司法所决定将排查、预防拖欠工资纠纷作为本阶段的中心工作，尽最大可能减少、控制这类纠纷的发生。镇司法所动员了全镇所有的人民调解委员会的工作人员，深入镇内大小企业，宣传相关法律和政策，了解各企业年前工资的发放情况和计划，做好深入细致的思想工作，发现有因资金等困难而可能拖欠工资的，及时向司法所和上级政府机关汇报。司法所的司法助理员也多次到镇里的重点大企业做工作。经过多方努力，该镇本年度因拖欠工资而引起的纠纷在数量上明显下降，大规模的群体性纠纷一起也没有发生。这一成绩的取得，与司法所及各调解委员会对该类纠纷的准确预测和及时、深入的预防工作分不开。

有些民事纠纷的发生与其他一些事件的发生具有关联性。例如，在重大工程建设过程中就容易发生以下纠纷：征地补偿和拆迁安置纠纷、工程建设中的环境污染纠纷、民工工资发放矛盾纠纷等。对于这些关联性事件的准确把握也是做好预测、预防工作的重要技巧之一。

所以，人民调解组织和工作人员要善于总结经验，善于总结规律。根据不同纠纷的特点和规律制定有针对性的策略和应对方案，做到抓早、抓小、抓苗头、抓及时，把矛盾遏制在萌芽状态，把纠纷解决在襁褓之中，防患于未然。

2. 调解的时机把握技巧。做好调解工作要把握好五个时机：①受理当事人的调解申请时。当事人首次到司法所申请调解纠纷，一般都抱着能在这里成功调解的期望。大多数人对纠纷处理及结果都没有充分的思考和酝酿，对相关事实的陈述往往还处在"第一时间"，比较真实、可靠。此时，如果受理双方当事人的调解申请，在事实没有多大分歧的情况下，调解很容易成功。②当事人陈述纠纷事实后。此时，双方当事人对对方的观点及争议有了基本的认识，已能够比较理智、客观地对待纠纷，从而提高了调解的可能性，调解人员要及时形成调解建议，有的放矢地进行引导和调解。③调解进行中。在这一阶段，纠纷事实（特别是关键事实）已经明确，调解人员要重点宣讲有关的法律规定，让当事人对照有关法律法规，认识自己在此纠纷中的对错是非，当事人心中有了底，就可为调解打下有力的基础，调解人员要抓住时机趁热打铁。④制作调解协议时。由于调解的纠纷一般都涉及权利义务内容，因此，当事人都比较看重书面调解协议。在前几个阶段的调解基础上，各自的权利义务也已明确，调解人员要抓住这一时机，抓紧制作调解协议书，及时促成双方当事人达成调解协议并签名。⑤调解协议履行时。调解人员应根据案件情况及当事人特点，尽力促成调解协议当场履行。调解协议当场履行，可以减少和避免不履行调解协议或者达成协议后又反悔的现象。

例如，家住某村的李某，其儿媳王某人高马大、蛮横泼辣，对公婆、丈夫经常非打即骂，一家人见其无不胆战心惊。自儿子结婚5年来，李某已多次到有关部门反映其儿媳虐待老人的情况。有关工作人员也多次上门调解，但王某态度很蛮横，不听劝，反而说这是自家的事，叫调解人员少管闲事。

王某虽对公婆不孝顺，但和自己的母亲感情却很好。前不久，她回了趟娘家，她母亲向她哭诉，说她那个刚进门才半年多的弟媳妇好吃懒做，对老人呼来喝去，老人但凡做得有一点不让她满意，不是被骂就是被打。王某听了很生气，和弟媳妇大吵了一架，两人还扭打起来。王某的脸还被她弟媳妇抓破了。这时，她弟弟及时赶回家，把两人拉开了。回到家后，王某一肚子气，踢桌子摔凳子。李某听见屋里有很大的响动，就到屋门前朝里看了看。王某看见老人，破口大骂："看什么看，快给我滚！"并随手拿起桌上的杯子朝老人扔了过去，砸到了老人的头，顿时肿了一块。老人伤心地跑到村调解员老张家，哭着说："我作的什么孽啊！我这么一大把年纪了，这样活着还有什么意思。"老张看见老人这样，忙把老人带到村卫生所诊治，并弄清了事情的来龙去脉。

老张领着包扎好伤口的老人回到了老人的家。王某看见他二人进门，很不好意思，扭身就要进里屋。老张叫住了她，关切地问："小王啊，你这脸上是怎么了，没事吧？"王某没说话，坐了下来。老张一直没提她打老人的事，只是和她拉起了家常话。说着说着，就说到了王某娘家，这一下就打开了王某的话匣子。对王某弟媳的所作所为，老张表示愤慨，他语重心长地说："老人把我们养大不容易啊，婆婆和亲妈都是妈。每个人都有老的一天，难道就不怕自己老了被孩子这么对待？"王某听了，若有所思。老张趁机讲起了李某老夫妻俩料理家务和照顾孙子的辛苦，并把我国赡养老人的法律、政策——讲给王某听，告诉她虐待老人是犯罪，要受到刑事追究的。老张说得王某直点头，她说："张调解员，是我错了。我早该听你的劝。"经过近3个小时的说服教育，王某终于认识到自己的错误。她向公婆认了错，为老人买药治伤，并写了保证书，承诺永不再犯。一家人和和美美地过起了日子。

这起纠纷最终得到圆满解决，关键在于调解员准确把握住了有利的调解时机。在王某对其弟媳虐待其母亲的事愤愤不平时，调解员老张在对王某批评其弟媳的所作所为表示赞同的同时，抓住机会向王某灌输赡养老人的美德和虐待老人的法律责任。这些话，以前王某听不进去，可这次她听进去了，为什么呢？因为此时此刻的王某心态与以前不一样。她看见弟媳虐待自己的母亲，在心疼母亲的同时，隐隐意识到了自己虐待老人的不对。从她看见老张领着李某进门，不再像以前那样不依不饶，而是理亏地想躲避，可以明显地看出她态度的改变。在这样的时刻，调解员老张语重心长的话，她当然能听得进去。因此，一个优秀的调解员不会急于一时，而是等待有利时机，重拳出击，再难的纠纷也会迎刃而解。

(三) 运用时间要素技巧应注意的问题

巧妙地运用好时间要素，调解工作可以取得事半功倍的效果。可见，如何巧妙地运用时间要素对有效开展好人民调解工作至关重要。因此，在运用时间要素开展人民调解工作时，应注意以下两点：

1. 在调解时不要急于求成，要选择好时机。首先要反复调查研究，耐心细致做工作，抓住有利时机稳妥解决。如果遇到当事人不懂法时，应当先宣传有关法律知识，循循善诱，积极疏导，进行调解。如果遇到当事人冲动发火不冷静时，不能强行调解，要等待时机再次进行调解。

2. 要根据谈话的环境和当事人的心态来决定谈话的内容。在调解过程中，如果调解人员有批评教育、提出要求的语言，更要注意说话方式和说话时间，以免引起当事人的反感和敌视。

二、地点要素的运用技巧

(一) 地点要素技巧的内涵

地点要素技巧，是指在调解过程中，人民调解组织和调解人员要根据纠纷的特点及当事人的情况来选择相应的地点进行调解，以达到最佳的调解效果。

民间纠纷中所涉及的地点要素，主要包括两个方面：一是纠纷发生的地点，二是解决纠纷的地点。一方面，受生活环境和传统习俗的影响，发生在不同地方的相同民间纠纷，会呈现出不同的特征。譬如，同样是因为建房时所建房屋高于邻居家的房屋而引起的房屋纠纷，在发达的农村地区，邻居往往会因为采光权受影响而与建房者发生纠纷，大多表现为争吵；而在落后且封建迷信思想严重的农村地区，邻居往往会因自家的风水受影响而与建房者发生纠纷，发生打架斗殴的概率大大增加。另一方面，同一个纠纷在不同的地点处理、解决，会产生不同的效果。因此，在调解中运用地点要素的技巧，主要应掌握：①根据纠纷发生的地点特征，采取相应的方法进行调解；②根据纠纷本身的特点，选择最佳地点进行调解，以达到最好的调解效果。

(二) 地点要素的运用

1. 根据纠纷地点调整调解方法的技巧。纠纷发生的地点不同，纠纷态势的发展程度就会不同。例如，婚姻家庭纠纷，如果是发生在家庭之外，其严重性就会增加，当事人之间的矛盾就要升级甚至已经升级，调解的难度也就会增加；而如果发生在家庭之内，问题也许会比较容易解决。因此，纠纷发生的地点不同，调解纠纷所要采取的对策和方法也要随时调整、改变。

例如，某镇的张某和邻乡姑娘陈某结婚两年。刚开始小夫妻两人倒还相敬如宾，日子过得和和美美。但日子一天天过去，每天锅碗瓢盆的琐碎生活让两人觉得生活并不像结婚前想象得那么美好。于是，两人便逐渐开始拌嘴，且越吵越厉害，每次吵完后，陈某就收拾东西回娘家住。前不久，夫妻俩大吵了一架后，陈某又回娘家了，过了一个星期还没回家，张某就去接。好说歹说，终于把妻子劝通了，跟他一起往回走。快到家时，两人又吵上了，陈某不愿进门，转身就要回娘家，张某不让，拖着陈某要进家门。推推搡搡中，陈某扬手就给了张某一巴掌。张某想想自己为了劝她回家，低声下气地说了那么多好话，赔了那么多不是，结果却在邻居面前被老婆打了耳光，太窝火，太丢面子了。他越想越生气，提出和陈某离婚的要求。陈某没想到事情会发展到这个地步，她表示不愿意离婚，但张某坚决要离。陈某跑到镇调解员韩大妈那里把事情告诉了她。韩大妈知道小夫妻俩并没有太大的感情上的不和，张某这次坚决要离婚，主要是因为陈某当着众多街坊邻居的面打了张某一耳光，让死要面子的张某下不了台。想到这，韩大妈决定不私下调解这件事。她邀请夫妻俩的亲戚和邻居开了个小型调解会。

在调解会上，陈某当着众多亲戚、邻居的面给张某道了歉。张某看妻子当着这么多人的面诚心诚意地向自己道歉，内疚地说："其实我也不对，不该和你闹离婚。你原谅我吧。"陈某一看丈夫向自己道歉，忙说："都是我不好。"众人一看两人和好了，都笑着说："好了，不要你道歉来我道歉去了。你俩快谢谢韩大妈吧。"

通常来说，婚姻家庭纠纷多发生在家里。这时候，调解工作会比较好做。但一旦发生在其他公共场合，这种矛盾往往就会升级。因为，注重面子的当事人会认为家丑不可外扬，对不分地点和自己起纠纷的另一方当事人易产生强烈的反感和敌对心理。调解员韩大妈深谙其中的道理。因此，她选择了一种恰当的纠纷调解方式——召开小型调解会，而不是进行单个调解。她要借调解会的形式让觉得丢了面子的张某捡回面子，从而积极配合调解工作。实践证明，韩大妈的判断是正确的，采取的方法也是恰当的。

2. 根据纠纷特点选择调解地点的技巧。如何根据纠纷的特点来选择、安排合适的地点，也有相当的技巧性。《人民调解工作若干规定》第 28 条规定："人民调解委员会调解纠纷，一般在专门设置的调解场所进行，根据需要也可以在便利当事人的其他场所进行。"现实中，人民调解对调解场所的选择是灵活的，可以在田间、地头、车间、当事人家庭内进行。只要地点这个要素的选择恰到好处，便会取得理想的效果。

根据实践，调解的场所可以根据纠纷的特点做如下选择：

（1）对一方过错明显且不讲理、态度蛮横的侵权、损害类纠纷，可以选择严肃型场合。严肃型调解室的布置与法庭相似，在此场所实施调解会让当事人肃然起敬，让有理方感到踏实，令无理方感到心虚。

（2）对家庭婚姻类的纠纷，可以选择亲切型场合。当事人的住处属于亲切型的场合，在这种地方进行调解，气氛比较随和，有亲和力，能拉近调解者与当事人之间的感情距离。

（3）对有固定单位的当事人之间发生的纠纷，可以选择归属型场合。当事人同属一单位，他们往往因为工作关系在单位领导和同事面前会注意自己的形象和表现。在此场所进行调解，明事理的当事人往往表现得更有风度，平时不讲理、胡搅蛮缠的当事人也会有所收敛。因此，到单位进行调解，让单位领导协助，更有助于纠纷的解决。对分属不同单位且一方当事人胡搅蛮缠的纠纷，也可以选择到无理方或不配合方的单位进行，这样可以对其产生心理压力，以促成调解。

（4）对需要调动当事人的特殊感情（如夫妻、父母子女、兄弟姐妹等之间的感情）来促成调解的纠纷，可以选择关联型场合。在与纠纷有关联的特定场合进行调解，往往会使当事人触景生情，引发他们对曾经的种种美好情感的回忆，从而拉近当事人之间的情感距离。

（三）运用地点要素技巧应注意的问题

恰当地选择地点要素，对促进人民调解工作具有举足轻重的作用，人民调解员在运用该要素时应注意以下两点：

1. 要注意克服"怕上门"的不良心理。有些调解员为了图一时方便，要求所有纠纷的当事人都到调解室来进行调解，不愿意根据纠纷的特点及当事人的情况来选择相应的地点进行调解。这种"怕上门"的工作态度往往会降低调解的成功率，从而增加当事人和调解员自身的工作量。

2. 在运用地点要素调解的过程中，不能因条件简陋而忽视对地点要素技巧的运用。在现实生活中，有很多调解委员会的办公场所都是相当有限的。其实，即使只有一间办公室，只要不怕麻烦，也可以想办法让其兼有多种用途。比如，可以根据纠纷情况适当调整房屋的布局、桌椅摆放的位置，这样做往往会达到一些意想不到的调解效果。

三、人物要素的运用技巧

（一）人物要素技巧的内涵

人物要素技巧，是指在调解过程中，调解员要根据纠纷当事人的个体性格特征来选择相应的调解策略和方法，以取得最佳的调解效果。

调解纠纷，实际上是调解人员对双方当事人所做的疏导、说服工作。由于自然状况、社会阅历、文化素质和道德观念的差异，每个人都有着不同的性格特征。不同性格特征的当事人对纠纷和调解人员的工作有不同的看法。例如，外向型性格的人感情外露，内心想法会很快通过表情和行为表现出来；而内向型性格的人感情深沉，内心想法不易形于色和付诸行动。这就要求调解人员善于察言观色，通过分析纠纷当事人的表情、言语和行为，弄清楚当事人内心的真实想法。再如，文化水平、法律素质高的人，其自我调节能力较强，纠纷心理不容易形成，即使形成也不易外化为纠纷行为。如果这类人与其他人发生了纠纷，他们对调解员有道理的话容易听得进去，也能理解调解员的工作并给予配合。反之，文化水平、法律素质低的人，其自我调节能力较差，纠纷心理容易形成且容易外化为纠纷行为。对这类纠纷当事人，调解人员就必须多花工夫，用通俗易懂的语言把法律和政策讲清楚、讲透彻。针对这种类型的当事人，平时的教育工作和回访工作都是至关重要的。

（二）人物要素的运用

1. 抑郁质当事人纠纷的调解。抑郁质人的心理特点是：感受性高而耐受性低，反应速度慢且不灵活，反应的不随意性低，情绪兴奋性较高，具有鲜明的内倾性。在日常生活中表现为：行动迟缓，动作刻板，敏感细致，体验深刻而强烈，但从不外露。不少人性情孤僻，不愿与人交往。对由这类当事人引起的民间纠纷的调解宜慢不宜快、宜"冷"不宜"热"。也就是说，调解时，一是要有耐心，不怕麻烦，依法讲理，应细致地做好疏导教育工作。有的当事人心胸狭窄，考虑问题比较复杂，因而一旦发生纠纷，不要急于调解，而要多了解纠纷当事人平时的日常生活习惯等与纠纷有关的情况，找出矛盾症结，结合纠纷的具体情况，有步骤地、平静地做当事人的思想工作。二是要有恒心，对纠纷的调解要做到持之以恒，要有调解成功的决心，不能半途而废，不能因为觉得很难调解就放弃。与此同时，在调解过程中，还要密切注意当事人的情绪，特别要防止当事人因纠纷想不开而造成非正常死亡事件。

2. 胆汁质当事人纠纷的调解。胆汁质人的心理特点是：感受性低而耐受性较高，反应速度快但不灵活，反应的不随意性十分明显，情绪兴奋性高，兴奋过程占优势。在日常生活中表现为：精力旺盛，外倾性明显，动作敏捷，热情直率，易于冲动，心境变化激烈，难以克制自己。由这类当事人引起的纠纷，往往发展较快。当事人自制力较差，有时因一些很小的事情也会酿成大的纠纷，调解这类纠纷宜快不宜慢、宜"热"不宜"冷"，得知纠纷信息后，要立即赶往现场，稳住当事人的情绪，使他们冷静下来，然后再行调解，这样才会达到满意的效果。在调解过程中，还要密切注意当事人的思想动向与情绪起伏状态，因为这类纠纷当事人很容易造成纠纷的激化或转化，一时疏忽，往往会造成不堪设想的后果。

3. 粘液质当事人纠纷的调解。粘液质人的心理特点是：感受性低而耐受性高，反应的不随意性低，情绪兴奋性低，不易外露，有明显的内倾性。在日常生活中表现为：动作缓慢，安静稳重，沉默寡言，不善交往，情绪稳定，注意和兴趣持久且难以转移。对于这类纠纷当事人，在调解纠纷的过程中宜慢不宜快、宜"冷"不宜"热"，也就是说，调解纠纷不能过于急躁，了解问题、做当事人的说服疏导工作都要按部就班，耐心细致地做好纠纷的调查工作，在充分掌握情况的基础上，再做具体的调解工作。

4. 多血质当事人纠纷的调解。多血质人的心理特点是：感受性低而耐受性高，反应的不随意性明显，反应速度快且灵活，情绪兴奋性高且外露，有较大的可塑性和外倾性。在日常生活中表现为：精力充沛，敏感活泼，动作敏捷而灵活，感性强烈而富于变化，注意力和兴趣都容易转移，愿意与人交往且表现力强。对于这类纠纷当事人，在纠纷调解过程中，宜快不宜慢，宜"热"不宜"冷"。也就是说，调解纠纷不宜拖，要尽量在短时间内对纠纷进行调解，趁热打铁，对当事人要热情，不能冷淡。在纠纷调解的开始阶段，要注意避开问题的焦点，用一些当事人感兴趣的话题，转移当事人的注意力，使其过于激动的情绪稳定下来之后，再切入正题，然后做细致的工作。在调解过程中，调解人员要耐心倾听纠纷当事人的倾诉，让当事人充分诉说自身所受的侵害、痛苦，把愤懑宣泄出来，然后要给予充分的理解，多说些使纠纷当事人高兴又不背离原则的话，使之感到自己受尊重、被理解，从而为纠纷的顺利调解铺平道路。

5. 冷酷型性格当事人纠纷的调解。冷酷型性格的人心理上有时近乎丧心病狂，行为上缺乏正常人所具有的感情，缺乏关心，缺乏同情，麻木不仁，近乎冷血。这种性格大多是在冷酷的生活环境中后天形成的，在情感上容易和别人发生冲突。对这类人的调解，必须以火热的爱心和真挚的情感去融化其冰冷的心，让其感受到社会有真情、周围充满爱。只有这样，才能使人民调解工作取得圆满成功。

例如，某年 5 月的一天，阴雨连绵，郭大娘满面泪水地来到工人新村人民调解委员会，哭诉道："我年轻守寡，家中贫苦，只有这么一个儿子相依为命，我又把 3 个孙子拉扯大。现在儿子不认娘了，这可叫我咋活啊！"人民调解员们一面安慰老大娘，一面答应马上给她解决问题。

根据郭大娘的反映，人民调解员们不辞辛苦地进行了深入调查和研究。郭大娘的儿子小郭在市机械制造厂当工人。3 个孩子都已经参加了工作。5 年前，为了一点小事，小郭嫌母亲在外人面前多嘴，丢了他的脸，于是开始刻薄地对待老人，家中的好菜好饭和水果统统不许老人吃，平日也不理老人。五年多了，竟没叫过一声娘。老人痛苦不堪，多次到儿子单位找领导反映情况。领导多次找小郭谈话，做思想工作，他仍不回心转意。最后，儿子竟与老人分居了。小郭每月付给老人一定的生活费。从此，郭大娘孤身一人过日子。当年元月的一天，郭大娘又与儿子发生了口角，儿子声称再也不认这个娘了，从此再也不肯付给老人生活费。

调解委员会掌握了情况后，首先分析了小郭的特点：他文化素质不高，比较自满，个性很强，能说会道，好强词夺理。调解委员会派熟悉郭家情况的调解员老孙去找小郭谈话。老孙首先从小郭的 3 个孩子谈起，说到 3 个孩子小时候，小郭工作忙，妻子身体又不好，都是郭大娘忙里忙外。小郭听后有所触动，但他仍强调是母亲脾气不好，而不承认自己的错误。之后，调解员老孙又多次找小郭谈话，并动员全家人帮助他。逐渐地，小郭在思想上有了转变，愿意承担母亲今后的生活费。调解委员会抓住这个时机，把郭大娘和小郭以及全家人召集到一起，并邀请了有关领导参加。在会上，大家共同学习了《民法典》和《刑法》的有关条款。人民调解员指出："子女有赡养父母的义务。无劳动能力或生活困难的父母，有权要求子女给付赡养费。不赡养老人、虐待老人，是人情和社会公德所不能容忍的，也是触犯国家法律的，情节恶劣的要受到法律制裁。退一步说，如果你老了，子女都不尊敬你，你想得通吗?"经过耐心的教育，小郭感触很深，对自己的错误行为有了较深的认识，第一次面对母亲检讨了自己以往的错误，惭愧地说:"娘，这些年，我对您没尽到做儿子的义务，对不住您啊!"他表示从此以后一定改正，好好照顾老人，使老人安度晚年。老人笑在脸上，喜在心里，原谅了儿子。会后，全家人高高兴兴地在小郭的带领下把老人接回了家，从此母子和好了。

成功的人民调解员熟悉辖区每家每户的情况，具有了解群众个性特征的本领，所以，一遇到民间纠纷，就能根据自己所掌握的纠纷当事人的性格特点，很快采取具有强针对性的行之有效的调解方法，从而确保调解工作取得成效。在调解小郭不赡养老人的纠纷的过程中，调解员们在了解情况之后，并没有马上贸然登门调解。他们首先分析了小郭的性格特点。由于他文化水平低，调解员没有一开始就讲法律知识，而是从身边小事谈起，以情动人。直到小郭基本想通后，才对他进行法律教育，这样才能促使他更深刻地认识到自己所作所为的违法性。针对他好强词夺理的特点，调解员并不正面直接指出他的不对，而是一次次做工作，最终使他认识到自己的错误，并主动承认了错误。小郭心服口服地认错，高高兴兴地接母亲回家，表明他的确是想通了，愿意改正错误，而不是迫于外界压力。这次的调解工作可以说是一次取得了非常好的效果的调解实例，因为调解员不仅解决了实际问题，还在"攻心为上"的策略指导下，成功地解决了思想问题。

(三) 运用人物要素技巧应注意的问题

人物要素因个性差异而纷繁复杂，运用该要素调解纠纷必须谨慎注意以下问题:

1. 对直爽刚烈型当事人要避免"硬碰硬"的做法，更不能以势欺人。要多采用和风细雨式的方法对他们进行疏导，常用的方法有:①情感感染法。这类人重感情，在疏导工作中，只要将自己和他处在一个平等的位置上，真心为他解决问题，用真情去扣动他的心弦，他就容易信服你。②以柔克刚法。这类人最怕你跟他磨。在疏导时，不能硬碰硬，而要采取和风细雨、耐心开导的方法。只要道理说到家，他就很容易听取你的意见。③先守后攻法。也就是褒扬激励的方法。这种人往往喜欢受到肯定，赞扬他几句，他就容易产生认同感，易于接受调解人员的意见。因此，在疏导时，应先表扬他的长处和曾经做过的有益事情，使他产生自豪感，然后再指出他的缺点和过错责任，鼓励他改正缺点，弥补过失，做一个受人尊重的人。这样一抬一拉，他就很容易接受你的意见。

2. 对孤僻抑郁型当事人要避免采用"和稀泥"的做法。要多采用积极、正面的方法去鼓励他。常用的方法有:①正义威慑法，即强硬手段法。这种人惰性很强，在疏导工作中，必须明确告诉他，问题不解决组织上是决不撒手的，使他觉得若他不配合工作是难以过关的，促使他配合工作，把问题解决。②亲情触动法，即唤起旧情法。就是发动当事人的亲友进行规劝。比如，不赡养老人，就动员当事人的其他儿女进行劝说；夫妇关系不合，就发动他们身边的好友进行劝导。用这种方法往往见效较快。③群体抨击法，即舆论压力法。对那些反复做工作都不见效的当事人，要有意识地组织开展民风评议活动，发动群众对其行为进行评议，使他感到若不纠正错误就会陷入"老鼠过街，人人喊打"的境地。为摆脱这种境地，他会很快认识错误，积极配合工作。

四、情节要素的运用技巧

（一）情节要素技巧的内涵

纠纷的情节要素，是指在调解过程中，调解员要对纠纷发生、发展的整个过程中的真实情况（特别是关键要点）非常清楚、熟悉，以便在调解过程中能做到有备无患，打有准备之战。

纠纷的萌芽、发生、发展乃至激化的全部事实，纠纷过程中双方当事人各有哪些过激的语言和行为，甚至双方当事人各自的企图、动机和目的等都是调解纠纷的事实依据。调解人员只有掌握充分的事实依据，才能做到有备无患，打有准备之战。例如，对于蛮不讲理、死不认账、心存侥幸的当事人，调解员出示真实全面的事实证据，可以起到威慑当事人、促使其低头认错的作用。所以，要立足事实，判定是非。

（二）情节要素的技巧运用

1. 查明基本事实，包括引起争议的原因、争执的焦点。然后在事实基本清楚的基础上，衡量各方当事人的行为和要求是否合情、合理、合法。对于调解人员来说，只有通过深入细致的调查，掌握这些事实依据，才可以在调解中灵活运用多种多样的调解方法，继而使双方当事人心服口服，使纠纷顺利得到解决。

例如，家住某乡某组的老人甄某，其儿子3年前娶了媳妇朱某。老人原以为儿子终于成了家，自己和老伴能安安心心过个晚年了。哪知道这个儿媳脾气暴躁，蛮横不讲理，稍有不顺心的事就打骂老人。甄某的儿子在家时，朱某还有所收敛。但今年一过完年，甄某的儿子就去广东打工了。从此，朱某就无所顾忌地在家里作威作福，什么事都指使老人去做，一不高兴，就打骂老人。前不久，朱某回到家里发无名之火，坐在屋里大骂公婆，并用铁钳将公婆打伤。在别人的指点下，甄某老人找到村调解员老王。老王在老人和甄家的邻居那儿进行了详细的调查，掌握了朱某虐待老人的第一手资料。在做好充足的准备工作后，老王找到了朱某。老王刚提起朱某打老人的事，哪知朱某把眼睛一瞪，叉着腰，蛮横地说："谁说我打他们了？谁说的?"老王一看朱某这种态度，生气地大声说："朱某，你打骂公婆，还不承认。你知不知道你触犯了法律，是要承担法律责任的！"这句话震住了朱某。老王接着说："别以为你打骂公婆的事别人不知道，国家不会管。除了这一次，这个月你因为做饭和下田收稻子的事还打过你公婆两次，你承不承认！"紧接着，老王把朱某打老人这几次的起因、过程以及老人的伤势都说得一清二楚，把事实清清楚楚地摆在了朱某面前。听了这些话，朱某低下了脑袋。调解员老王又趁热打铁，对朱某讲起了《民法典》和《刑法》，从法律的角度晓以利害，使其意识到问题的严重性。最后还告诉她，其公婆虽受其辱，但仍念及家庭情义，不愿上告，使朱某感受到老人的宽容大度。在调解员老王的说服教育下，朱某认识到了自己的错误，向公婆承认了错误，为公婆买药治病，并保证永不再犯，一定做个孝顺的好儿媳。

深入调查是调解成功的前提。没有调查就没有发言权。做好调解工作，不能只听一方诉说，只有在深入调查、掌握翔实的第一手资料之后，才能在调解时有理有据，避免说话时授人以把柄，使自己处于被动局面。在调解朱某虐待公婆一事时，朱某态度蛮横，一副不认账的表情，幸好调解员老王有备而来，把朱某一个月来殴打公婆的次数、起因、经过以及老人的伤势清清楚楚地摆在了朱某的面前，使朱某大吃一惊，心里暗自紧张。在事实面前，朱某无法抵赖，低下了头。通过事前的细致调查，调解员老王掌握了详细的事实资料。这样，他才能在调解时恰当运用纠纷情节要素，说得准、说得清，使朱某低头认错。

深入实地调查研究，及时了解群众反映的热点、难点问题，及时发现纠纷苗头，控制事态的扩大发展，杜绝和防止群体上访事件、聚众械斗事件、民间纠纷转刑事案件及恶性案件的发生。掌握纠纷的起因、特征、实质以及纠纷双方当事人的性格，以此为依据，才能分清纠纷的是非，才能按照法律、法规、政策对症下药，解决好纠纷。要善于动脑筋，善于思考问题，掌握纠纷的发生全过程，用事实说话，用证据说话，找准解决问题的切入点。如果我们的调解人员能对每件纠纷的情况、类型、当事人个性了如指掌，并及时对症下药，相信一定会取得很好的调解效果。俗话说："教书育人唯有因材施教，方得桃李满天下；治病救人唯有对症下药，方可药到病除。"调解纠纷如同老师教书、医生治病一样，必须有针对性，而要有针对性，就必须了解纠纷的各种情节。

2. 在调解过程中，要因事制宜，有的放矢。现实中的纠纷类型千差万别，调解人员在进行调解时不仅要针对双方争执的焦点进行调查研究，分析了解当事人的想法，还要找到矛盾的切入点，有的放矢地确定具体的调解方案。比如，有的纠纷可以采取面对面的调解方式，有的则只能采取背靠背的调解方式。对于多子女赡养老人的问题，要尽量动员经济条件相对较好的子女多尽赡养义务，不能一概而论；对于人身损害赔偿纠纷的调解，则要把重点放在加害人一方；对群体性纠纷，则要把工作的重点放在有影响的"领头人"身上。只有这样，调解才能取得成功。

（三）情节要素技巧运用应注意的问题

由于纠纷类型千差万别，情节因素错综复杂，所以，调解人员在运用情节要素技巧解决具体纠纷时，不仅要善于观察、善于分析、善于总结、善于因事制宜，有针对性地制定方案，还应注意下列两个问题：

1. 忌讳道听途说、不深入实地调查研究。调解人员切忌仅凭一方当事人或某个人的一面之词就进行调解。这种在没有全面了解纠纷的事实和情节要素的情况下匆忙进行的调解多半是不会成功的，调解员也会因"帮一方说话"，而不被另一方当事人信任。因此，不仅开展工作的难度加大，还可能会激化矛盾。

2. 在运用情节要素技巧时，对关键细节要了解清楚。有些当事人就是因为在一些细节问题上和对方当事人存在"过节"，心里的那道坎迈不过去而赌气。因此，作为一名调解员，应细心询问当事人并对关键情节调查清楚，为成功调解打下基础。

五、原因要素的运用技巧

（一）原因要素技巧的内涵

原因要素技巧，是指在调解过程中，调解员对引发纠纷的原因要摸透、摸准，只有正确了解、分析和认定纠纷的原因，才能做好调解工作。

凡事都有因，一定结果的发生肯定是由某种原因引起的。纠纷的原因是纠纷的症结所在，同时也是调解人员调解具体纠纷的切入点。但由于一些纠纷的原因要素表现得比较复杂，所以，分析认定纠纷的原因有时并不是件容易的事情。因此，人民调解员在面对具体纠纷思量如何运用原因要素技巧时，要善于透过现象看本质，着重分析各种原因在纠纷处理中的地位和作用，根据哲学上的分类和民间纠纷解决的特点，把握好主要原因和次要原因、表面原因和真正原因，再根据因果定律选择恰当而有效的手段和方法，解决具体纠纷。

（二）原因要素的技巧运用

1. 主要原因与次要原因。对纠纷的发生起主要的、主导性作用的是纠纷的主要原因；对于纠纷的发生起次要的、辅助性作用的是纠纷的次要原因。分清原因的主次是在合理分配责任的基础上进行合理调解的关键。在实践中，分清原因的主次对于调解交通事故纠纷、医疗事故纠纷具有特别重要的意义。

例如，张某拉了一车瓷器去送货，在横穿马路时，被李某驾驶的快速行驶中的大货车撞上，价值两千多元的瓷器大部分被毁，所幸没有人员伤亡。经交警认定，大货车严重超载、超速。司机李某申请通过人民调解未解决问题，张某表示同意。调解员刘大姐了解事故情况后认为，当事人双方对于事故的发生都是有责任的。司机李某驾驶大货车严重超载、超速，且在驾驶中没有充分尽到"谨慎注意"的义务，是事故发生的主要原因，其行为属于严重违章，应当承担主要责任。张某尽管在人行横道行走，但没有按交通灯的指示过马路，其行为也属于违章行为，对事故的发生起次要作用，也应承担相应责任。张大姐的分析得到了张、李二人的认同，在此基础上，经调解，李某同意赔偿张某1500元，最终，该纠纷在很短时间内得到了有效解决。

2. 表面原因与真正原因。对于一起看似简单的民间纠纷而言，可能直接原因和间接原因同在，远因与近因共存。但是，直接原因和近因在现实的矛盾纠纷中有时是很难查明的，往往隐藏在表象原因之后，我们可以把这两类原因分别称为表面原因和真正原因。例如，一些婚姻纠纷由于涉及羞于启齿的隐私问题，当事人可能避开真正原因，而把纠纷的产生归结到经济、家务等表面原因。所以，这就要求调解人员深入实际做艰苦细致的调查工作，拨开层层面纱，找到深藏其后的引发纠纷的真正原因。只有抓住真正的原因，才能从根源上彻底解决纠纷。

例如，小丽和晓强从小青梅竹马，一起长大。经过几年恋爱后，两人结了婚。没想到，结婚刚刚3个月，小丽就住回了娘家，并提出要与晓强离婚。调解员赵主任在调解中发现，小丽在叙述离婚理由的时候，尽讲一些鸡毛蒜皮的琐事，而且支支吾吾、羞羞答答。根据经验，赵主任觉得可能另有隐情。赵主任悄悄找到晓强，经反复做工作，晓强终于承认，夫妻闹矛盾的真正原因是自己的生理问题，由于前列腺炎，再加上新婚，特别紧张，晓强的性功能出现了障碍。赵主任安慰晓强后，又带着他到医院进行了治疗。没多长时间，晓强的病就治好了。一好百好，小夫妻马上和好如初，一年后，小丽生下了胖娃娃，一家人过着幸福美满的生活。

在这个纠纷的调解中，赵主任通过进行细致的调查工作，拨开了夫妻吵架的层层面纱，找到了深藏其后的引发纠纷的真正原因，从根源上解决了纠纷。如果不是赵主任及时地洞察到纠纷的真正原因，那么该纠纷的解决恐怕就不可能如此顺利。

（三）运用原因要素技巧应注意的问题

1. 要注意寻找主要原因。唯物辩证法告诉我们，事物之间的联系具有多样性，因而因果关系也表现为多种不同形态。根据原因和纠纷之间的关系，可将因果关系分为"一因一果""一因多果""多因一果""多因多果"四种形态。特别是在多因一果的情况下，一个纠纷的发生是由多个原因引起的。处理这类纠纷时，调解员要善于判断或寻找哪个原因是引起纠纷的主要原因，只有抓住了主要原因，才能对症下药，顺利解决纠纷。否则，便会在细枝末节的问题上浪费时间和精力，无助于问题的解决。

2. 要注意弄清楚掩盖在表面原因下的真正原因。调解人员在调解过程中有时会发现这样一种情况：当事人之间的矛盾依其表现的或直观反映出的事实进行处理，无法解决。在这种情况下，当事人一般都存在不想说或难以说出口的隐情，往往这种隐情才是发生纠纷的真正原因。这时调解员就要耐心细致地做当事人工作，让他说出实情。实情不说出，调解成功的概率就很低。

六、语言要素的运用技巧

（一）语言要素技巧的内涵

人民调解的对象是人。调解工作离不开做人的思想工作。要做好当事人的思想工作，人民调解员必须有好口才。语言作为表达和传播思想感情的工具，在民间纠纷调解过程中至关重要。调解工作的实践证明：恰到好处的语言表达能使调解工作取得更好的效果。广义的语言既包括言语语言，又包括肢体语言。言语语言，包括书面语言和口头语言两部分。口头语言又包括两部分：口头语言的本质内容，即谈话内容；口头语言的外在形式，即语音，语音又包括语调、语气、音量、音长。肢体语言，也可称之为体态语言，主要借助面部表情和身体的各种动作表达含义并进而实现沟通和交流。调解语言要素的运用技巧也分为两部分：口头语言的运用技巧和体态语言的运用技巧。其中，口头语言的运用技巧又分为谈话内容的运用技巧和语音的运用技巧，体态语言运用技巧又主要包括面部表情的运用技巧和姿势的运用技巧。

（二）语言要素技巧的运用

1. 口头语言的运用技巧。

（1）谈话内容的运用技巧。

第一，安定情绪的谈话技巧。当事人之间产生了纠纷，情绪一般都不太稳定，有的粗暴蛮横，有的急躁不安，有的悲伤痛苦，有的甚至萌生轻生的念头。所有这些异常的情绪都不利于调解工作的开展。因此，作为一名合格的人民调解员，说好安心的话非常必要。只有使当事人的情绪稳定下来，他们才能理智清醒地面对纠纷，真心接受调解。对粗暴蛮横的当事人，要直言相告，使其恢复常态；对急躁不安的当事人，要耐心劝解，使其冷静下来；对悲伤痛苦的当事人，要婉言抚慰，使其精神好转；对有轻生念头的当事人，要积极开导，使其回心转意。讲好安心话要注意以下几点：①仔细观察，掌握当事人的情绪特点；②区别对待，针对不同情绪的当事人应采用不同的安心话；③把握说话时机，一旦发现当事人情绪激动就马上安抚，努力使当事人冷静下来，避免发生过激行为。

第二，间接批评的谈话技巧。调解纠纷需要多讲道理、多进行思想教育。但是，对于当事人有错误的地方，仅仅讲道理往往是不够的，调解员还要立场鲜明地表达自己的态度和看法，使当事人清楚地意识到自己的错误。这就要求调解员恰当地运用批评的语言。然而，批评式谈话往往使当事人心理上产生对立情绪，严重的还会明显影响调解效果。所以，直接批评的方式应不予采纳，应采用间接批评的方法并适当地运用一些幽默、使人更易接受的语言，从而起到教育的作用。诙谐幽默的语言远胜于简单粗暴的斥责和平淡乏味的说教，它既不伤害当事人的自尊心，又能使其认识到自己的错误，心悦诚服地接受批评。可见，内容同为批评当事人，但运用不同的措辞方式，取得的效果往往会大不相同。

第三，提出希望的谈话技巧。调解纠纷接近尾声，调解人员切不可因胜利在望而掉以轻心，还必须趁热打铁，讲好结束语，说好希望话。几句诚恳真挚的希望话，往往能使当事人产生极大的震动，能给当事人留下深刻的印象，在当事人心里打下深深的烙印。不同性质的纠纷所讲的希望话是不一样的。

（2）运用谈话内容技巧应注意的问题。

第一，谈话内容要通俗实在，切忌用文言文和书面语。调解工作的对象是广大普通群众。特别是在广阔的农村、城镇，人民调解员面对的大部分是文化水平不高、法律知识不多的基层群众。因此，在与纠纷当事人谈话时，不可追求使用华丽的辞藻矫饰，更不可哗众取宠，而应多用大众化语言，如俗语、歇后语或来点幽默笑话之类的触及主题，往往能达到事半功倍的效果。例如，在调解夫妻纠纷、劝说夫妻和好时，可以说"一日夫妻百日恩""男子有妻家有主、女子有夫家有梁"等；在调解家庭纠纷时，可以说"手心手背都是肉""当家才知柴米贵、养儿方知父母恩"等；在调解邻里纠纷时，可以说"远亲不如近邻"等。此外，在依照法律、法规、规章对纠纷当事人进行说服教育时，要尽量避免使用深奥的法律术语。调解人员对自己学到的法律知识，应经过消化吸收，而后使用群众能听得懂的通俗易懂的语言，把法律原意实实在在、原原本本地讲述给当事人。只有这样，当事人才能受到法治教育，当事人的法律水平才能提高。

第二，谈话内容要明确且有逻辑，切忌模棱两可、是非不分。通过深入细致的调查，调解人员在调解时，对某一事实的陈述应简明扼要、层次分明，切忌绕来绕去，使纠纷当事人不得要领。用语要准确、简洁、有理有据，不能让当事人感觉模棱两可、是非不分。否则，调解工作必将背道而驰。

第三，谈话内容要因人、因时、因地而异，忌生搬硬套。常言说"看什么人说什么话""说话要看时候""在什么地方说什么话"。人民调解员的谈话内容因谈话对象、谈话地点和谈话时间的不同而不同并不意味着人民调解员没有原则、说话言不由衷。相反，与当事人谈话时考虑人、时、地三个因素，恰恰反映了人民调解员工作态度的认真、调解技巧的成熟，符合具体问题具体分析、因人而异的实事求是原理。

2. 语音的运用技巧。

（1）重音、停顿、节奏变化的运用技巧。重音可分为三种：一是语法重音，是按句子的语法规律重读的音；二是逻辑重音，是根据谈话的内容和重点，由自己确定的重音；三是感情重音，是根据表达强烈的感情或细微的心理的需要来安排的重音。人民调解员在与当事人谈话时切忌一潭死水，语音应有轻有重，语气应有急有缓。譬如，人民调解员在说到与纠纷解决有重要关系的法律法规的相关规定时，可以加重语调，以提醒当事人注意。再如，当人民调解员表示愤慨时，应加重声音，平淡如水的声音无法表现人民调解员的内心，无法引起当事人的共鸣。需要注意的是，重音的目的是强调说话的内容。所以，重音并非声高，有时放低也能起到强调的作用。

停顿分为语法停顿、逻辑停顿、感情停顿和特殊停顿四种。其中，逻辑停顿和感情停顿都是出于表达感情的需要，都是为了表示一种微妙和复杂的心理感受而做的停顿。例如，人民调解员在对赡养纠纷当事人进行教育的过程中，调解员说道："尊敬老人、赡养老人是我们中华民族的传统美德，"调解员顿了顿，接着语重心长地说："大伟啊！你爸去世早。你妈一人辛辛苦苦把你拉扯大，不容易啊！……"这里的停顿是语法上的需要，更重要的是，这一停顿反映了调解员对大伟母亲独自一人养大孩子的敬佩和年老时一人单过、无人赡养的悲惨境况的同情。这一停顿也隐含了调解员对大伟所作所为的不满和批评。

口语中带有规律性的变化，叫节奏，有了这个变化，语言才生动，否则就是呆板的。节奏调整有下面三个原则：一是感情原则，根据抒发感情的需要调整节奏；二是语境原则，根据语言的环境调整节奏；三是内容原则，根据谈话内容调整节奏。说话要有节奏，该快的时候快，该慢的时候慢，该起的时候起，该伏的时候伏，这样有起、有伏、有快、有慢、有轻、有重，才能形成口语的乐感，否则话语不感人、不动人，无法产生共鸣。另外，在调解过程中，人民调解员在表现平稳、沉郁、失望、悲哀的情绪时应该运用慢节奏；相反，在表现紧张、欢快、愤怒、生气的情绪时则适宜使用快节奏。只有这样，才能牵动当事人的情绪和思路，引导当事人接受调解方案，实现和解。

（2）语气的控制运用技巧。语气也就是人们通常所说的"口气"。它是有声语言表达的重要形式。语气主要包含两个方面的内容：一是"调"，指语音的调；二是"色"，指发声的气色。这两个方面融合体现一个"情"字。要恰到好处地表达感情，就必须在这两个方面下功夫。

第一，语调。从理论上看，书面语言的语气主要有陈述、祈使、疑问和感叹四种。相应地，口头语言的语调一般分四类：平直调、上扬调、曲折调和下降调。平直调多用于陈述、说明的语句，体现庄重、严肃、回忆、思索的情形，表现平静、闲适、忍耐、犹豫等感情或心理；上扬调多用于疑问句、反问句或某些感叹句、陈述句，适用于提问、称呼、鼓动、号召、训令等场合，表达激昂、亢奋、惊异、愤怒等情绪；曲折调多用于语意双关、言外之意、幽默含蓄、意外惊奇、有意夸张等情形，表示惊讶、怀疑、嘲讽、轻蔑等心理；下降调多用于感叹句，但有时也用于一些陈述句。这些使用下降调的陈述句常表示祈求、命令、祝愿等方面的内容，表现坚决、自信、肯定、夸奖、悲痛、沉重等心理。

在实际应用中，四个语调不是孤立的，一个成功的谈话会综合运用这四种语调。而且，语调变化也并不以句子为单位，一个句子、一个短语、一个词语乃至单个的字都可以表现出语调的变化。总之，语调变化是体现在语流中的千差万别的变化，应根据具体对象和需要灵活运用。

第二，语气的感情色彩。语气的感情色彩是语句内在感情积极运动的显露，它表现在声音气息的变化上。一般来说，表达"爱"，气徐声柔；表达"憎恨"，气足声硬；表达"急"，气短声促；表达"喜"，气满声高；表达"怒"，气粗声重；表达"悲"气沉声缓；表达"惧"，气提声滞；表达"疑"，气细声黏。

不同的语气表达出的感情是不一样的。在调解过程中，调解人员的不同语气，反映着他们对纠纷及其当事人的不同态度。当事人从调解人员的语气中也能感受到这些，他们对调解和调解员的态度也会受到调解员语气的影响。因此，调解过程中，同样一句话，由于说话人的语气不同，得到的效果也往往完全不同。

（3）运用语音技巧应注意的问题。

第一，要注意不断提高自己的道德修养，牢固树立全心全意为人民服务的思想。"有善心，则有善言。"通过学习语言基础知识，观察和了解他人的语气运用技巧，固然能提高驾驭各种语言的能力，使语气自然得体。但一个人的语气是其内心真实想法的流露，很难刻意伪装。只有热爱人民调解工作、关心群众、品德高尚的人在繁琐的调解过程中，才不会有不耐烦、嘲笑以及命令式的语气。因为他们懂得尊重当事人，他们是真心实意地帮助当事人纠正错误。

第二，要注意避免句式简单枯燥，语气平淡无味。在调解过程中，调解员不仅要会用关切的语气引导当事人倾诉，还要会用委婉的语气提出批评；不仅要会用冷静平和的语气陈述事实，还要会用诚恳真挚的语气对当事人提出希望。内容翻来覆去、句式简单枯燥、语气平淡无味是调解谈话的大忌。调解人员要学会使用起承转合的句式、抑扬顿挫的声音，充分发挥多种语气共同使用在调解工作中的作用。

第三，要注意不能随意使用嘲笑、命令和明知故问等语气。人民调解工作是一项群众工作，需要得到当事人的理解和协助。嘲笑、命令和明知故问的语气容易给当事人造成独断、不耐烦、装腔作势、摆架子等脱离群众的感觉。当然，在某些情况下，如纠纷濒临激化、当事人胡搅蛮缠等，调解人员也可以采用严厉的命令式语气，从而产生威慑的效果，力图平息事态或者压一压蛮横当事人的嚣张气焰。

3. 体态语言运用技巧。人类表达和交流感情，除了通过言辞语言（即语言符号系统，包括口头语言和书面语言两种方式）这一途径之外，还可以通过体态语言（即非语言符号系统）。体态语言是社会发展的产物，是人类的重要的交际工具。一位外国心理学家曾创立了一个颇有哲理的公式：一句话的影响力＝7%语言+38%声音+55%面部表情。从这个公式我们可以看出，一个人的表情对谈话效果有巨大影响。这个对无声信息的研究，也给了我们一个重要提示，那就是除了要注重有声语言的表达，更要注重无声语言的表达。

体态语言，可以分为目光接触、面部表情、姿势表达等各种不同的方式。传情达意的目光、耐人寻味的面部表情、意味深长的姿势、悦耳动听的声调，甚至交往时所保持的空间距离、人们的穿着打扮等，构成了人的外部形象。一个人针对另一个人的这类动作和姿态，就是体态语言（包括动态和静态两种类型）。它可以用来交流思想感情和传播信息，在人际沟通过程中，体态语言往往比言辞语言包含着更多的真正的含义，或体现着微妙的相互关系，有时的确是"无声胜有声""只可意会，不可言传"。

调解人员在调解纠纷时的体态语言如何，也是至关重要的。体态语言是人的内心情感的真实体现，例如，喜笑颜开表明内心的喜悦；垂头丧气表明内心的沮丧；怒目圆睁表明内心的愤怒；等等。在调解工作中，调解人员的表情无不潜移默化地发挥着作用。它可以影响到调解人员与纠纷当事人之间情感的表达和交流，可以影响到调解人员的形象和人格魅力的发挥，最重要的是，它还可以影响到纠纷的顺利解决。试想，一个表情漠然、态度冷淡的调解人员，如何能取得当事人的信任？当事人又怎么会向这样的调解员倾吐心声？调解人员做调解工作时，必须把当事人的喜、怒、哀、乐变成自己的真实情感并通过丰富的表情反映出来，这样才能与当事人产生情感上的共鸣，才能摸透当事人的想法，有的放矢地顺利做通当事人的思想工作。

（1）面部表情的运用技巧。面部表情是心灵的镜子，是一个人"情绪的投射"，是一个人情绪变化的"晴雨表"，是人类社会的一种"世界语"。一个人的喜、忧、思、悲、恐、惊等，全都可从面部表情上反映出来。著名作家罗曼·罗兰说："面部表情是多少世纪培养成功的语言，是比嘴里讲得复杂千百倍的语言。"

面带笑容，面孔显得短而圆，脸上的纹路呈现较多的曲线，面色红润，脸上很有光泽，都说明内心的高兴。面孔拉得很长，脸色发青或变白，则说明内心很气愤。脸上泛红晕，一般是羞涩或激动的表示。甚至连眉毛都能反映出人内心和感情变化，例如，皱眉往往表示不同意、烦恼，甚至是盛怒；扬眉则往往表示兴奋、庄重等多种感情；眉毛闪动，多出现在对他人的言语表示欢迎之时或自己加强语气的时候；耸眉的动作比眉毛闪动慢，眉毛扬起后短暂停留再降下，则表示惊讶或悲伤的心情。正因为面部有这些生理变化，才可以让人们"察颜观色"，了解别人的内心世界。

调解过程中，人民调解员的面部表情主要是指调解人员通过脸部表情表现出来的一种外在情绪状态。具体来说，在调解民间纠纷的过程中，人民调解员的面部表情要注意以下几点：

第一，保持面部表情的基调。即严肃中有温和，庄重中有真诚。严肃、庄重的表情，是司法工作人员的工作表情，可以给人以公平、公正的感觉；而温和、真诚的表情，让人觉得值得信赖。保持这样的面部表情，可以为调解创造良好的气氛，使当事人放松下来向人民调解员倾吐心声。

第二，表情灵敏。脸部表情要具有灵敏感。一般而言，面部表情应该和有声语言所表达的情感同步进行，不要让说的内容和面部表情脱节。面部表情的超前和滞后，总是会让对方感到虚假别扭，令人啼笑皆非。所以，面部表情应当做到迅速、敏捷地反映出内心的情感。

第三，表情真实。所谓真实，就是要让纠纷当事人从人民调解员的面部表情看到调解员的真实内心世界。人的面部表情，应是来自于本能的反映，而不是"假面具"。任何装模作样、矫揉造作的面部表情，都会令人反感乃至厌恶。

第四，表情鲜明。脸部表情要具有鲜明性。脸上所表达的感情，不仅要准确，而且要明朗化。要使脸上每一点微小的变化，都能让对方觉察到：喜就是喜，悲就是悲。一定要克服那种似是而非、模糊不清的表情，千万不要让当事人捉摸不透调解人员的意思，感到调解人员深不可测、捉摸不定、很有城府。

第五，表情要适度。任何面部表情都必须恰如其分，适可而止。过于夸张的表情，往往会使谈话内容失去真实性和严肃性，甚至造成当事人对调解人员的不信任。

另外，在面部表情中，眼神也是重要的一部分。因此，有必要专门谈谈眼神的运用技巧。眼神的运用技巧也就是目光的运用艺术。眼睛是心灵的"窗口"。从一个人的眼神中，可以看出他内心的疑问、好恶以及态度的赞成与否。爱默生曾说："人的眼睛和舌头说的话一样多，不需要字典，就能从眼睛的语言中了解一切。"可见，眼睛能传神、会说话，最能表达细腻的感情。一般来说，眼睛直视显得很庄重，表示自己打算跟对方进行交谈或正在用心倾听；目光朝上的仰视既可以反映内心的思索状态，也可以表露出某种优越感，表示出高傲或蔑视的心态；斜视可以表示轻蔑，但也可以说明有所疑虑或不信任对方；目光朝下的俯视通常表示羞涩的心理；躲躲闪闪的目光，既可能是出于谦逊，也可能是胆怯或负疚的表现。此外，瞳孔的变化也能反映人的内心。看到很喜欢的人或事物，瞳孔会异常增大；看到不喜欢的人或事物，瞳孔则会缩小，甚至会缩到针眼那么细小。

那么，作为一名人民调解员，在调解纠纷时，应该有着怎样的目光呢？首先，在听当事人陈述纠纷情况或提出要求时，应主动与当事人进行直接的目光接触。直视的目光既表示对当事人的尊重，也表示自己在认真听取当事人的叙述和要求。其次，在向当事人宣传社会主义法律和道德时，人民调解员的目光应炯炯有神，显示出对法律和道德的信心，流露出内心的刚毅和坚定。再次，在当事人主动认错或提出和好方案时，人民调解员的眼神里都应带着笑意，流露出鼓励、赞赏的目光。最后，这是一条禁忌规则。调解过程中，人民调解员不要斜视当事人，目光不要游离，不要躲躲闪闪，更不要避免与当事人的目光接触。

总的来说，调解人员在调解过程中，面部表情既要严肃、庄重，又要不失热情真诚；既不因环境的影响和当事人的情绪变化而随意发生较大变动，又要通过适当的表情变化，展现出自己的内心想法，与当事人进行情感上的交流和互动。

（2）姿势的运用技巧。姿势是人们的自觉或不自觉地表达内在思想和情感的体态动作。姿势有静态和动态之分。静态的姿势包括坐、立、躺、蹲、靠等，它们不管是本能的还是蓄意的，都蕴涵着某种独特的意味。动态的姿势，包括类似耸肩、摇头、拍打、拥抱、握手等动作，也包含着非常明显的含义。在调解过程中，姿势还可分为手势和身体姿势。手势包括讲话时手、臂、肩甚至头部的动作，借助手势可辅助说话人解释问题或支持说话人的说法。手势能够增加信息量、反映内心的变化，能够反映出一个人的自身修养程度及心理素质是否良好。如调解人员不停地摆弄头发、扭绞双手、环抱双臂、双手背在身后等，都会使当事人觉得调解人员正在感到不自然、对话题不感兴趣或对调解工作态度过于随便，这样就会使当事人产生疑虑，怀疑这样的调解人员能否替自己做主，是否值得自己信任。

身体姿势包括立姿、坐姿和行姿三个方面。良好的立姿应该是双脚略分开，以介于稍息和立正之间的状态轻松而自然地摆开，双腿直立，头正、肩平、挺胸、收腹，以礼貌、谦和的眼光目视对方，给人以坦率、自信的印象。双腿交叉、将身体斜倚在门框或墙壁的站立方式是极不雅观的，也反映出调解人员工作态度的不认真。坐姿是指人就座时和坐定之后的动作和姿势。例如，在调解过程中，当事人在倾诉纠纷事实时，调解人员的眼睛不时打量周围环境，坐在椅子上不停地改变坐姿，当事人就会认为调解人员不耐烦，想敷衍了事，因而停止叙述或截取片断，只叙述部分情况，同时对立和不信任的情绪会产生，这必将给接下来的调解带来麻烦。另外，一些不雅的坐姿也是一个称职的人民调解员应该避免的。懒散地坐在椅子中，跷着腿，在椅柄上敲着手指，说明调解人员不耐烦、不尽心。坐在椅子的边缘，也给人一副想趁早结束谈话、早点离开的厌烦姿态。坐在椅子中抖动双腿、晃动脚尖、将双腿八字伸开老远或勾蹬椅腿、椅撑则是傲慢无礼的表现。一般来说，在向当事人了解纠纷情况时，人民调解员坐在椅子上时应腰背挺直，身体稍微向前倾，目光直视当事人。在主持调解会议时，坐姿更应当自然、大方，应坐在椅子中央，腰背挺直，双腿并拢，不要倚靠椅背，双手也不要搭在椅把上。

（3）运用体态语言技巧时应注意的问题。

第一，运用面部表情技巧时，要注意避免不良表情导致的对调解的消极影响。当事人之间喋喋不休地吵个不停时，有的调解员会嘴角外撇，表现出不耐烦的情绪；有的调解员会紧皱眉头，表现出担忧、不满的情绪；而有的调解员会面带笑容，劝说当事人停止争吵，一副胸有成竹的表情。这些不同的面部表情会对当事人的情绪产生不同的影响，进而影响到调解进程。

第二，姿势的运用要注意以下三点：①要有真实性，要发自内心，是真情实感的流露，而不要故作多情、矫揉造作；②要有自然性，要把握分寸，适度而为，而不要有意夸张，以致失态；③要有变化，即随着当事人的情感变化而适度发生变化，真正做到"诚其衷而行其外"。只有这样，才能更有利于与当事人进行感情沟通，引起当事人的共鸣，取得当事人的信任，从而促进纠纷的解决。

体态语言的运用往往是面部表情、眼神和姿势综合运用的过程。因此，调解人员在调解中只有举止端庄得体，面部表情、眼神以及姿势协调一致，才能准确地表达自己，才能与当事人进行更好的沟通，才能得到当事人的信任和配合。

学习情境

【案例1】 某工厂规章制度规定"员工授意或代人打卡立即开除"。2009年12月21日，李某授意同事小王代为打卡被发现。工厂领导遂依工厂规章制度中有关严重违纪之规定将李某解雇，双方因此产生劳动争议。李某认为自己的行为虽有错误，但情节并不严重，况且工厂制定的劳动纪律未经民主程序，依据这样的规定对员工进行处分不仅不合理，而且不合法，其请求撤销公司的解除合同之决定。工厂认为该劳动纪律在厂内长期公示，并已实施多年，李某的违纪行为属实，工厂依制度对其进行处分，合理合法。

问题： 你作为人民调解员，可选择哪些调解技巧进行调解？为减少此类纠纷的发生，可向该工厂提出哪些合理化建议？

【案例2】1998 年，一对母子因赡养纠纷诉至法院，结果在法院的主持下达成调解协议，然而由于种种原因，在长达 8 年的时间里，儿子始终未按调解书中的约定履行赡养义务，母亲也出于亲情考虑，一直未向法院申请执行。

2006 年 7 月，这位母亲因生活上出现困难而来到村调委会，咨询如何维护自己的合法权益，调解人员在向老人了解事情的经过后，告知并动员其可以向法院申请强制执行。在调解人员准备给老人写申请执行书时，老人言语间流露出不愿将儿子再次推上法庭，也考虑到儿子的现实困难和母子间的亲情，表示 2005 年前的赡养费都可以不要，只要儿子从今年开始履行义务就行。于是调解人员向老人提议可以由他们先从中做一下工作，此提议得到老人认可。

调解人员将老人的儿子叫到村委会，单独对其进行开导和教育。调解人员以当年的调解书为依据，并告知其民事法律中婚姻方面规定的有关子女对父母应尽的赡养义务及当事人必须履行生效法律文书的责任，对其进行相关法律法规的讲解；同时，寓法于情、寓法于理地对其进行教育。经过一番调解，老人的儿子同意日后按月支付老人生活费，并补齐 2005 年拖欠的赡养费。

第二天，老人的儿子将 2005 年全年和 2006 年前 7 个月的赡养费按时交到村调委会，老人也及时领到了 8 年来的第一笔赡养费，母子间的紧张关系也相对有所缓解。

问题： 请同学们思考，在本案中，调解员是如何运用地点这个因素技巧来处理这起纠纷的？你有什么收获？

【案例3】2008 年 6 月 21 日上午，某县某镇陈某（男，11 岁）、黄某（男，10 岁）、杨某（男，10 岁）、张某（男，9 岁）、吴某（男，9 岁）及邹某（男，9 岁）在镇上网吧玩游戏时相遇，便互约同去洗澡，先在小溪河洗了一会儿，后又一起到大河边洗澡，在此期间邹某不幸溺水身亡。事情发生后，邹某父母以陈某喊邹某去大河边洗澡为由，纠集几十人到陈某家中要求陈某家长赔偿损失，并扬言如果事情不能处理好，谁家的小孩也别想好过。镇调委会几次组织 6 名小孩的家长对此事进行调解处理，因始终未能达成一致意见，事情迟迟不能了结。邹某家长情绪波动极大，矛盾处于随时激化的状态。

7 月 14 日，该县司法局在接到镇政府的电话后，立即启动流动调解庭，由局长亲率 5 名工作人员和法律工作者及时赶到镇政府调处该起矛盾纠纷。在了解上述基本情况后，调解庭当即对事情进行了分析判断，拿出了调解的基本方案。首先，积极地做死者家长的思想工作，让死者的父母把心中的悲痛倾诉出来，把心里的想法都说出来，好言好语地安慰死者父母，劝死者父母事已至此，要面对现实，请相信调解人员一定会把事情公正地处理好。调解人员使死者父母冷静下来，心平气和地回到桌面上来解决这起矛盾纠纷，为解决纠纷开了一个好头。调

解人员趁热打铁，立即组织 6 名小孩的家长（即当事人）进行正式的调解。先是采取面对面的方式请各当事人讲清楚事情的经过，由法律工作者对发生的事情进行客观的分析，让各当事人都清楚事情的真相和自己应负什么样的责任，再由各当事人当面表态。由于双方的分歧很大，调解员紧接着又采取背靠背的方法，分头做各当事人的工作。当了解死者的外公是老师、舅公是国家工作人员后，又及时地做通其外公、舅公的思想工作，把事情的性质和死者家长应负的责任都一五一十地讲清楚，请他们再去做死者父母的思想工作，劝说他们把要求放低，只有这样才有利于事情的解决。当双方的想法差距缩小时，调解员又让当事人去单独商议，促使他们更进一步地拉近距离，希望各当事人能互谅互让、和谐共处地把这起纠纷解决好。就这样经过两天近十个回合，调解员采取多种办法进行耐心细致的思想工作、说服工作、教育工作，终于促成死者家长与其他几位当事人达成给予死者家长适当经济补偿的协议，最终这起矛盾纠纷得以圆满解决，成功地避免了一起可能出现民事转刑事的案件。

问题：请同学们评价，本案中，调解员在运用人物要素技巧和调解方法方面是如何巧妙结合的？

【案例 4】一天，某村村民毛某找到村调委会主任，反映她家后面有一工厂，每天晚上叮当乱响，烟囱还冒黑烟，她家落了一地的灰尘，新洗的衣服早上起床一看全变成黑的了，连地都变黑了，还有一股非常刺鼻的味道，呛得人一个劲地咳嗽，现在连她家的租客都搬走了。因此，毛某要求工厂赔偿她的损失，否则将组织村民去堵工厂的大门。听完毛某反映的问题后，村调委会首先稳定了她的情绪，并立即着手进行调查。原来是四道保洁公司把闲置的厂房租给了一个企业，该企业经营塑钢拉弯和生产涂料，产生的废气和噪音污染都很严重。调查清楚后，村调委会立即找企业负责人协调。但该企业负责人很不耐烦，极力推诿，最后勉强答应先了解一下，并表示如果情况属实一定改正。可过了几天一直没有消息。

村调委会于是再次找到该负责人，首先把调查结果和该企业对村民造成的损害详细地告诉了他，并根据相关的法律和政策对企业进行了严厉的批评，同时运用了换位思考法，向该负责人提出"如果你是村民，你会怎么样？"等假设性问题，让他体会周边村民的痛苦。听了调委会干部一番入情、入理、入法的谈话，该负责人连忙点头称是，一再表示立即加强整改，并马上安排工人把用于排放废气的烟囱加高，又安装了吸尘设备，同时把用于排放废气的管道埋入地下。终于黑烟没了，难闻的气味也没了。为了夜间不再扰民，该厂还主动停止了夜间生产。

看到该厂在积极地改正错误，毛某也觉得很满意，放弃了赔偿要求。

问题：请同学们思考，在本案中，调解员是如何运用情节这个因素技巧来处理这起纠纷的？

熟练运用人民调解的不同技巧。

1. 以小组为单位让学生自行分配角色并开展讨论。
2. 各组学生拟定调解技巧，并阐述理由。
3. 学生自我评价实训效果。
4. 教师点评、总结实训活动情况。

思考与练习

1. 如何在调解中运用纠纷要素技巧？
2. 如何在调解中运用调解语言技巧？
3. 如何理解调解中的方法与技巧的结合运用？

【**案例 1**】A 大厦是某市重点项目，工程周围都是居民住宅，距离最近处只有 10 米左右。开工后，四周居民陆续向社区反映住宅墙体出现裂缝、门窗开关困难、地砖开裂等一系列问题，并到街道、区政府上访，强烈要求赔偿。

问题：结合原因要素谈谈如何进行调解。

【**案例 2**】1958 年，陈婆婆位于村里的一处二百多平方米的祖产房屋被大队（村委会的前身）安排给他人借住；1961 年，大队把该房屋产权确权给了借住人；1994 年，该处房子被借住人折价变卖。陈婆婆和儿子曾经多次强烈要求收回该房子，但因历史久远等原因一直未能如愿。2009 年 4 月，陈婆婆再次来到该镇司法所要求调处解决此事。

问题：结合情节要素谈谈如何进行调解。

【**案例 3**】2009 年 1 月 22 日早上 8 点，受雇于某海洋工程有限公司（以下简称"乙方"）并被指派到某船舶修造有限公司（以下简称"丙方"）工作的窦某，与往常一样进入某船舶修造有限公司上班，但是到了下午下班时，窦某未能按时回家，也没有向家人打过任何招呼。于是家人十分着急，四处向窦某的亲朋好友和同事打听，都说不知此人去向。到了晚上 8 点，窦某家人又到公司去找人，但公司监控录像中只有窦某早上上班时进公司大门的画面，却不见其下班时出公司大门的人影。经家人和公司方一个多月地四处寻找和打听，仍没有窦某的任何消息。于是，窦某的家属（以下简称"甲方"）认为窦某已经失踪死亡，要求乙、丙两方按人身死亡的赔偿标准进行赔偿。但三方通过多次协商，都未能达成协议。于是，三方向街道调委会提出申请，要求给予调处。

2009年3月9日，街道调委会同意受理后，立刻成立了专案组。经查，调委会工作人员面临以下几个方面的问题：①失踪家属家庭经济困难，要求调委会以人身死亡的赔偿办法进行调解；②某船舶修造有限公司属于该区大型企业，如果处理不当，以后再发生此类案件，会给企业带来不利的影响；③没有目击证人，公司的监控录像也只能证明窦某在上班时进了厂区，不能证明其失踪原因；④失踪者家属人数众多，如果调解不当将会演变成群体性事件。

问题：请同学们运用本单元所学知识，综合运用各种技巧调解此纠纷。

1. 王红梅编著：《新编人民调解工作技巧》，中国政法大学出版社2006年版。

2. 宋才发、刘玉民主编：《调解要点与技巧总论》，人民法院出版社2007年版。

3. 姜小川主编：《人民调解实用手册》，中国法制出版社2009年版。

4. 何兵主编：《和谐社会与纠纷解决机制》，北京大学出版社2007年版。

5. 刘树桥、马辉主编：《人民调解实务》，暨南大学出版社2008年版。

6. 刘最跃编著：《人民调解原理与实务》，湖南人民出版社2008年版。

单元六习题库

单元七　人民调解文书制作

○ 导入案例

李某和王某签订一份货物买卖合同，合同价款为 50 万元，违约金为 5 万元。后因李某的生产技术不合格，生产出来的货物无法达到合同约定的标准，王某拒绝受领货物，认为李某的行为构成根本违约，要求李某承担责任，双方就此发生争议。经过人民调解委员会调解，双方达成调解协议，李某同意赔偿王某损失 4 万元，并在调解协议达成后的 10 天内履行协议。但是，10 天后李某并没有按照调解协议的约定向王某支付款项。

问题：1. 如果王某欲申请调解，应如何申请？

2. 调解协议的有效要件是什么？应如何制作？

3. 王某是否可以就调解协议直接向人民法院申请强制执行？如果双方当事人将调解协议进行了公证，对该公证文书是否可以向人民法院申请强制执行？

4. 该案从人民调解委员会接受调解开始，经人民调解委员会调解成功到当事人自觉履行，人民调解委员会共应制作多少种调解文书？都是哪几种调解文书？

 基础知识

一、人民调解文书概述

人民调解文书，是指在人民调解委员会调解处理民间纠纷的过程中所形成的，反映纠纷调处的事实、过程和结果，具有一定法律意义和格式要求的书面文字材料。

人民调解文书种类较多。一般而言，按照形成的时间顺序，主要分为人民调解申请书、民间纠纷受理登记表、调查笔录、调解笔录、人民调解协议书、民间纠纷调解登记表和回访记录等。

人民调解文书具有如下特征：

1. 主体的特定性。人民调解文书的主体就是人民调解文书的制作者，即人民调解的主体——人民调解委员会和纠纷当事人。不同的调解文书，其主体也有所差异。例如，调解申请书的制作者是纠纷当事人；纠纷受理登记表的制作者是人民调解委员会；人民调解协议书由调解委员会制作，但要有纠纷当事人和调解员的签名。

2. 内容的真实性。调解文书是调解工作的真实记录，其内容必须真实，不允许虚构和假设。例如，调解申请书必须是纠纷当事人愿意通过调解方式解决纠纷的真实意思表示；调查笔录须是客观反映案件真实情况、当事人以及相关人员意见的客观描述；调解记录、回访记录必须是对调解情况和回访情况的实事求是的记载；人民调解协议书则必须是当事人的真实意愿的反映，虚假的调解协议无效。

3. 格式的规范性。每类调解文书，根据其性质和内容，都有比较固定的格式要求，包括首部、正文和尾部三个组成部分。规范的人民调解文书是人民调解工作规范化的重要体现。司法部专门印发了《人民调解文书格式》，对调解文书的格式作了统一的要求。

4. 表述的准确性。人民调解文书对语言表述有很高的要求，必须规范使用书面语言，要做到表意精确、解释单一，不能模棱两可；用词精炼、言简意赅、通俗易懂，不使用方言土语；句式结构完整齐全，合乎语法规则；文风朴实鲜明、严谨庄重。

5. 功能的法律性。人民调解文书是具有法律意义的文书，各类调解文书有着不尽相同的法律价值和意义。例如，人民调解协议书是对矛盾纠纷当事人双方的权利义务关系结论的证明，合法有效的人民调解协议书具有民事合同的法律效力；人民调解申请书是调解工作及所达成的调解协议具有合法性、有效性的有力证据；调解笔录是对调解程序正确性、公正性的证明。

人民调解文书是人民调解工作的真实记录，是有关机关检查人民调解工作质量的依据，也是记载当事人之间纠纷状况的不可缺少的重要证据。正确制作人民调解文书，对真实、全面地记载人民调解活动，客观反映民间纠纷情况，确定双方当事人的权利义务关系，检验调解工作质量等方面有着重要意义。

二、调解申请书

(一) 调解申请书的内涵

调解申请书是当事人向人民调解组织提交的要求调解其纠纷的书面申请。民间纠纷调解的基础是纠纷双方当事人自愿的意思表示。调解自愿原则是贯彻民间纠纷调解处理始终的一项基本原则，因此，发生民间纠纷之后是否通过调解解决纷争，是纠纷当事人的权利。调解申请书能表明人民调解是在双方当事人同意、自愿的基础上进行的。通过调解申请书，人民调解委员会还可以了解当事人的基本情况以及纠纷的事实情况。另外，调解申请书还是证明当事人及时行使权利、引起诉讼时效中断的有力证据。

《人民调解法》第 17 条规定："当事人可以向人民调解委员会申请调解；人民调解委员会也可以主动调解。当事人一方明确拒绝调解的，不得调解。"当事人申请调解纠纷的，可以书面申请，也可以口头申请。

（二）调解申请书的格式

调解申请书

当事人（自然人姓名、性别、年龄、民族、职业、单位或住址，法人及社会组织的名称、地址、法定代表人姓名和职务）：＿＿＿＿＿＿＿＿＿＿＿

＿＿＿＿＿＿＿＿＿＿＿＿＿＿＿＿＿＿＿＿＿＿＿＿＿＿＿＿＿＿＿＿

＿＿＿＿＿＿＿＿＿＿＿＿＿＿＿＿＿＿＿＿＿＿＿＿＿＿＿＿＿＿＿＿

纠纷事实及申请事项：＿＿＿＿＿＿＿＿＿＿＿＿＿＿＿＿＿＿＿＿＿＿

＿＿＿＿＿＿＿＿＿＿＿＿＿＿＿＿＿＿＿＿＿＿＿＿＿＿＿＿＿＿＿＿

＿＿＿＿＿＿＿＿＿＿＿＿＿＿＿＿＿＿＿＿＿＿＿＿＿＿＿＿＿＿＿＿

＿＿＿＿＿＿＿＿＿＿＿＿＿＿＿＿＿＿＿＿＿＿＿＿＿＿＿＿＿＿＿＿

＿＿＿＿＿＿＿＿＿＿＿＿＿＿＿＿＿＿＿＿＿＿＿＿＿＿＿＿＿＿＿＿

＿＿＿＿＿＿＿＿＿＿＿＿＿＿＿＿＿＿＿＿＿＿＿＿＿＿＿＿＿＿＿＿

特申请×××人民调解委员会予以调解。

申请人：×××

××××年××月××日

（三）调解申请书的制作要求

调解申请书由首部、正文和尾部组成。

1. 首部。居中写明文书名称"调解申请书"，然后填写当事人的基本情况。当事人是自然人的，应当依次写明姓名、性别、年龄、民族、职业、单位或住址；如果当事人不具有民事行为能力，则应写明法定代理人的基本情况及其与当事人的关系。当事人是法人及其他社会组织的，应当详细填写法人及其他社会组织的名称、地址、法定代表人姓名及职务。如有第三人，也应按此要求写明与其相关的基本情况。纠纷当事人的基本情况必须清楚、明白、详细，这有助于负责组织调解处理的工作人员同纠纷双方取得联系，送达有关文书或通知，保证调解处理工作的顺利开展。

2. 正文。正文部分须写明"纠纷事实及申请事项"。"纠纷事实"是指纠纷发生的时间、地点、经过及存在的争议。"申请事项"相对于"纠纷事实"是独立的，其内容要突出申请人希望通过调解解决的事项。申请事项的提出应当明确、合法、具体，也要慎重、周密，切忌含糊、笼统，更不可无视事实和法律而提出无理或非法要求。

3. 尾部。依次填写申请人所要申请的调解委员会名称、申请人签名（如果是法人及其他社会组织的应加盖公章）、申请人申请的日期。

（四）示例

调解申请书

申请人：王某，男，28 岁，汉族，××省××市人，某市某建筑公司职工，住该公司职工宿舍。

被申请人：张某，男，32 岁，汉族，××省××县人，某市某建筑公司职工，住该公司职工宿舍。

纠纷事实及申请事项：2009 年 5 月 15 日 10 点左右，申请人王某在某市某建筑公司仓库门口与被申请人张某的妻子李某发生口角，并相互推扯起来，张某看到后便捡起一根扁形铁条打伤王某头部和背部，王某因此花去医疗费三千余元。王某要求张某赔偿医疗费、误工费、精神损害抚慰金等共计 1 万元，经多次讨要，未果。

特申请×××人民调解委员会予以调解。

申请人：王某

二〇〇九年五月二十八日

（五）制作调解申请书的注意事项

1. 调解申请书既可以由申请人本人填写，也可由他人代写，或者由调解员根据申请人口述的内容归纳书写，由申请人签名后提交人民调解委员会。乡、镇、街道人民调解委员会调解民间纠纷的，一般应当使用书面的调解申请书。

2. 人民调解申请书由一方当事人签字申请，若一方当事人是多人的，可以共同签字递交一份申请书。双方或者各方当事人都申请的，应分别填写申请书。双方或各方当事人对纠纷事实主张或陈述不一的，应当根据各自的主张或阐述，在各自的申请书中写明。

三、民间纠纷受理登记表

（一）民间纠纷受理登记表的内涵

民间纠纷受理登记表是人民调解委员会受理调解民间纠纷的简要记载。该表可以反映出纠纷的简要情况以及人民调解委员会是否受理该纠纷的结果与缘由。

经人民调解委员会调解，不制作书面调解协议的简易民间纠纷，填写民间纠纷受理登记表后，不必再填写其他调解文书。人民调解组织受理矛盾纠纷应当遵循便利当事人申请调解、便利调解委员调解的原则。应当由当事人的住所地、纠纷发生地、不动产或主要遗产所在地来确定受理。

《人民调解工作若干规定》第20条规定："人民调解委员会调解的民间纠纷，包括发生在公民与公民之间、公民与法人和其他社会组织之间涉及民事权利义务争议的各种纠纷。"第23条第3款规定："受理调解纠纷，应当进行登记。"

（二）民间纠纷受理登记表的格式

民间纠纷受理登记表

民间纠纷受理登记表

纠纷类别：_____ 编号：（   ）×民调字第×××号

当事人（自然人姓名、性别、年龄、民族、职业、单位或住址，法人及其他社会组织的名称、地址、法定代表人姓名和职务）：_____

_____

_____

纠纷简要情况：_____

_____

_____

_____

_____

_____

经审查，该纠纷符合调解条件，×××人民调解委员会于____年____月____日受理该纠纷。

（因_____，决定不受理该纠纷，告知当事人_____。）

登记人：×××

××××年××月××日

（三）民间纠纷受理登记表的制作要求

民间纠纷受理登记表由首部、正文和尾部组成。

1. 首部。居中写明文书名称"民间纠纷受理登记表"，然后依次填写纠纷类别、编号、当事人。其中，"纠纷类别"栏按民间纠纷内容分类（如婚姻、邻里、赔偿等）填写。"编号"栏按有关规定或各人民调解委员会自定的办法填写，可为（ ）×民调字第×××号，括号里填年份，第一个"×"代表制作该"协议书"的调解委员会的简称，第二个"×××"代表调解纠纷的顺序号。"当事人"栏应列明纠纷的所有当事人，其具体要求同"调解申请书"。

2. 正文。"纠纷简要情况"栏填写纠纷发生的时间、地点、具体当事人及纠纷经过。人民调解委员会应当根据具体情况，分别选择"受理""不受理"栏目，填入适当内容。"不受理"栏目中应填明因何种原因决定不受理该纠纷，并告知当事人如何处理。

3. 尾部。登记人签名，由负责填写民间纠纷受理登记表的人民调解员签署姓名，并填写登记日期。

（四）示例

民间纠纷受理登记表（一）

纠纷类别：人身损害赔偿　　　　　　编号：（2009）×民调字第×××号

申请人：王某，男，28岁，汉族，××省××市人，某市某建筑公司职工，住该公司职工宿舍。

被申请人：张某，男，32岁，汉族，××省××县人，某市某建筑公司职工，住该公司职工宿舍。

纠纷事实及申请事项：2009年5月15日10点左右，申请人王某在某市某建筑公司仓库门口与被申请人张某的妻子李某发生口角，并相互推扯起来，张某看到后便捡起一根扁形铁条打伤王某头部和背部，王某因此花去医疗费三千余元。王某要求张某赔偿医疗费、误工费、精神损害抚慰金等共计1万元。张某认为事情的起因在于王某，王某对损害的发生也有责任，况且王某的赔偿数额要求过高，难以接受。

经审查，该纠纷符合调解条件，×××人民调解委员会于2009年5月15日受理该纠纷。

登记人：李某

二○○九年六月二日

民间纠纷受理登记表（二）

纠纷类别：行政争议　　　　　　编号：（2009）×民调字第×××号

申请人：谭某，女，45岁，汉族，个体工商户，住××省××市××区××街××号。

被申请人：××省××市××区工商行政管理局，位于××省××市××区××路××号。法定代表人郭某，局长。

纠纷事实及申请事项：

2008年11月15日，被申请人××省××市××区工商行政管理局接到举报，称申请人谭某正在销售假冒"××"的保暖内衣，遂立案查处。2009年1月10日，××区工商行政管理局认定谭某经销的28套"××"保暖内衣为假冒商品，责令谭某停止违法行为；没收谭某所经销的28套假冒"××"保暖内衣；对谭某罚款5000元人民币。谭某对该行政处罚决定不服，申请人民调解。

因该纠纷属行政争议，不属人民调解受案范围，决定不予受理，告知当事人自收到行政处罚决定书之日起60日内申请行政复议，或者自收到行政处罚决定书之日起 3 个月内直接向人民法院提起诉讼。

登记人：林某

二〇〇九年一月二十日

（五）制作民间纠纷受理登记表的注意事项

1. 人民调解委员会应根据具体情况，分别选择"受理""不受理"栏目，不能既填写受理该纠纷的内容，又填写不受理的内容。

2. 对于人民调解委员会受理调解，又不制作书面调解协议的简易民间纠纷，填写民间纠纷受理登记后，不必再填写其他调解文书。

四、调查笔录

（一）调查笔录的内涵

调查笔录是人民调解委员会受理民间纠纷后，向有关人员访问了解纠纷情况时所作的文字记录。调查笔录是调解人员调解处理民间纠纷取证的重要手段和证明，是调解人员掌握纠纷客观情况、分清是非、研究讨论调解纠纷并提出调解意见的依据，直接关系到调解处理民间纠纷的质量。

《人民调解工作若干规定》第 26 条规定："人民调解委员会调解纠纷，应当分别向双方当事人询问纠纷的事实和情节，了解双方的要求及其理由，根据需要向有关方面调查核实，做好调解前的准备工作。"

（二）调查笔录的格式

调查笔录

时间：_____

地点：_____

事由：_____

被调查人：_____

参加人：_____

笔录：_____

_____

_____

_____

_____

被调查人：×××

参加人：×××

调查人：×××

记录人：×××

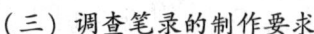
×××× 年 ×× 月 ×× 日

（三）调查笔录的制作要求

调查笔录由首部、正文和尾部组成。

1. 首部。居中写明文书名称"调查笔录"，然后依次填写时间、地点、事由、被调查人、参加人等栏目。其中，"时间"栏填写调查的当天日期，填至年、月、日，如有必要可以具体到时、分。"地点"栏按实际情况填写调查时所在场所。"事由"系指为哪一项纠纷而做的调查，内容应与卷宗的卷名相同。"被调查人"栏应填写被调查人的姓名、性别、年龄、单位或住址，如果被调查人与纠纷当事人有特殊关系的，如系当事人的亲属、同事、邻居或某事件的见证人等，还应在笔录中注明，以作为谈话内容证明力大小的鉴别依据。"参加人"系指调查时除调查人、被调查人和记录人之外的其他在场人员。

2. 正文。正文是调查笔录的核心部分，可采用问答方式记录。在调查笔录的开头，一般应记录调查人告知被调查人自己的身份和意图的情况。记录调查人和被调查人的谈话内容，尽量记录原话、原意，客观、全面、准确地记录被调查人陈述的全部内容，特别要详细记录纠纷的关键情节。笔录形成后，应交给被调查人校阅或者向被调查人宣读。如果被调查人要求对笔录进行补正的，要当场进行补正。

3. 尾部。尾部要有被调查人、调查人、记录人的签名。

（四）示例

调查笔录

时间：2009 年 5 月 29 日。

地点：某市某建筑材料公司办公室。

事由：王某与张某人身损害赔偿纠纷。

被调查人：陈某，男，32 岁，×× 省 ×× 县人，某市某建筑材料公司职工，现住该公司职工宿舍。

调解员（以下简称"调"）：你好，我是 ××× 人民调解委员会的调解员林某，今天来是想了解一下我们正在调解的王某与张某人身损害赔偿纠纷的有关情况，如果你了解一些情况，希望你如实陈述事实。

陈某（以下简称"陈"）：好。

调：你的个人情况？

陈：我叫陈某，1977 年 2 月 12 日出生，汉族，大专文化程度，×× 省 ×× 县人，某市某建筑材料公司职工，现住我公司宿舍。

调：你在公司是什么职务？

陈：是公司的施工员。

调：2009 年 5 月 15 日 10 点左右，你在公司吗？

陈：在。

调：王某与张某打架时你在场吗？

陈：在。

调：你把当时的情况说一遍。

陈：5 月 15 日 9 点 30 分左右，我和公司司机王某回公司拉东西，到公司后，我在后面把一些东西搬到车上，王某就到仓库找保管员拿材料。当我把东西搬上车后，去找王某时，就看见王某和保管员李某在争吵。他们好像是因为电焊机的事在吵，李某说王某到老板那里告她的状，说她私自将电焊机借给外人用。我上去劝他们，但他们越吵越厉害，我就把王某往外面拉，但李某也跟着出来，走到车间门口时他们又吵了起来，而且比原来还凶，甚至相互推扯起来。因为李某的老公正在车间里上班，我就喊他过来，想让他把他老婆拉开，但张某看到他老婆受欺负，他跑过来时从地上捡起一根铁条。我看到张某拿着铁条过来，马上过去抱住他，叫他不要冲动，他对我说"你不要拦着我啊"，然后就挣开我上去打了王某几下，当时王某的头就流血了，我们就报了警。

调：他们为什么打架？他们平时有什么矛盾吗？

陈：没什么矛盾，就是因为李某和王某吵架才打起来的。

调：当时在场的还有谁？

陈：我们公司很多职工都在场。

调：王某被打到什么部位？

陈：头部和背部。

调：张某是用什么打王某的？

陈：是用从车间地上捡的铁条。

调：什么样的铁条？

陈：有 50 厘米长、3 厘米宽的扁形铁条。

调：王某有没有打张某？

陈：没有。

调：王某有没有打李某？

陈：我没有看到他打过李某。

调：你和王某是什么关系？

陈：我们只是同事。

调：你还有什么需要补充说明的吗？

陈：没有了。

调：好，今天就谈到这里，请你看看。刚才的笔录是否有误？如果有误，请提出；如果没有出入，请签名。

陈：以上笔录我看过，跟我讲的完全一样。

被调查人：陈某
调查人：林某

记录人：陆某

二〇〇九年五月二十九日

（五）制作调查笔录的注意事项

1. 首先要向被谈话人介绍自己人民调解员的身份，向被谈话人讲明要实事求是地陈述事实。

2. 要将被谈话人的基本情况问清记好，以便以后有什么问题及时联系。

3. 要真实、全面、客观地记录所调查的事实，对矛盾纠纷的主要事实和关键性情节的记录力求详细、具体、准确。对提供的一些模糊情况，如大概、可能、好像等含混不清或前后矛盾的词，应及时引导，问清记明，在同一份笔录中陈述不能前后自相矛盾。

4. 首页不够用，可接用笔录纸副页。每一页都必须注明页码序号并在最后一页注明本调查笔录共几页，被调查人应当在每一页的序号上捺指印。最后页要有调查人、被调查人和记录人的签名。被调查人要在每一页上签名。

5. 因调查的次数可能不止一次，调查笔录的数量可能有多份。如果对同一个被调查人形成两份以上笔录，且前一份笔录的内容与后一份笔录内容有矛盾时，必须让被调查人确认以哪份笔录为准。

6. 记录完毕，应当场交被调查人核对。被调查人如果认为记录有遗漏或有差错，应当补充或更正，补充或更正的地方和内容必须加盖被调查人的印章或让被调查人捺手印。

五、调解笔录

（一）调解笔录的内涵

调解笔录是人民调解委员会在掌握纠纷事实的基础上，依据国家法律、法规、规章和政策，对当事人进行说服教育、疏导规劝，促使当事人达成协议过程的文字记录。调解笔录是对当事人真实意思表示的记录，也是检验人民调解委员会工作质量的重要材料。调解笔录还有利于掌握本辖区的民间纠纷调解工作情况，从而找出规律，总结经验，吸取教训，指导和促进调解工作走向规范化。

《人民调解工作若干规定》第 28 条规定："人民调解委员会调解纠纷，一般在专门设置的调解场所进行，根据需要也可以在便利当事人的其他场所进行。"第 30 条规定："人民调解委员会调解纠纷，在调解前应当以口头或者书面形式告知当事人人民调解的性质、原则和效力，以及当事人在调解活动中享有的权利和承担的义务。"第 31 条规定："人民调解委员会调解纠纷，应当在查明事实、分清责任的基础上，根据当事人的特点和纠纷性质、难易程度、发展变化的情况，采取灵活多样的方式方法，开展耐心、细致的说服疏导工作，促使双方当事人互谅互让，消除隔阂，引导、帮助当事人达成解决纠纷的调解协议。"

（二）调解笔录的格式

调解笔录

时间：＿＿＿＿＿＿＿＿＿＿＿＿＿＿＿＿＿＿

地点：＿＿＿＿＿＿＿＿＿＿＿＿＿＿＿＿＿＿

事由：＿＿＿＿＿＿＿＿＿＿＿＿＿＿＿＿＿＿

参加人：＿＿＿＿＿＿＿＿＿＿＿＿＿＿＿＿

当事人：＿＿＿＿＿＿＿＿＿＿＿＿＿＿＿＿＿＿＿＿

＿＿＿＿＿＿＿＿＿＿＿＿＿＿＿＿＿＿＿＿＿＿＿＿＿＿＿＿＿＿

＿＿＿＿＿＿＿＿＿＿＿＿＿＿＿＿＿＿＿＿＿＿＿＿＿＿＿＿＿＿

笔录：＿＿＿＿＿＿＿＿＿＿＿＿＿＿＿＿＿＿＿＿＿＿＿＿＿＿

＿＿＿＿＿＿＿＿＿＿＿＿＿＿＿＿＿＿＿＿＿＿＿＿＿＿＿＿＿＿

＿＿＿＿＿＿＿＿＿＿＿＿＿＿＿＿＿＿＿＿＿＿＿＿＿＿＿＿＿＿

＿＿＿＿＿＿＿＿＿＿＿＿＿＿＿＿＿＿＿＿＿＿＿＿＿＿＿＿＿＿

＿＿＿＿＿＿＿＿＿＿＿＿＿＿＿＿＿＿＿＿＿＿＿＿＿＿＿＿＿＿

＿＿＿＿＿＿＿＿＿＿＿＿＿＿＿＿＿＿＿＿＿＿＿＿＿＿＿＿＿＿

当事人：×××

参加人：×××

调解员：×××

记录人：×××

××××年××月××日

（三）调解笔录的制作要求

调解笔录由首部、正文和尾部组成。

1. 首部。居中写明文书名称"调解笔录"，然后依次填写时间、地点、事由、参加人、当事人等栏目。其中，"时间"栏填写调解的当天日期，具体至年、月、日。"地点"栏填写具体明确的调解地点。"事由"栏填写为哪一项具体纠纷而做的调解。调解笔录的事由应与卷宗的卷名、调查笔录的事由相同。"参加人"栏填写接受人民调解委员会邀请、协助开展调解工作的人员。"当事人"栏填明到场接受调解的全部当事人。

2. 正文。调解笔录的正文部分是具体调解过程的记录，应对双方当事人的陈述以及就争议问题展开的论辩进行客观、全面、真实的记录，清楚地记录调解人员在调解过程中发表的调解意见以及双方当事人对调解意见的态度。对双方当事人达成协议的内容以及达不成协议的原因要进行详细记录。

3. 尾部。笔录经当事人校阅或向当事人宣读后，由当事人、参加人、调解员和记录人在笔录尾部的相应栏目签名。

（四）示例

调解笔录

时间：2021 年 10 月 25 日。

地点：×××人民调解委员会调解室。

事由：刘某与某超市人格权纠纷。

申请人：刘某（以下简称"刘"），女，23 岁，汉族，××省××市人，××市××有限责任公司职工，现住××市××路××号 2 栋 1 单元 101 号。

被申请人：某超市，位于××市××区××路××号，法定代表人周某（以下简称"周"），超市经理。

记录员：申请人刘某与被申请人某超市人格权纠纷，经本人民调解委员会审查，符合人民调解受理范围，决定进行调解。

记录员：现在宣布调解庭纪律。当事人、参加旁听人员必须遵守本调解庭纪律，不得喧哗、吵闹、鼓掌，不准随意走动；不准实施其他妨碍调解活动的行为；调解员有权制止任何影响调解进程的行为。

调解员（以下简称"调"）：现在核对当事人身份。

申请人：略。

被申请人：略。

调：×××人民调解委员会现在对刘某与某超市人格权纠纷开始调解。依照《人民调解法》第 23 条规定："当事人在人民调解活动中享有下列权利：（一）选择或者接受人民调解员；（二）接受调解、拒绝调解或者要求终止调解；（三）要求调解公开进行或者不公开进行；（四）自主表达意愿、自愿达成调解协议。"第 24 条规定："当事人在人民调解活动中履行下列义务：（一）如实陈述纠纷事实；（二）遵守调解现场秩序，尊重人民调解员；（三）尊重对方当事人行使权利。"根据《最高人民法院关于审理涉及人民调解协议的民事案件的若干规定》第 1 条的规定，经人民调解委员会调解达成的、有民事权利义务内容，并由双方当事人签字或者盖章的人民调解协议，具有民事合同性质。当事人应当按照约定履行自己的义务，不得擅自变更或解除调解协议。当事人对上述权利、义务是否听清？

刘：听清了。

周：听清了。

调：依据《人民调解法》，现在依法对刘某与某超市人格权纠纷进行调解，由人民调解员陆某主持今天的调解活动，林某担任记录员。

调：现在由申请人陈述事实和理由。

刘：2021 年 10 月 7 日晚上 7 点左右，我到某超市想买方便面，但没找到想要的品牌，准备离开，在出门时报警器响了起来。营业员前往查看，她让我反复通过检测门，警报仍然响起。营业员又叫来保安对我进行检查，我将口袋和包里的东西都拿出来，也没有发现可疑物品。保安就让营业员把我带到办公室搜身检查。事情经过就是这样的。

调：被申请人对事情发生的过程有无异议？

周：基本上是这样的。但有一点需要说明，当时在办公室搜身的时候没有其他人在场。

刘：有没有其他人在场你都没有权利搜，而且在大厅里搜包、搜口袋的时候有很多人围观。我要求他们赔礼道歉、赔偿损失。

调：被申请人认为申请人身上有未消磁物品时将其拦阻并无不当，但经营者不得搜查消费者的身体及其携带的物品，这在我国《消费者权益保护法》中有明确规定。超市应通过有关部门（如公安机关）进一步处理。根据《民法典》及《消费者权益保护法》的相关规定，超市对刘某进行搜身的行为损害了刘某的名誉及人格尊严，已构成侵权，必须对此承担民事责任。

周：我们已经认识到自己的错误。

调：你们双方对于纠纷事实没有大的争议，现在谈谈对此事的解决方案吧。

周：我刚才说了，我们承认错误，当没发现可疑物品时，我们的工作人员就对刘某表示过歉意。这里我再次代表超市对我们工作中的失误向刘某道歉。

刘：不行，我要求通过媒体公开道歉，并赔偿精神损失费 5000 元。

周：5000 元，你狮子大开口吧。

刘：你们对我造成了严重的精神伤害和人格侮辱，这些都是无法用金钱弥补的。现在小区还有人对我指指点点，我都无脸见人了，还经常失眠。

调：刘某提出来的赔礼道歉和精神损害赔偿要求都是有法律依据的，现在双方当事人对赔礼道歉的方式和精神损害赔偿的数额有分歧。我提个方案，供你们参考。由于光顾超市的大部分是附近小区的居民，赔礼道歉就不用通过媒体了，在超市大厅张贴向刘某道歉的公告。精神损害赔偿呢，超市应该承担，但数额方面，刘某能否退让一步。

周：我们超市规模比较小，除去各种开支，也赚不了多少钱，5000 元的精神损失费太高了，我们可以赔 2000 元。

刘：我也不是不通情达理的人，也不是冲钱来的，既然他们有诚意，2000 元的赔偿我接受，但必须像刚才调解员说的，在超市大厅张贴道歉声明半个月。

调：对刚才刘某提出的要求，超市能否接受？

周：可以接受。

调：经过刚才调解，纠纷当事人自愿达成如下协议：①某超市赔偿刘某精神损害抚慰金 2000 元；②某超市在其大厅张贴向刘某道歉的公告半个月。

调：当事人对以上协议有无异议？

刘：无异议。

周：无异议。

调：上述协议，在当事人签字盖章后，具有民事合同性质，当事人应当按照约定履行自己的义务，不得擅自变更或解除协议。

调：某超市与刘某人格权纠纷，经×××人民调解委员会依法调解，现已达成调解协议，本纠纷调解到此结束。

申请人：刘某

被申请人：某超市（盖章）

法定代表人：周某

调解员：陆某

记录人：林某

二〇二一年十月二十五日

（五）制作调解笔录的注意事项

1. 调解笔录应客观、全面、准确地反映调解活动的全过程，写明分歧焦点、双方当事人的要求及各自阐述的理由，调解人员所采取的调解措施、调解手段、达成协议的主要内容或未达成协议的主要原因。

2. 调解笔录可以采取对话形式，如实归纳记录各方的发言意见，应客观、真实、整洁、简练。

3. 因调解的次数可能不止一次，调解笔录可能有多份。

六、人民调解协议

（一）人民调解协议的基本理论

《人民调解法》第 28 条规定："经人民调解委员会调解达成调解协议的，可以制作调解协议书。当事人认为无需制作调解协议书的，可以采取口头协议方式，人民调解员应当记录协议内容。"人民调解协议是民间纠纷调解活动的载体，是人民调解员调解矛盾纠纷后制作的特殊"产品"，记录矛盾纠纷经过调解而获得解决的全过程。人民调解协议是最重要的调解文书，在全部调解文书中居于核心地位。

1. 人民调解协议的概念。依照司法部的《人民调解工作若干规定》以及《最高人民法院关于审理涉及人民调解协议的民事案件的若干规定》，人民调解协议是在人民调解委员会的主持下，纠纷当事人依照国家法律、法规、规章、政策和社会主义道德，在查清事实、分清责任的基础上，通过平等协商、互谅互让，对纠纷的解决自愿达成一致意见的意思表示。该解释重在强调人民调解协议的形成过程。据此，人民调解协议的概念也可以简要地概括为：人民调解协议是发生民间纠纷的当事人在人民调解委员会的主持、调解下，自愿达成的解决纠纷的协议。

人民调解协议不同于当事人自行协商签订的协议，也不同于人民法院制作的调解书。人民调解协议是在人民调解委员会主持下达成的，是否经过人民调解委员会调解，是人民调解协议区别于双方当事人自行协商签订的协议以及人民法院制作的调解书的重要标志。未经人民调解委员会调解，双方当事人私下签订的解决纠纷的协议不是人民调解协议，不具有人民调解协议的效力。人民法院在审理民事案件的过程中，可以对纠纷进行调解，调解达成的协议用调解书的形式送达双方当事人，与法院裁判具有同等法律效力；如果一方当事人不履行义务，另一方当事人可以直接向人民法院申请强制执行。

人民调解协议有两种方式：①口头协议。对于简单的纠纷，在当事人同意的情况下可以达成口头协议。②书面协议。《人民调解法》第 28 条规定："经人民调解委员会调解达成调解协议的，可以制作调解协议书。当事人认为无需制作调解协议书的，可以采取口头协议方式，人民调解员应当记录协议内容。"本单元调解文书中的人民调解协议指的是书面的人民调解协议。

2. 人民调解协议的性质。《最高人民法院关于审理涉及人民调解协议的民事案件的若干规定》第 1 条规定："经人民调解委员会调解达成的、有民事权利义务内容，并由双方当事人签字或者盖章的调解协议，具有民事合同性质……"

民事合同是平等主体的自然人、法人和其他组织之间设立、变更、终止民事权利义务关系的协议。凡是在民事主体之间就财产利益或者某些身份利益所自愿达成的协议，均属民事合同。

人民调解组织调解的范围主要是民间纠纷，属于私法调整的范围。而私法以平等和自治为基本理念，意思自治的真谛在于尊重选择，其基本点是自主参与和自负责任。人民调解协议是当事人在平等和自愿的前提下签订的，虽然双方可能都做出了让步，牺牲了自己在纠纷发生时要求的部分利益，但这正是当事人自主参与的结果，自主参与者对于参与所导致的结果承担责任。同时，人民调解协议虽然是由人民调解委员会主持并促使双方当事人达成的，但是双方当事人意思表示一致的结果，是双方当事人在地位平等的基础上自愿达成的确立、变更、终止民事权利义务关系的协议。当事人在合同订立过程中所采用的协商方式、方法不同，不改变民事合同本身的性质。因此，调解委员会的介入，并未改变人民调解协议民事合同的性质。

人民调解协议属于当事人对其已经发生的争议达成的处理其民事权利义务的合同，在传统民法上称之为和解合同。鉴于我国《民法典》合同编规定的合同种类中没有和解合同，所以它属于无名合同。

需要注意的是，只有有民事权利义务内容的调解协议才具有民事合同的性质。有些人民调解协议，其内容不涉及民事权利义务。例如，妻子与丈夫约定改掉酗酒恶习，或遇事与妻子商量、不擅自做主，等等。这样的调解协议不具有民事合同的性质，不具有法律意义。这种调解协议虽然不会对当事人产生法律约束力，但可以发挥道德约束作用，对净化社会风气、建设和谐社会具有积极意义。

因此，仍要鼓励当事人通过达成协议来解决纠纷。

3. 人民调解协议的法律效力。人民调解协议作为无名合同，应当根据《民法典》合同编通则第467条及《民法典》合同编通则的其他有关规定确认调解协议是否成立及其是否具有法律效力。涉及婚姻、收养、监护等有关身份关系的人民调解协议，应当根据《民法典》总则编、婚姻编、继承编等规定以及行政法规和司法解释的有关规定处理。

根据我国《民法典》总则编、合同编的有关规定，依法成立的合同，对合同当事人具有法律约束力：①当事人双方在享有协议约定的权利的同时，必须全面履行协议约定的义务。若不履行协议约定的义务，即属于违约行为，应承担相应的违约责任。②《人民调解法》第33条规定："经人民调解委员会调解达成调解协议后，双方当事人认为有必要的，可以自调解协议生效之日起三十日内共同向人民法院申请司法确认，人民法院应当及时对调解协议进行审查，依法确认调解协议的效力。人民法院依法确认调解协议有效，一方当事人拒绝履行或者未全部履行的，对方当事人可以向人民法院申请强制执行。人民法院依法确认调解协议无效的，当事人可以通过人民调解方式变更原调解协议或者达成新的调解协议，也可以向人民法院提起诉讼。"③根据《最高人民法院关于审理涉及人民调解协议的民事案件的若干规定》第10条的规定，具有债权内容的调解协议，公证机关依法赋予强制执行效力的，债权人可以向被执行人住所地或者被执行人的财产所在地人民法院申请执行。

在民事诉讼中，人民调解协议书具有较强的证明力。人民调解协议书在证据种类上属于书证。人民调解协议书的内容是在人民调解委员会主持下达成的纠纷解决共识，其写明了纠纷发生的原因、主要事实、达成协议的内容，并有当事人的签名或盖章、调解员的签名和人民调解委员会的印章，是双方自愿达成协议的真实记录，在制作程序上是比较严格的。因此，人民调解协议书一般来说具有比普通合同更强的证明力。《最高人民法院关于审理涉及人民调解协议的民事案件的若干规定》第3条第1、2款规定："当事人一方起诉请求履行调解协议，对方当事人反驳的，有责任对反驳诉讼请求所依据的事实提供证据予以证明。当事人一方起诉请求变更或者撤销调解协议，或者请求确认调解协议无效的，有责任对自己的诉讼请求所依据的事实提供证据予以证明。"因此，经过人民调解且达成协议的一方或双方当事人反悔起诉到人民法院的，如果没有新的确实、充分的证据加以证明，人民调解协议是不能被当事人单方面任意推翻的。

4. 人民调解协议的有效条件。人民调解协议的有效条件是指人民调解协议能够产生法律约束力必须具备的条件，是判断人民调解协议是否具有法律效力的标准。签订人民调解协议的目的在于得到法律的保护，只有有效的人民调解协议

才能受法律保护。根据《最高人民法院关于审理涉及人民调解协议的民事案件的若干规定》第 4 条的规定，有效的调解协议必须具备下列条件：

（1）当事人具有完全民事行为能力。当事人具有完全民事行为能力，是指当事人具有独立实施民事活动、取得民事权利、承担民事义务的资格。根据《民法典》第 17、18 条规定，18 周岁以上的自然人为成年人。成年人为完全民事行为能力人，可以独立实施民事法律行为。16 周岁以上的未成年人，以自己的劳动收入为主要生活来源的，视为完全民事行为能力人。当然，还要求当事人精神健康、智力健全。如果民间纠纷由限制民事行为能力人和无民事行为能力人引起，则由其监护人参加调解。纠纷当事人也可以委托、授权代理人参加调解。由于法人是抽象的组织体，其民事行为能力不以年龄和精神健康状况为条件。法人的民事行为能力自其成立时取得，至法人消灭时终止。由于法人本身不可能像自然人一样去实施民事法律行为，其行为能力通过法人的法定代表人或代理人实现。

（2）意思表示真实。意思表示真实，是指人民调解协议的当事人就纠纷解决所表达出来的意见与其内心真实意愿一致。意思表示真实有两层含义：一是"意思自由"，即当事人内心意思与外部表示是其自觉自愿作出的，不存在欺诈、胁迫等干涉和妨害其自由形成意思和自由表示意思的因素；二是"表示一致"，即表示出来的意思与行为人的内心真意相符，不存在误解、表示错误、内心保留等妨害意思表示一致的因素。

（3）不违反法律、行政法规的强制性规定或者社会公共利益。这里的法律指的是全国人大及其常委会制定的法律规范，行政法规指的是国务院制定的法律规范。法律规范可分为任意性规范和强制性规范。前者允许主体变更、选择或者排除该规范的适用；后者必须依照法律适用，不能以个人意志予以变更或排除适用。强制性规范不允许当事人违反，否则将导致法律的全然否定性评价，如不得买卖禁止流通物等。社会公共利益，是社会全体成员的共同利益，社会经济秩序、政治安定、道德风尚等皆应包括在内。当事人达成的人民调解协议如果损害了社会公共利益将会导致该协议无效。比如，当事人达成人民调解协议的目的是分配贩毒所得的赃款，从而解决他们之间因分赃不均产生的纠纷，那么该协议既违法又损害社会公共利益，因而无效。

人民调解协议必须同时具备上述条件才是有效的。缺乏上述条件中的任何一个，协议都不具有法律效力。

5. 人民调解协议的无效情形。无效人民调解协议，是指因欠缺人民调解协议的有效条件而不具有法律约束力，不发生履行效力的人民调解协议。《最高人民法院关于审理涉及人民调解协议的民事案件的若干规定》第 5 条明确规定了人民调解协议的无效情形，包括以下几种情况：

（1）损害国家、集体或者第三人利益。人民调解协议是针对当事人已经发生的纠纷达成的，目的是解决当事人的争议，对当事人的利益作出安排。当事人为解决争议对自己的利益进行处分，符合民法的平等自愿原则，法律对这种处分予以保护。例如，当事人自愿多补偿另一方当事人 1000 元以尽快解决纠纷，这是受法律保护的。但是，人民调解协议不能损害国家、集体或者第三人的利益，否则是无效的。因为其他主体的利益也是受法律保护的，任何人不得侵犯。例如，兄弟二人甲和乙由于财产继承发生纠纷，都认为自己分得的份额太少，后二人达成人民调解协议，约定把妹妹丙应继承的财产平分。这样的人民调解协议损害了合法继承人丙的利益，不产生法律效力。

（2）以合法形式掩盖非法目的。以合法形式掩盖非法目的，是指当事人达成人民调解协议的行为在形式上是合法的，但在目的上是非法的。在实施这种行为的过程中，当事人故意表示出来的形式并不是其要达到的目的，也不是其真实意思，而只是希望通过这种形式掩盖和达到其非法目的。例如，张某与其表哥周某签订了货物买卖合同，但张某无法按时交货，二人发生纠纷。后来二人在人民调解委员会的主持下达成了调解协议，张某表示愿意用所有的财产赔偿周某所受的损失。但事实上，张某欠银行一大笔货款，他赔偿周某的目的是转移财产、逃避银行的债务。这种行为就其外表来看是赔偿他人损失，是合法的，但是其目的是非法的，会对他人造成损害，因此这种协议是无效的。

（3）损害社会公共利益。社会公共利益，是指社会上大多数成员的利益，而不是哪一个单位、部门或者集团的利益，更不是某个个人的利益。社会公共利益具有广泛性和群众性，该利益的维护将有利于公众的生活、生产、学习和工作，对社会公共利益的破坏将影响广大群众的生产、生活与学习，给公众带来不便等。在我国，一般认为社会公共利益主要包括两大类，即公共秩序与公共道德。公共秩序是指社会之存在及其发展所必要之一般秩序。公共道德则是指社会存在及其发展所必要之一般道德。公共秩序和善良风俗对于维护国家、社会一般利益及社会道德观念具有重要价值。社会公共利益是社会全体的最高利益，不违反社会公共利益是人民调解协议的有效要件。违反社会公共利益的人民调解协议不发生法律效力。

（4）违反法律、行政法规的强制性规定。人民调解协议无论从内容还是从形式上来说都应具有合法性。全国人大及其常委会制定的法律中的强制性规范、国务院制定的行政法规中的强制性规范是确认调解协议效力的依据。违反法律、行政法规强制性规定的人民调解协议无效。例如，依据我国法律的规定，宅基地、农村土地、矿山的所有权是不能买卖的；在家庭财产继承上，男女享有平等权利。因此，违反上述规定的人民调解协议是无效的。

（5）人民调解委员会强迫调解的，调解协议无效。虽然人民调解是一种有效并且被广泛适用的纠纷解决方式，但是，纠纷当事人对是否采用这种方式有选择权。如果当事人不愿选用人民调解的方式，而是选择诉讼或者其他方式，那么人民调解委员会就不能进行调解。这是民法平等自愿原则的体现，也是人民调解自愿原则的要求。人民调解委员会无权决定当事人的意思。如果人民调解委员会强迫当事人调解就干涉了当事人的自由，达成的所谓的调解协议也不具有合法性，是无效的。

人民调解协议部分无效，不影响其他部分的效力，其他部分仍然有效。如果一个人民调解协议由若干部分组成，或在内容上可以分为若干部分，有效部分和无效部分可以独立存在。一部分内容无效并不影响另一部分内容的效力，那么一部分内容被确认无效后，其余部分继续有效。例如，兄弟甲、乙二人由于分家析产发生纠纷，二人达成的人民调解协议规定：二人各自保有已经分得的财产，但哥哥甲要借钱给弟弟乙搞副业，弟弟乙向哥哥甲支付利息。如果关于利息的约定违反了国家关于民间借贷最高利息的规定则属于高利贷，那么对于超过国家规定部分的利息可以认定为无效，但其他部分的约定仍属有效，当事人要遵照执行。

6. 人民调解协议的变更或撤销。人民调解协议的变更或者撤销，是指因人民调解协议当事人意思表示存在瑕疵，权利人通过行使变更权或者撤销权，使已经生效的协议发生变更或者归于消灭。

在实践中，由于客观情况的复杂性，以及受当事人主观条件的限制，在调解中会出现双方当事人签订协议之后，其中一方当事人发现协议内容不符合自己的真实想法，损害了自己的利益。在这种情况下，当事人可以依法变更或撤销已签订的人民调解协议。基于人民调解协议的本质属性及人民调解协议的民事合同性质，依据相关法律关于合同及民事行为的规定，纠纷当事人双方可以协商一致，就调解协议的内容予以变更或撤销，但任何一方纠纷当事人不得单独擅自变更或撤销调解协议。同样，基于人民调解协议的民事合同性质，依据《民法典》总则编及相关法律规定，如果人民调解协议违背了纠纷当事人的真实意思表示，当事人一方有权请求人民法院予以撤销。这样，享有撤销权的当事人通过行使撤销权，可以使已经生效的调解协议内容归于无效。

根据《最高人民法院关于审理涉及人民调解协议的民事案件的若干规定》第 6 条的规定，下列调解协议，当事人一方有权请求人民法院变更或撤销：

（1）因重大误解订立的。所谓重大误解，是指行为人对于与法律行为有关的重大事项存在错误认识，并使行为与自己的意思相悖的情形。

人民调解协议的当事人在作出意思表示时，对涉及协议法律效果的重要事项存在认识上的错误，误解人因此受到较大损失，以至于根本达不到缔约的目的。也就是说，误解人订立协议并不是其真正的意思表示，或者如果其对涉及协议法律效果的重要事项能正确认识就不会订立合同，在此种情况下，如果直接认定协议有效，会严重损害误解人的利益，亦不符合私法自治的宗旨，故而法律规定此种情况下订立的人民调解协议可变更或可撤销。因重大误解而可变更或可撤销的协议一般具有以下几个要件：

第一，误解一般是因受害方当事人自己的过失造成的，而不是因受到他人的欺骗或不正当影响造成的。这类协议多是由于当事人缺乏必要的知识、技能、信息或经验，从而导致协议内容与当事人自己的真实意思相违背。

第二，当事人的误解必须是对协议的主要内容构成重大误解。如果仅仅是对协议的非主要条款产生误解且并不影响当事人的权利义务关系，就不应作为重大误解。同时，误解还必须是重大的。对"重大"的确定，既要考虑误解者所误解的不同情况，考虑当事人的状况、活动性质、交易习惯等几个方面的因素，又要考虑因此给当事人造成的不利后果。

第三，误解直接影响当事人所应享有的权利和承担的义务。协议一旦履行，将会使误解方的利益受到较大损失。对"较大损失"的认定，应从人民调解协议解决的纠纷性质、当事人损失的金额等方面综合判断。

第四，重大误解与协议的订立或协议条件存在因果关系。如果没有这种误解，当事人将不会订立协议或虽订立协议但协议的条件将发生重大改变。发生与合同订立和合同条件无因果关系的误解之合同，不属于重大误解的合同。

（2）在订立调解协议时显失公平的。显失公平是指一方当事人利用自己的优势或者利用另一方没有经验、轻率，致使协议双方的权利义务严重不对等，明显违反了公平原则。需要注意的是，这种不公平是在订立协议时就已经存在，而不是订立协议后才出现的。显失公平的人民调解协议，应具备以下要件：

第一，一方具有利用自己的优势或者利用另一方没有经验、轻率而与对方订立显失公平的调解协议的故意。双方在订约能力和地位上处于不相等的地位，且一方有利用这种差异而与对方订立显失公平的调解协议的故意，这是造成当事人权利义务明显不公平的主要原因，同时也使对方在订立调解协议时未能真正地表达其真实的意思。所以，法律对这种情况予以相应的补救，使受害方可以在一定时间内撤销或变更协议。

第二，双方的权利义务明显不对等。根据显失公平的调解协议，一方得到的太多，付出的太少，经济利益上严重失衡。对于显失公平的调解协议的判断主要在于结果上的不公平，但在操作上，对具体标准的掌握缺乏统一性，实践中只能根据个案情况进行认定。

例如，徐某的儿子、儿媳均在外务工，无暇顾及家中事务，平日里徐某一人照顾正在读小学的孙子。一日，顽皮的徐某之孙在学校致王某之子受伤住院。事情发生后，王某再三要求徐某赔偿。为求息事宁人，徐某无奈之下只好签订了赔偿协议。该协议书载明，徐某应在 5 天之内一次性付给王某医疗费 2 万元。而实际情况是，王某之子只花费了两千多元医疗费，该人民调解协议就是显失公平的人民调解协议，属于可变更或可撤销的人民调解协议。

第三，一方以欺诈、胁迫的手段或者乘人之危，使对方在违背真实意思的情况下订立的人民调解协议。

以欺诈手段订立的人民调解协议，是指一方当事人故意制造假象或者隐瞒事实真相，对方当事人基于虚假情况产生了认识上的错误而为意思表示签订的人民调解协议。例如，王某将牛借给刘某耕田，而牛不慎丢失。其实牛已自己回到了王某家中，但王某却以牛丢失为由要求刘某赔偿。刘某在不知情的情况下与王某签订了赔偿协议。为了保护受欺诈的当事人的合法利益，使其不受因欺诈而为的意思表示的约束，法律允许受欺诈的一方当事人撤销该人民调解协议。

以胁迫手段订立的人民调解协议，是指一方当事人以将来要发生的损害相威胁，使对方产生恐惧心理而违背自己的真实意志签订的人民调解协议。胁迫可以表现为以损害生命健康、名誉、荣誉相威胁，也可以表现为以损害财产相威胁。损害既可以针对受胁迫者本人，也可以是针对受胁迫者家庭成员、亲属、朋友等。

乘人之危的人民调解协议，是指一方当事人利用对方陷入危难、有所急需，迫使对方违背自己的真实意愿接受明显不公平的条件而签订的人民调解协议。例如，周某因侵权给黄某造成 5000 元的损失，黄某要求周某赔偿。但周某知道黄某家中有病人，急需用钱，便提出只意愿赔偿 1000 元，黄某虽然明知自己吃亏不少，但救人心切，还是违心地接受了周某的意见，签订了协议。该协议就属乘人之危而订立的。

对可变更或可撤销的人民调解协议，当事人可以向人民法院请求变更或撤销。任何一方当事人认为协议是因重大误解订立的，或者是显失公平的，都可以向人民法院提出变更或撤销的请求。而以欺诈、胁迫手段或者乘人之危订立的人民调解协议，请求变更、撤销权专属于受损害方。也就是说，这种权利属于被欺诈、被胁迫和陷入危难的一方。

对可撤销的人民调解协议，有变更和撤销两种救济方法。权利人有权请求变更人民调解协议，也有权请求撤销人民调解协议。变更还是撤销，取决于权利人的态度，当事人请求变更的，人民法院不得撤销。这体现了对当事人处分权的尊重。但撤销权不能永久存续。根据《最高人民法院关于审理涉及人民调解协议的民事案件的若干规定》第7条的规定，有下列情形之一的，撤销权消灭：①除斥期间届满。具有撤销权的当事人自知道或者应当知道撤销事由之日起1年内没有行使撤销权，则撤销权消灭。例如，因欺诈订立的人民调解协议，受欺诈方在知道或者应当知道自己被欺诈的情况后，应当在1年之内向人民法院提出撤销的请求，超过了1年的期间，撤销权就消灭了。再如，对乘人之危订立的人民调解协议，在协议成立之日起1年内就应当向人民法院提出撤销协议的申请，因为陷入危难的人在订立合同时就知道了撤销事由。②明示或者默示放弃撤销权。具有撤销权的当事人知道撤销事由后明确表示或者以自己的行为表示放弃撤销权，则撤销权消灭。例如，被欺诈的一方当事人在知道被欺诈的真相后，仍然表示要履行协议，这是明示放弃撤销权。再如，被欺诈的一方在知道欺诈的真相后，仍主动履行了人民调解协议，这是默示放弃撤销权。

7. 人民调解协议的履行。既然人民调解协议具有民事合同性质，当事人就应当按照约定履行自己的义务，不得擅自变更或者解除调解协议。当事人中的任何一方不愿履行人民调解协议的内容，另一方向人民法院起诉的，人民法院将依法审查人民调解协议的效力。只要人民调解协议符合法定的有效条件，人民法院就应当维护人民调解协议的效力，当事人就应当按照人民调解协议的约定履行自己的义务。

人民调解协议的履行是人民调解活动的继续和完成。履行调解协议的方式，可以区分为自觉履行和督促履行两种：

（1）自觉履行。就是在调解协议中负有义务的一方当事人，不需要人民调解组织的督促和享有权利的一方当事人的催促，自觉主动地履行协议中确认应尽的义务事项和具体要求，使协议得以兑现。

在人民调解工作中，大多数当事人能够自觉履行调解协议，因为调解协议的达成执行了国家的法律、法规、规章、政策和社会主义道德，在内容上体现了当事人的意志，维护了当事人的合法权益。特别是协议的达成是在当事人提高了认识的基础上，出于自觉、自愿的心理，心平气和地进行协商的结果。

（2）督促履行，也称说服教育履行。就是在调解协议确定的履行义务的时间已到或者已经逾期，而义务人还没有履行义务的情况下，人民调解组织提醒、催促义务人履行义务。在此需要强调的是，督促不是强制，而是促使当事人在自愿的前提下，积极履行自己所承担的义务。《人民调解工作若干规定》第37条第1项规定："当事人无正当理由不履行协议的，应当做好当事人的工作，督促其履行。"

在人民调解工作中，人民调解委员会主持达成调解协议之后，最关心的事情就是当事人双方能否履行协议。没有自觉履行的，人民调解委员会应当在确认其没有不履行协议的正当理由后，对不履行调解协议的当事人进行说服教育，告知其相关法律、法规关于当事人应当自觉履行调解协议的规定，并讲明不履行协议的后果。只有在当事人自愿信守、自觉履行协议规定事项之后，具体矛盾纠纷才能彻底消除，调解才算真正成功。所以，人民调解委员会在促成调解协议后，还要进行回访，以了解当事人的思想动态，继续进行法治宣传与道德教育等思想工作，督促双方履行协议，巩固调解成果。

人民调解工作有一个十分突出的特点，就是自始至终没有国家权力的强制介入，这意味着人民调解不存在执行问题和执行程序。它只有履行，而履行是出于当事人自觉自愿的行为。因此，当当事人达成调解协议后反悔，拒不执行，或者履行了协议规定的部分义务而不履行剩余的部分义务时，人民调解委员会可以采取以下措施：

（1）对反悔有理，双方当事人又请求或者同意人民调解委员会重新调解的，人民调解委员会可以重新调解，变更原协议内容，或者重新达成新的调解协议。

（2）对反悔有理，但双方当事人不再接受人民调解委员会重新调解的，以及经人民调解委员会研究决定认为反悔无理并再次说服教育、讲明无理反悔后果、动员自觉履行而无效的，人民调解委员会告知双方当事人自愿选择其他解决矛盾纠纷的方式。人民调解委员会应忠告当事人切不可实施违法犯罪行为，也不可扩大矛盾纠纷，造成严重后果。

实践中，确有当事人在没有任何正当理由的情况下，拒不履行已达成的协议或者达成协议后又反悔的。对于这种情况《人民调解工作若干规定》第 37 条第 3 项规定："对经督促仍不履行人民调解协议的，应当告知当事人可以请求基层人民政府处理，也可以就调解协议的履行、变更、撤销向人民法院起诉。"基层人民政府和人民法院通过行政和司法程序，审查人民调解协议，对错误的部分予以纠正，从而对人民调解协议实施保护与监督。

不履行或不按约定履行调解协议可依照合同法有关违约责任的规定处理。不履行或不按约定履行调解协议，可能承担下列几种责任：①继续履行。即当事人一方不履行或不按约定履行时，另一方有权要求其按协议约定继续履行，该义务方应继续履行。②赔偿损失。即违约方因自己的违约行为给对方造成损失的，应依照人民调解协议的约定或法律的规定，承担赔偿对方损失的责任。赔偿的数额或计算方法如果双方在协议中有约定，按约定的数额或计算方法执行；没有约定，按实际损失赔偿。③支付违约金。违约金责任的承担以双方当事人事前有约定为前提。如果一方违约给对方造成较大损失，而违约金不足以弥补损失的，受损失的一方有权要求违约者在支付违约金的同时，承担赔偿责任。但两者相加原则上不超过所受实际损失的总额。

（二）人民调解协议书的格式

人民调解协议书

编号：（　　）×民调字第×××号

当事人（自然人姓名、性别、年龄、民族、职业、单位或住址，法人及其他社会组织的名称、地址、法定代表人姓名和职务）：＿＿＿＿＿＿＿＿＿＿

纠纷简要情况：＿＿＿＿＿＿＿＿＿＿＿＿＿＿＿＿＿＿

＿＿＿＿＿＿＿＿＿＿＿＿＿＿＿＿＿＿＿＿＿＿＿＿＿＿＿＿

＿＿＿＿＿＿＿＿＿＿＿＿＿＿＿＿＿＿＿＿＿＿＿＿＿＿＿＿

＿＿＿＿＿＿＿＿＿＿＿＿＿＿＿＿＿＿＿＿＿＿＿＿＿＿＿＿

经调解，自愿达成如下协议：＿＿＿＿＿＿＿＿＿＿＿＿＿＿

＿＿＿＿＿＿＿＿＿＿＿＿＿＿＿＿＿＿＿＿＿＿＿＿＿＿＿＿

履行协议方式、地点、期限：＿＿＿＿＿＿＿＿＿＿＿＿＿＿

＿＿＿＿＿＿＿＿＿＿＿＿＿＿＿＿＿＿＿＿＿＿＿＿＿＿＿＿

＿＿＿＿＿＿＿＿＿＿＿＿＿＿＿＿＿＿＿＿＿＿＿＿＿＿＿＿

本协议一式＿＿＿份，当事人、人民调解委员会各持一份。

申请人：×××

被申请人：×××

（人民调解委员会印）

调解员：×××

××××年××月××日

（三）人民调解协议书的制作要求

人民调解协议书由首部、正文和尾部组成。

1. 首部。居中写明文书名称"人民调解协议书"，然后填写编号、当事人等栏目。"编号"栏的填写方法同"纠纷受理登记表"。"当事人"栏的填写方法同"调解申请书"。

2. 正文。正文包括纠纷简要情况、达成协议、履行协议的方式以及地点、期限等内容。"纠纷简要情况"栏应写明纠纷简要事实、争议事项及双方责任，即当事人双方产生纠纷的主要原因、过程，所争议的具体事项及内容，以及在该纠纷中双方当事人各自承担什么样的责任。"达成协议"是指通过人民调解委员会的调解，当事人在互谅互让、平等协商的基础上，达成解决纠纷的一致意见。这是人民调解协议最关键的部分，也是调解活动获得成功的具体体现。正文应载明双方当事人自愿达成协议的内容，特别是对双方当事人应当享有的权利、承担的义务，应填写明确、具体、清楚，不能含糊其辞、责权不明，以免在实际履行过程中产生争议，影响和削弱调解效果。"履行协议的方式、地点、期限"栏要求填写的履行协议的方式和地点要明确、无歧义，履行的期限应精确到天，避免因履行协议的方式、地点、期限不明确而导致协议无法得到实际履行，当事人的权益无法得到及时保护。

3. 尾部。明确调解协议书的份数。纠纷当事人各执一份，人民调解委员会留存一份，以便查阅归档。调解协议制作完成后，必须由各纠纷当事人签名或盖章，表明双方当事人对该协议的认可，是双方真实意思的表示。主持调解的人民调解员签名，加盖人民调解委员会印章，并填写制作协议书的日期，表明该调解协议是在人民调解委员会的主持下达成的。当事人不能到场签名的，可以委托他人签名，但是必须有明确的授权委托手续。

（四）示例

×××人民调解委员会人民调解协议书

编号：（2021）×民调字第 033 号

申请人：刘某，女，23 岁，汉族，××省××市人，××市××有限责任公司职工，现住××市××路××号 2 栋 1 单元 101 号。

被申请人：某超市，位于××市××区××路××号，法定代表人周某，超市经理。

纠纷简要情况：2021 年 10 月 7 日晚上 7 点左右，刘某到某超市购物未果，经过超市安检门时，报警器报警。超市工作人员当场对刘某随身携带的包进行了检查，并将其带至办公室进行了搜身检查，均未查出违规带出的商品。刘某以人格权受到侵害为由，请求本人民调解委员会进行调解，要求某超市通过媒体公开道歉，并赔偿精神损害 5000 元，某超市表示愿意接受调解。经查，双方对事实部分没有争议，但对赔礼道歉的方式及精神损害赔偿数额争议较大。根据《民法典》《消费者权益保护法》及相关司法解释的规定，人民调解委员会对纠纷进行了调解。

经调解，双方自愿达成如下协议：

一、某超市赔偿刘某精神损害抚慰金 2000 元（大写：贰仟圆）。

二、某超市在其大厅张贴向刘某道歉的公告半个月。

履行协议的方式、地点、期限：

一、协议签订后 3 日内（2021 年 10 月 28 日前）某超市将现金 2000 元（大写：贰仟圆）送至刘某家中。

二、协议签订后半个月内（2021 年 10 月 26 日至 2021 年 11 月 9 日）某超市在其大厅张贴向刘某道歉的公告。

本协议一式三份，当事人、人民调解委员会各持一份。

申请人：刘某

被申请人：某超市

法定代表人：周某

（人民调解委员会印）

调解员：林某

二〇二一年十月二十五日

（五）制作人民调解协议书的注意事项

1. 在调解协议书中应写明纠纷事实和调解理由。这是对人民调解员应"查清事实、分清是非"这一要求的落实；如果日后发生变故，也便于基层人民政府和人民法院处理决定；还有利于增强调解协议书的公信力和说服力，能起到宣传法治和教育当事人的效果。

2. 制作调解协议书时应条理清晰，协议内容应表述明确、具体。协议的内容较多的，要分项叙写。如果有给付内容的，应将给付的名称、数量、时间、地点和方法一一写清，便于事后执行。当事人双方自愿达成的协议，必须符合法律、政策，不得有损于国家利益，不得损害集体、他人的合法权益。

3. 应注意制作人民调解协议书的语言风格。人民调解委员会是调解民间纠纷的群众性组织，调解协议又是在双方当事人自愿的基础上达成的，因此，在制作调解协议时，应避免使用过于激烈或尖锐的语言，使当事人都能够接受。只有这样，才能起到更好地劝导当事人，化解纷争的作用，有利于双方当事人自觉、自愿地履行各自的义务。

4. 调解协议书在制作过程中，应尽量避免涂改。调解协议书制作完成以后，如果发现调解协议书中存有错误或不当表述的问题必须涂改的，双方当事人应在涂改的地方签名、盖章，以证明此涂改得到了双方当事人的认可。调解协议书的制作日期、调委会印章要规范，印章要压在日期上。

七、民间纠纷调解登记表

（一）民间纠纷调解登记表的内涵

民间纠纷调解登记表是对人民调解委员会调解民间纠纷结果的简要记录。该表可以反映出纠纷的简要情况以及人民调解委员会对纠纷调解的结果。对调解是否成功、调解成功后协议是否履行都必须予以登记，以反映人民调解委员会的调解工作情况。

（二）民间纠纷调解登记表的格式

民间纠纷调解登记表

纠纷类别：_____　　　　　　　　编号：（　　）×民调字第×××号

当事人（自然人姓名、性别、年龄、民族、职业、单位或住址，法人及其他社

会组织的名称、地址、法定代表人姓名和职务）：_____

　　纠纷简要情况：_____

_____

_____

_____

_____

　　经调解，于____年____月____日达成如下协议：_____

_____

_____

_____

_____

　　协议履行情况：_____

_____

　　因调解不成，于____年____月____日告知当事人_____

_____

登记人：×××

××××年××月××日

（三）民间纠纷调解登记表的制作要求

民间纠纷调解登记表由首部、正文和尾部组成。

1. 首部。居中写明文书名称"民间纠纷调解登记表"，然后依次填写纠纷类别、编号、当事人。其中，"纠纷类别"栏按民间纠纷内容分类（如婚姻、邻里、赔偿等）填写。"编号"栏按有关规定或各人民调解委员会自定的办法填写，可为（）×民调字第×××号，括号里填年份，第一个"×"代表制作该"文书"的调解委员会的简称，第二个"×××"代表调解纠纷的顺序号。"当事人"栏应列明纠纷所有当事人，其具体要求同"调解申请书"。

2. 正文。"纠纷简要情况"栏填写纠纷发生的时间、地点、具体当事人及纠纷经过。人民调解委员会应当根据具体情况，分别选择"达成协议及协议履行"栏、"调解不成"栏，填入适当内容。"达成协议"部分填写纠纷双方通过调解达成的具体协议。"协议履行情况"分为完全履行协议、不完全履行协议、不履行协议三种情形。"调解不成"栏填写于某年某月某日告知当事人按照法律法规规定提请有关机关处理或者向人民法院起诉。

3. 尾部。登记人签名，由负责填写民间纠纷调解登记表的人民调解员签署姓名，并填写登记日期。

（四）示例

民间纠纷调解登记表（一）

纠纷类别：人身损害赔偿　　　　　　　　编号：（2009）×民调字第 030 号

申请人：王某，男，28 岁，汉族，××省××市人，某市某建筑公司职工，住该公司职工宿舍。

被申请人：张某，男，32 岁，汉族，××省××县人，某市某建筑公司职工，住该公司职工宿舍。

纠纷事实及申请事项：

2009 年 5 月 15 日 10 点左右，申请人王某在某市某建筑公司仓库门口与被申请人张某妻子李某发生口角，并相互推扯起来，张某看到后捡起一根扁形铁条打伤王某头部和背部，王某因此花去医疗费三千余元。王某要求张某赔偿医疗费、误工费、精神损害抚慰金等共计 1 万元。张某认为事情的起因在于王某，王某对损害的发生也有责任，况且王某的赔偿数额要求过高，难以接受。

经调解，于 2009 年 6 月 2 日达成如下协议：

一、被申请人张某一次性赔偿王某人民币 5000 元（大写：伍仟圆）。

二、调解协议达成后，双方不得再因此事发生纠纷，不得打击报复。

协议履行情况：张某已于 2009 年 6 月 2 日一次性支付给王某 5000 元（大写：伍仟圆）。

登记人：李某

二〇〇九年六月二日

民间纠纷调解登记表（二）

纠纷类别：婚姻　　　　　　　　　　　　编号：（2009）×民调字第 024 号

申请人：胡某，男，38 岁，汉族，××省××县××乡××村村民。

被申请人：张某，女，32 岁，汉族，××省××县××乡××村村民。

纠纷事实及申请事项：申请人胡某脾气暴躁，多次殴打其妻——被申请人张某。张某无法忍受，要求离婚。胡某希望张某回心转意，维持家庭完整，特申请人民调解。

经多次调解，张某去意已决，坚持离婚，双方分歧太大，调解不成，于 2009 年 4 月 6 日告知当事人向人民法院起诉离婚。

登记人：黄某

二〇〇九年四月六日

（五）制作民间纠纷调解登记表的注意事项

1. 人民调解委员会应根据具体情况，分别选择"达成协议及协议履行"栏、"调解不成"栏，填入适当内容，不能既填写达成协议的内容，又填写调解不成的内容。

2. 对调解不成的，应告知当事人按照法律、法规的规定提请有关机关处理或者向人民法院起诉，对随时可能激化的纠纷，应当在采取必要的缓解疏导措施后，及时提交有关机关处理。

八、回访记录

（一）回访记录的内涵

回访记录是指人民调解委员会主持达成调解协议后，派员了解调解协议的履行情况，听取当事人和有关群众的意见，巩固调解成果的文字记录。通过回访记录，可以了解、掌握、检查调解协议的履行情况，发现激化苗头后及时采取措施，防止纠纷反复和矛盾激化。

《人民调解工作若干规定》第 36 条规定："当事人应当自觉履行调解协议。人民调解委员会应当对调解协议的履行情况适时进行回访，并就履行情况做出记录。"

（二）回访记录的格式

回访记录

当事人：＿＿＿＿＿＿＿＿＿＿＿＿＿＿＿

调解协议编号：＿＿＿＿＿＿＿＿＿＿

回访事由：＿＿＿＿＿＿＿＿＿＿＿＿＿＿＿＿＿＿＿＿

回访时间：＿＿＿＿＿＿＿＿＿＿＿＿＿＿＿＿＿＿＿＿

回访情况：＿＿＿＿＿＿＿＿＿＿＿＿＿＿＿＿＿＿＿＿

＿＿＿＿＿＿＿＿＿＿＿＿＿＿＿＿＿＿＿＿＿＿＿＿＿＿＿＿＿＿＿＿＿

＿＿＿＿＿＿＿＿＿＿＿＿＿＿＿＿＿＿＿＿＿＿＿＿＿＿＿＿＿＿＿＿＿

＿＿＿＿＿＿＿＿＿＿＿＿＿＿＿＿＿＿＿＿＿＿＿＿＿＿＿＿＿＿＿＿＿

＿＿＿＿＿＿＿＿＿＿＿＿＿＿＿＿＿＿＿＿＿＿＿＿＿＿＿＿＿＿＿＿＿

＿＿＿＿＿＿＿＿＿＿＿＿＿＿＿＿＿＿＿＿＿＿＿＿＿＿＿＿＿＿＿＿＿

回访人：×××

××××年××月××日

（三）回访笔录的制作要求

回访笔录由首部、正文和尾部组成。

1. 首部。首部居中写明文书名称"回访笔录"，然后填写当事人、调解协议编号、回访事由、回访时间等栏目。其中，"当事人"栏填写被访问的当事人的基本情况，与调解申请书"当事人"一项内容相同；调解协议编号与人民调解协议书的编号应一致；"回访事由"栏填写就哪一起纠纷进行回访；"回访时间"栏填写回访当事人当天的日期。

2. 正文。回访记录的正文部分"回访情况"包括当事人对协议的履行情况，协议履行是否发生争议，是否向人民法院起诉以及人民法院的判决结果等，也包括当事人对调解工作的意见、要求，以及有无错误调解及激化迹象、采取的措施等。

3. 尾部。回访记录的尾部要有回访人签名，并填写具体的制作日期。

（四）示例

回访记录

当事人：某超市，法定代表人周某，超市经理。

调解协议编号：（2021）×民调字第 033 号。

回访事由：刘某与某超市人格权纠纷。

回访时间：2021 年 11 月 15 日。

回访情况：调解员到某超市找到经理周某，了解到如下情况：

（1）某超市已于 2021 年 10 月 26 日将现金 2000 元送至刘某家中，刘某写有收据。

（2）某超市已于 2021 年 10 月 26 日至 2009 年 11 月 9 日在其大厅入口处张贴了向刘某道歉的声明。

（3）某超市对全体工作人员进行了法治宣传教育，增强法律意识，避免此类事情再次发生。

（4）对超市内的防盗检测设备进行了全面检修，保证其正常运转。

回访人：林某
二〇二一年十一月十五日

（五）制作回访记录的注意事项

1. 在"回访情况"栏中应记载回访形式，如电话回访、实地回访、委托某机构回访、信件邮寄回访等。

2. 对那些比较复杂、疑难的矛盾纠纷，或者协议履行有一定难度的矛盾纠纷，或者当事人情绪尚不稳定、容易出现反复的矛盾纠纷，要列为重点回访的对象，适时回访，及早发现和解决新出现的情况和问题，做好回访记录，使矛盾纠纷得到彻底的化解。

 学习情境

【案例1】2009 年 10 月 10 日，家住某市某小区的邱女士在带着自家的小狗

遛到小区 2 号楼的时候，突然从旁边的小花园里窜出两只大花猫。猫狗相遇分外眼红，两只猫窜到小狗身上，对小狗前后夹击。小狗的主人邱女士见此情景，急忙跑上前去，将自家的小狗抱起。两只猫此时已打红了眼，一看狗的主人将狗抱走了，没有了作战的对象，便窜到了邱女士的大腿上，将其大腿咬伤一处，抓伤了两处，随即不见踪影。邱女士到卫生防疫站打了预防针，处理了伤口之后，打听到这两只大花猫是 2 号楼 3 单元 301 李先生家所养，于是找到李先生，要求赔偿。可李先生态度很强硬，认为"如果你遛狗不从我家门口过，就不会有猫狗打架的事。再说，你如果不把狗抱走，我家猫也不会把你咬伤，这个责任我不负"。邱女士非常气愤，向人民调解委员会申请调解。

问题：根据以上材料，制作一份人民调解申请书。

【案例 2】 2009 年 9 月 22 日，张某雇人拉来一卡车石头用于建房砌墙。因为去张某家经过的巷子较窄，卡车进不去，所以，张某就让司机将石头卸在了巷外的街道上。张某未能及时将石头运进院子里，也未在石头堆两侧的街道上设置警示牌提醒过往行人、车辆注意前方有障碍物。

9 月 23 日晚 8 点左右，侯某下班后无证驾驶摩托车回家。当侯某行至张某堆在街道上的石头附近时，恰逢对面一辆汽车迎面驶来，侯某在躲避汽车的过程中，被张某家的石头绊倒，造成侯某左臂挫伤、上嘴唇磕烂（缝了 10 针）。

9 月 24 日清晨，张某买了一些营养品到侯某家看望了侯某并安慰侯某安心养病，还表示等侯某的伤治疗好后，费用由两家共同承担。

10 月 15 日，侯某伤愈后拿着总额近两千元人民币的医药费单据找张某商量医药费如何分担的问题。但张某却突然说侯某 9 月 23 日晚上是酒后驾驶摩托车，责任应该自负，所以拒绝承担任何费用。侯某听后非常气愤，向人民调解委员会求助。

问题：根据以上材料，进行模拟调查并制作调查笔录。

【案例 3】 某村有一户人家，父母生有 3 个儿子，都已立业成家。2008 年因市政建设需要，该村须整体搬迁，根据拆迁的有关政策规定，老大可分安置房 2 套，老二可分安置房 1 套，老三可分安置房 1 套。如果父母落户老二或老三家，则老二或老三可多分 90 平方米的安置房。后来，经与 3 个儿子协商，父母落户在老三处。这样，老三自己分得的 30 平方米加上父母安置的 90 平方米，老三得到 1 套共计 120 平方米的安置房，并在父母的安置承诺书上载明：老三多分的父母 90 平方米安置房由兄弟三人协商解决。谁知，过了不久，老三对多分的这套安置房并没有与老大、老二协商就先行装修了，引起了老大、老二的不满，因此二人砸碎了老三家的门窗玻璃等。由此，三兄弟产生了纠纷，申请镇调委会给予调解。

在调委会的主持下,当事人达成书面协议:一是对所多分的安置房房产中父母份额部分,由老三一次性支付给老大、老二各 2 万元,该房屋产权归老三所有;二是父母居住在老三家直至过世,生活费及医药费由三兄弟自行协商解决,父母如生活不能自理时,由三兄弟轮流照顾;三是此后老大、老二不再对此套房屋产权提出其他要求。

问题:根据以上材料,制作一份调解协议书。

【案例 4】2009 年 4 月 24 日,某市场个体经营户孙某因经营需要建造工棚,于是,就请马某的哥哥建造,而马某的哥哥又叫来马某一起工作。不幸的是,当日的 11 点 30 分左右,马某因操作不慎从工棚坠落,送至医院经抢救无效死亡。2009 年 4 月 25 日,马某的妻子符某来到街道人民调解委员会,申请调处。

工作任务

制作人民调解申请书、民间纠纷受理登记表、调查笔录、调解笔录、人民调解协议书、民间纠纷调解登记表和回访记录等各种人民调解文书。

问题:根据以上材料,进行模拟调解并制作全部人民调解文书。

实训步骤

1. 依据上述素材,由学生分组扮演角色。
2. 模拟调解。
3. 每位学生根据案例材料,制作该纠纷的全套人民调解文书。
4. 提供标准档案袋,由每位学生填写封面,装入文书,进行展示与评比。
5. 学生自我评价实训效果。
6. 教师讲评、总结实训活动情况。

思考与练习

1. 人民调解文书有哪些特征?
2. 简述人民调解协议的性质。
3. 人民调解协议的有效条件有哪些?
4. 制作人民调解协议书应注意哪些问题?

【案例 1】2005 年,万某与林某同在外地打工,期间双方建立了恋爱关系并同居,在 2006 年 9 月生育了一女孩。后来双方关系恶化,万某提出解除同居关系。林某的父母知道后,多次到万某家吵闹。在村调解委员会的主持下,万某的父母与林某的父母于 2008 年 5 月 26 日签订了人民调解协议。协议约定:①万某与林某于 2008 年 6 月解除同居关系;②所生女孩由万某抚养,林某无探视权;

③万某给付林某精神抚慰金 8000 元人民币。整个调解过程，万某与林某均不知情。万某知道协议后，不同意该协议的内容。2008 年 6 月 10 日，万某的父母向法院提起诉讼，请求法院确认该调解协议无效。

　　问题：该人民调解协议是否无效？

　　【案例 2】 2008 年 6 月 20 日上午，农妇李某在沿一公路由东向西骑自行车时，被同向行驶的于某所驾的大货车撞倒，致李某左足受伤。此事故经交警部门处理，认定于某负全部责任。同月 22 日，经人民调解委员会调解，双方达成了人民调解协议，由于某一次性赔偿李某 1167.13 元。当日，于某按协议将赔款1000 元交付给了李某本人。同年 6 月 28 日，李某伤势加重，于某陪同其前往医院进行了治疗，被诊断为左足软组织挫伤伴感染，共住院 22 天。整个交通事故给李某造成的医疗、护理、误工、伙食补助、交通、参加事故处理人员误工、事故现场损失费等费用共计 9410.37 元。李某称，事故发生后，由于自己不懂医学知识，对伤势不了解，误认为是表皮伤，与于某达成了一次性赔偿 1167.13 元的协议，请求法院判决撤销该人民调解协议。于某辩称，他与李某在自愿的基础上达成的调解协议已实际履行，人民调解协议的效力应得到确认。

　　问题：该人民调解协议的效力如何？

　　【案例 3】 徐某系一名退休工人。一生忙碌惯了的徐某不想就这样闲下来。2007 年 3 月，徐某到某材料厂打工。材料厂雇佣徐某在其制砖车间运煤砂，负责输送带的正常运转。2008 年 6 月 27 日，徐某违反操作规程，用手清理运行中的对滚障碍物，被轧伤左臂。徐某住院治疗，被诊断为左手毁损伤并进行截肢手术，材料厂在支付了徐某住院期间的医疗费 14 889 元后就不再承担任何费用。事故发生后，镇人民调解委员会组织双方当事人进行过多次调解，但双方未能达成一致意见。2008 年 8 月 29 日，调解委员会再次召集双方当事人进行调解，徐某委托的律师提出，本事故"如不按工伤处理，可按人身损害赔偿标准处理"。后经协商，双方当事人同意按工伤五级标准赔偿。同年 11 月 2 日，双方当事人订立了《职工伤残补助协议书》，约定：①对照《职工工伤与职业病致残程度鉴定标准》，材料厂承认徐某为工伤，徐某不再要求职能部门重新评残；②材料厂除已支付的医疗费外，再一次性给予徐某伤残补助费、就业补偿费、照顾费用和今后的医药费总计 4.2 万元，于 2008 年 11 月 12 日前付清；③本协议为一次性伤残补助的终结协议，徐某放弃其他要求，材料厂此后不再承担任何责任；④协议经双方签字生效。协议签订后不久，材料厂按约备齐补偿款，但徐某反悔未领取该款。2008 年 12 月 20 日，徐某经过司法鉴定，伤残程度被评定为五级。其后，徐某以赔偿计算标准不符合法律规定为由，请求法院判决撤销该协议。

　　问题：该人民调解协议应否撤销？

拓展阅读书目

1. 刘树桥、马辉主编：《人民调解实务》，暨南大学出版社 2008 年版。

2. 盛永彬、徐涛编著：《法律文书》，暨南大学出版社 2006 年版。

3. 王红梅编著：《新编人民调解工作技巧》，中国政法大学出版社 2006 年版。

4. 宋才发、刘玉民主编：《调解要点与技巧总论》，人民法院出版社 2007 年版。

5. 张新民、王欣新主编：《人民调解员工作手册》，中国法制出版社 2000 年版。

6. 肖方编著：《如何当好人民调解员》，中国社会出版社 2005 年版。

单元七习题库

单元八　突发性和群体性纠纷的应急处置

 导入案例

　　某运动器材有限公司是台资企业，用工人数三千多人。近年因部分产品订单减少而调整生产线，要求部分员工调岗或停工留薪。2009 年 5 月 4 日上午 9 时，该厂橄榄球车间一百多名员工不满厂方的工作安排，集体到工厂所在社区劳动服务站反映情况，劳动主管部门及时组织员工代表与厂方协商。至 2009 年 5 月 5 日下午，劳资双方达成一致意见：①七十多名员工调岗到足球、排球车间上班，厂方给调岗员工 2 个月培训适应期，保持原橄榄球车间职位及工资待遇不变；②四十多名员工放长假，放假第一个月工资按劳动合同工资不变（即正常上班工资），从放假第二个月起按本市最低工资标准的 80% 发放，双方签订了书面协议。

　　2009 年 5 月 6 日上午 9 时许，四十多名放长假的员工反悔，回到工厂要求从放假的第二个月起按 770 元支付工资。劳动部门的领导到工厂给放假的工人解释该省的《工资支付条例》和其他相关法规，但员工仍坚持己见，在工厂门口聚集且不肯派代表协商。由于聚集的工人逐渐增多，堵塞企业门口，极大地影响了企业的正常生产。一直密切关注事态发展的镇委、镇政府对此非常重视，镇委副书记、副镇长迅速组织应急、信访、综治、外经、公安等部门到场协调处理，但员工始终不肯派代表协商。当日 13 时 35 分许，该厂大约有一千多名员工向省道方向行走，随后上路员工陆续增加至二千余人，其中，上路拦车的有 200 人，其余在路旁观看。

　　镇委、镇政府就该事件专门召开了班子会议，研究制定处置方案。镇党委书记要求尽快解决此事，并派出相关领导到场协商，同时调集警力五百多人、治安队员五百多人赶赴现场处置。

　　当日 16 时许，公安民警在多次劝告堵路员工无效的情况下，依法采取措施，将违法堵路员工强制带离现场，至 16 时 35 分，交通恢复正常。处置过程中未发生人员伤亡。随后，镇司法所等部门派人深入到闹事员工中讲解有关法规和政策，进行耐心的说服工作，并组织大家观看《道路交通安全法》等宣传片，有效地化解了员工的消极情绪，使这一突发事件彻底得到平息。

问题：1. 思考突发事件和群体性事件的特点和规律。

2. 如果你是人民调解员，在面临这一突发群体性事件时应如何处置？应遵循什么规则进行处置？在处置时应该注意什么问题？

基础知识

一、突发性纠纷的定义、特点及规律

（一）突发性纠纷的定义

学术界普遍认为，一个国家或地区的人均 GDP 处于 500 美元～3000 美元这一阶段，是人口、资源、环境、公平、效率等社会矛盾最严重的时期，也是"经济容易失调、社会容易失序、心理容易失衡、社会伦理秩序需要调整重建"的关键时期。目前，我国正处于这一阶段，随着我国政治、经济、文化和社会生活的不断发展，大量的社会问题也随之出现，社会矛盾日益突出，由此引发的突发事件也越来越多，如 2003 年的"非典"事件。

为了预防和减少突发事件的发生，控制、减轻和消除突发事件引起的严重社会危害，规范突发事件应对活动，保护人民生命、财产安全，维护国家安全、公共安全、环境安全和社会秩序，中华人民共和国第十届全国人民代表大会常务委员会第二十九次会议于 2007 年 8 月 30 日通过了《中华人民共和国突发事件应对法》（以下简称《突发事件应对法》），自 2007 年 11 月 1 日起施行。

《突发事件应对法》第 3 条第 1 款将突发事件定义为：突发事件是指突然发生，造成或者可能造成严重社会危害，需要采取应急处置措施予以应对的自然灾害、事故灾难、公共卫生事件和社会安全事件。据此可知，突发事件的"突发"有两层含义：第一层含义是事件发生、发展的速度很快，出人意料；第二层含义是事件难以应对，必须采取非常规的方法来处理。总之，突发事件是指突然发生，造成或可能造成重大人员伤亡、财产损失、生态环境破坏和严重社会危害、危及公共安全，需要立即处理的紧急事件。人民调解视角下的突发事件往往针对社会安全方面的突发事件，因此，本单元主要围绕社会突发事件进行分析探讨。

我国很多专家、学者对社会突发事件的概念都进行了界定。例如，朱力将除自然灾害、事故灾难和公共卫生事件之外的突发事件统称为社会突发事件，并按照突发事件发生的原因将其分为四类：经济型事件、政治型事件、文化型事件和

社会治安型事件[1]。秦启文从突发事件的主体及表现形式的角度对社会突发事件进行界定，认为社会突发事件主要是由人为因素造成的，表现为非法集会、游行、学潮、罢工、聚众冲击政府机关、民族纠纷、宗教冲突、火车相撞、汽车车祸、轮船沉没及飞机失事等[2]。莫利拉与李燕凌则认为社会突发事件为社会或国家所面对的突发事件，或称为公共突发事件及社会公共突发事件。[3]

综合上述概念，我们认为，社会突发事件是由人为因素造成并突然发生的，已经或者可能对社会或国家造成危害，需要采取应急处置措施予以应对的经济、社会、文化、生态或治安事件。

可见，所谓突发性纠纷，就是指因社会突发事件引发的民间纠纷。

(二) 突发性纠纷的特点

现实生活中，突发事件可以分为四大类，即自然灾害、事故灾难、公共卫生事件和社会安全事件。但各种突发事件大都具有爆发突然、原因复杂、蔓延迅速、危害严重、影响广泛的特点。因此，突发性纠纷相应地具有以下几个共同的特点：

1. 爆发的突然性。突然性是指突发性纠纷的发生往往出人意料，人们对于突发事件是否发生，突发事件爆发的时间、地点、方式以及爆发的规模和影响等情况无法事先预知或不能准确预测。突然性的主要原因在于突发事件的发生是事物矛盾积累由量变到质变的爆发式飞跃过程。在量变的积累时期，往往在缓慢变化，不易察觉，通常容易被忽视。当矛盾积累到爆发的临界点时，如果遇到一定的外部条件作为催化剂，突发事件则瞬间爆发。引发突发事件由量变到质变的催化剂的产生也具有偶然性，因而，突发事件的爆发具有突然性。例如，2008 年贵州瓮安事件的直接导火索是李某芬的死亡，而背后的深层次原因则是瓮安县在矿产资源开发、移民安置、建筑拆迁等工作中，侵犯群众利益的事情屡屡发生，导致群众的意见很大。同时，当地公安机关对黑恶势力的打击力度不够，导致干群关系、警民关系紧张，从而引发突发性事件。

2. 突发事件原因的独特性。不同类型的突发性纠纷具有不同的特点。我国正处在经济社会的转型阶段，各社会群体、利益集团之间的矛盾冲突不断积累。根据矛盾特殊性原则，不同的矛盾具有区别于其他矛盾的特征。如现在经常可以见到的因医患纠纷、劳资纠纷、拆迁纠纷引发的突发事件。因此，突发事件的独特性体现在突发事件的类型不同，产生的原因、发展的情境、表现形式也各不

〔1〕　朱力："突发事件的概念、要素与类型"，载《南京社会科学》2007 年第 11 期。
〔2〕　秦启文等：《突发事件的管理与应对》，新华出版社 2004 年版，第 3~4 页。
〔3〕　莫利拉、李燕凌：《公共危机管理：农村社会突发事件预警、应急与责任机制研究》，人民出版社 2007 年版，第 4 页。

相同。

3. 后果的危害性。社会性突发事件造成的危害往往体现在两个方面，即有形危害和无形危害。有形危害往往以人员的伤亡、财产的损失为标志；无形危害往往体现在突发事件对社会正常秩序和个人心理所造成的破坏性冲击，进而渗透到社会生活的各个层面上，影响经济社会的发展。例如，2008 年贵州瓮安事件，造成瓮安县委大楼被烧毁，县政府办公大楼 104 间办公室被烧毁，县公安局办公大楼 47 间办公室、4 间门面房被烧毁，刑侦大楼 14 间办公室被砸坏，县公安局户政中心档案资料全部被毁，42 台交通工具被毁，数十台办公电脑失踪。事件共造成 150 余人受伤，大部分为轻微伤。

4. 发展的不确定性。突发事件的突发性表现出了突发事件事前的不确定性；突发事件发生后，事态的变化、发展趋势也是充满不确定性的，事件影响的深度和广度也是事先不能确定的。例如，在 2008 年瓮安事件中，事件的起因李某芬的死亡是事前不可预测的；家属对公安机关的处理结果不满，三百余人在县城游行也是不可预测的；事件最终发展为暴力事件，造成的严重后果也是事先不可预测的。

5. 过程的可控性。社会突发事件主要是由人为因素引起的。作为突发事件的策划者、组织者、参与者，他们可以控制突发事件的发生与否、规模大小、持续时间的长短、危害程度和损失的大小，以及带来的负面影响的程度等。就突发事件的管理者、应对者、受害者而言，他们可以阻止突发事件的发生，缩短突发事件的进程，减轻突发事件的危害，降低或消除突发事件带来的负面影响。

6. 时间的紧迫性。由于突发事件的发生事先无法预知，并且在突发事件发生后，随着突发事件的发展、演变，它所造成的损失可能会越来越大。因此，在突发事件发生后的第一时间，需紧急采取特别措施及时有效地处理，对突发事件的反应越快，处置决策越准确，突发事件所造成的损失就会越小。

（三）突发性纠纷的规律：周期性

突发事件从其生成到消解，一般都呈现出周期性的特点，这一周期大概体现为如下五个阶段：萌芽期、爆发期、发展期、缓和期和消失期。

1. 萌芽期。这一阶段是突发事件的产生阶段。这是突发事件各相关因素之间的矛盾、冲突的累积、量变时期。此时，矛盾、冲突的积累没有达到爆发的临界点，是一个发展缓慢、不易被识别的时期。以烟蒂导致的火灾为例，烟蒂即将引燃可燃物；或者烟蒂已经引燃可燃物，但火焰和烟雾很小，没有被人们察觉。这个阶段就是火灾之类的突发事件的萌芽阶段。

2. 爆发期。爆发期是突发事件各相关因素之间的矛盾、冲突由量的积累到质的变化的时期。此时，矛盾、冲突的量的积累达到临界点，通常在外界某一事件的催化下迅速爆发，突破临界点，由隐性转为显性，快速扩散。这一阶段持续时间最短，但是对社会的冲击、危害最大，会立刻引起社会的广泛关注，产生很强的震撼力。

3. 发展期。发展期是突发事件发展的中期，此时，矛盾冲突持续发展。通常在此阶段，处置突发事件的预案已经启动，相关组织已经介入并采取措施控制事态发展。此时，事态发展速度已经放慢，并逐渐达到发展的顶峰。由于相关组织和个人在突发事件爆发前往往没有任何心理准备，因此突发事件在爆发后会不断给组织和个人造成损害，并不断地加深和积累这种损害。到这一时期，损害会达到最高点。这时，突发事件就进入高潮阶段。在突发事件的高潮阶段，突发事件所具有的特征表现得非常明显。

4. 缓和期。突发事件的缓和期是指突发事件在经历发展期达到全过程的最高点后，事态逐渐趋于缓和的阶段。也就是说，在这一阶段，损失慢慢减小。缓和期是突发事件从矛盾与危害的顶峰转而下降，矛盾和冲突不断地减弱，事态逐渐趋缓的阶段。缓和期表明引起突发事件的不利因素已经解除，系统开始恢复正常状态。突发事件的缓和阶段长短不一，往往有形的损失容易恢复，而无形的损害，如个人心理创伤、社会影响，或者一个国家或地区的吸引力和发展能力的下降等，其恢复需要很长时间。在缓和期，突发事件得到初步控制，但没有彻底被解决。

5. 消失期。消失期是引起突发事件的不利因素已经解除，社会、经济系统开始恢复正常状态的阶段。这一阶段，突发事件得到完全控制，人们开始恢复生产，重建家园，加强对各种预防突发事件知识的宣传工作。

从应对突发事件的识别角度来看，突发事件的萌芽期是最难以识别的。在萌芽期，众多矛盾、冲突交织在一起，并且大都以隐性形式发展，很难识别和预测矛盾、冲突将以怎样一种态势显现出来。通常情况下，从萌芽期到爆发期，突发事件都会经历一个突变过程，这一突变过程就是突发事件的爆发。突发事件的周期如图 8-1 所示。

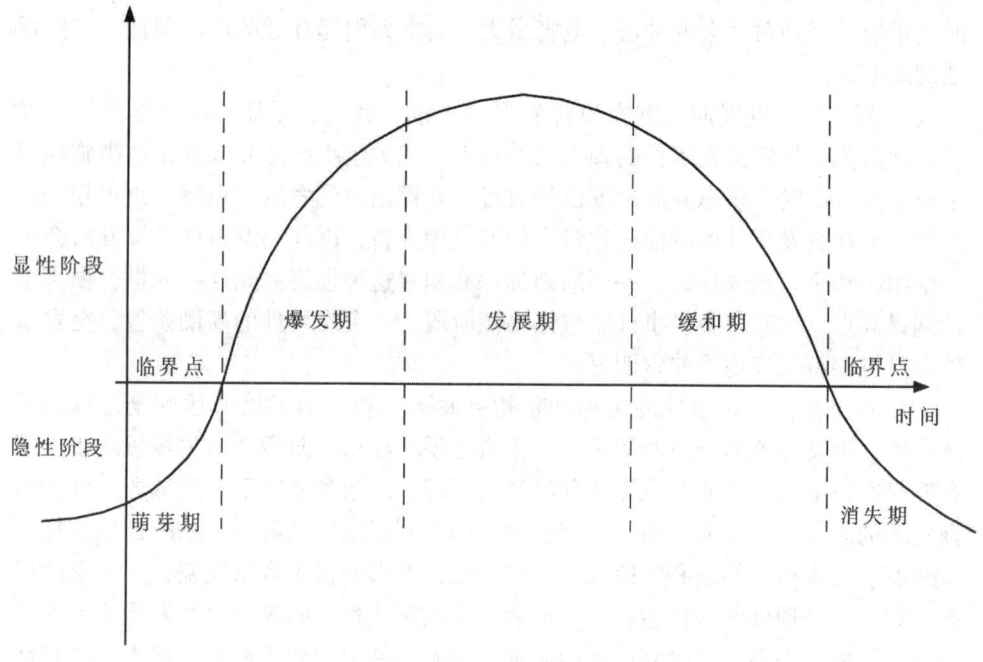

图 8-1　突发事件发展的周期图

　　例如，2003 年，某市交通部门鉴定某街道坝头旧桥存在严重的安全隐患，市政府决定拆除重建，由此涉及 13 户民房的拆迁事宜。承建单位——市城建工程管理局从 2004 年 4 月~12 月就完成了 12 户民房的拆迁补偿工作，仅剩詹某 1 户屡次以房屋丈量数据不准确、补偿标准过低为由，拒不接受补偿条件，也不同意房地产评估公司的评估结果。在反复做工作确实无效的情况下，为了不影响坝头桥的改造重建和交通安全，该街道于 2005 年 8 月 1 日依法对该房实施了强制拆除。强拆现场詹某及家人在屋顶点燃汽油、投掷汽油弹和砖块等，暴力抗拆。房屋被拆后，詹某多次到省、市上访，并不断致信国家、省、市领导反映情况。在此期间，市主要领导先后多次对该案作出批示，市有关部门反复进行调处，均因詹某坚持漫天要价而一直无法协商解决。2007 年 9 月 21 日，主管该项工作的副省长专门深入该市该街道详细了解案情，在详细了解分析了情况后，提出了处理该案的原则要求。

　　按副省长的指示，市工作组多次开会研究工作方案，从法、理、情入手，变群众上访为领导下访，努力寻找协商解决的突破口，切实维护被拆迁户的利益。①领导亲自下访被拆迁户。为妥善解决詹某信访案件，该街道党委书记亲自走访詹某，并转达了副省长对他的关心，详细了解他和家人目前的生活状况，耐心听取其利益诉求，表明党委、政府会尽量解决其合理诉求，并鼓励其就业、创业、自谋出路，从而在情的角度争取了被拆迁户的理解，问题的解决取得了重大突破。②合理解决拆迁补偿问题。市工作组在与詹某协商时，针对其提出房屋面积丈量及补偿标准的关键问题，按照公平、公正和合理补偿的原则，把商铺办公室计入商铺面积，露天楼梯面积按50%计入住宅面积，让双方能够接受确认丈量的数据。另外，考虑到被拆迁户几年未领取补偿安置费也造成了一种损失，又在原定补偿安置费的基础上，增补其一年的安置费和停业损失费。该方案得到詹某的认可后，报请了市有关部门审核通过。2007年11月13日，詹某如数领取了全部拆迁补偿款。③加强对群众的教育疏导工作。市工作组在与詹某的几次交谈中，从法和理的角度，明确政府按照有关法律程序对其房屋依法实施拆除是出于大局利益，开导并教育詹某及其家人要以大局利益为重，不能过分强调个人利益，更不能为了一己利益影响到大局利益。通过反复做工作，詹某终于承认自己暴力抗拆的做法不对，表示十分感谢各级领导尤其是副省长的关心，表态日后不再上访，并要积极支持政府的各项工作。2008年1月4日，副省长再次深入该市该街道，详细了解詹某案件解决的后续情况，要求该市继续做好跟踪回访工作，妥善解决被拆迁户的后顾之忧，防止工作出现反复。

此突发事件可以清晰反映出突发事件的规律性——周期性。詹某对城建单位的拆迁补偿存在异议导致其不同意拆迁，并且拆迁单位没有及时地化解这一矛盾。这一阶段可以说是整个事件矛盾、冲突的累积时期，是这一突发事件的萌芽期。在这一矛盾没有完全解决的情况下，该街道于2005年8月1日依法对该房实施了强制拆除，强拆现场詹某及家人在屋顶点燃汽油、投掷汽油弹和砖块等，进行暴力抗拆。这一阶段是这一事件的爆发期，由于在萌芽期双方矛盾没有得到解决，再加上强制拆迁这一催化剂的作用，双方矛盾迅速激化，突破临界点，使事件发展到爆发期。在房屋被拆后，詹某多次上访，并不断致信国家、省、市领导反映情况，同时对市有关部门提出的调处意见无法达成一致。这一阶段是该事件的发展期，在此阶段，相关组织已经介入，采取措施控制事态发展，此时事态发展已经不如爆发期阶段那么激烈，并逐渐达到发展的顶峰。在发展期后，副省长亲自了解案情，并提出了在处理该案件中要把握好的几条原则。同时市工作组多次开会研究工作方案，从法、理、情几个方面入手，努力寻找协商解决的突破口，切实维护被拆迁户的利益。在各级组织的介入下，事件得以圆满解决，这一阶段是该事件的缓和期。在此事件解决后，2008年1月4日，副省长再次深入该街道，详细了解詹某案件解决的后续情况，要求该市继续做好跟踪回访工作，妥善解决被拆迁户的后顾之忧，防止工作出现反复。此阶段是这一事件的消失期。

二、群体性纠纷的定义、特点及规律

（一）群体性纠纷的定义

关于群体性事件，目前并无官方权威的定义，群体性事件的定义常与其他定义一起使用，如"突发性群体性事件""群体性治安事件"等。

2000年4月5日，公安部颁发的《公安机关处置群体性治安事件规定》把"群体性治安事件"定义为"聚众共同实施的违反国家法律、法规、规章，扰乱社会秩序，危害公共安全，侵犯公民人身安全和公私财产安全的行为"。

中共中央办公厅2004年制定的《关于积极预防和妥善处置群体性事件的工作意见》将群体性事件定义为"由人民内部矛盾引发、群众认为自身权益受到侵害，通过非法聚集、围堵等方式，向有关机关或单位表达意愿、提出要求等事件及其酝酿、形成过程中的串联、聚集等活动"。

我国学者邱泽奇认为群体性事件是"为达成某种目的而聚集，由一定数量人群构成的社会性事件，包括了针对政府或政府代理机构的、有明确诉求的集会、游行、示威、罢工、罢课、请愿、上访、占领交通路线或公共场所等"[1]。

国外学术界通常把群体性突发事件定义为"集群行为""集合行为"或者直接以集会、游行、示威、罢工活动等来冠名。群众行为是最常见的集群行为之一。这里的群众概念不同于我们一般所说的"人民群众"，这里是强调一群人的集合。

1921年，美国学者帕克在《社会学导论》中认为集体行为是"在集体共同推动和影响下发生的个人行为，是一种情绪的冲动"。斯坦莱·米尔格拉姆认为，集群行为"是自发产生的，相对来说是没有组织的，甚至是不可预测的，它依赖于参与者的相互刺激"。戴维·波普诺也认为，集群行为是指"那些在相对自发的、无组织的和不稳定的情况下，因为某种普遍的影响和鼓舞而发生的行为"。

本章所指的群体性事件，是指由人民内部矛盾引起的、有一定数量群众参与的、对社会公共管理秩序产生影响并构成现实危害的群体性行为。这些具有一定数量的利益攸关者、共同诉求者，或有共同挫折、动机和目标的社会成员，包括与之有关的同情者、仇恨社会者、不满现实者，或通过非法集会、游行、请愿、静坐、示威等方式展示其群体力量，引起社会关注，获取舆论同情，促成政府重视，以此改变现有处境，实现个人或群体目标；或通过破坏和冲击公共场所、党政机关，堵塞交通，聚众共同实施打、砸、抢等违法犯罪行为，发泄私愤；或通过非正常上访、闹访、缠访、重复访等方式，危害公共安全，扰乱社会秩序，从

---

[1] 邱泽奇："群体性事件与法治发展的社会基础"，载《云南大学学报（社会科学版）》2004年第5期。

而达到个人和群体之目的。[1]

因群体事件引发的公民与公民、法人或其他组织间的民事权利义务争议，即群体性民间纠纷。

可见，群体性纠纷人数之多、影响之广、危害之大、平息之难，有关部门尤其是承担化解矛盾纠纷任务的各级调解组织必须高度重视，不可懈怠。

（二）群体性纠纷的常见类型

1. 社会性群体性纠纷，是指由于种族宗教的隔阂、庆祝活动、体育活动或其他社会活动所引起的恩怨，或因失业、劳资纠纷激起的不满情绪，导致罢工、请愿、游行、示威等行动，进而集体采取暴力行为，以求达到目的的纠纷。

2. 偶发性群体性纠纷。此类群体性纠纷，常常是群众因为政府处理某一事件不当而产生误解，甚至影响部分群众的权益。经过利益关系人的陈述请愿，在得不到合理解决或答复的情况下，爆发成群体性纠纷。

（三）群体性纠纷产生的原因

群体性纠纷的产生往往是多种社会矛盾的综合反映，是多种利益冲突的集中表现。特别是在当今社会经济飞速发展的情况下，矛盾的出现通常不是孤立的，各种矛盾之间有着千丝万缕的联系。

1. 社会矛盾的积累是群体性纠纷发生的深层原因。群体性纠纷作为一种社会现象，其产生根源于各种社会矛盾的日积月累，矛盾的积累导致其发生具有必然性。我国的体制改革、社会转型，必然带来人们之间利益关系的分化与重组。在个人之间，利益群体和社会阶层之间，地方与地方、部门与部门之间，特别是群众与领导之间会产生利益矛盾和问题。这些利益矛盾和问题不断积聚，相关部门又没有及时疏导和化解，就有酿成群体性纠纷的可能性。因此，我们在分析群体性纠纷时，必须看到其形成的深层社会背景，明确它是人民内部矛盾在社会变革时期尖锐化的表现方式，对预防和处理群体性纠纷要有充分的思想准备。

2. 部分群众的利益诉求没有得到及时妥善的解决是酿成群体性纠纷的直接原因。群体性纠纷的产生，一些非理性方式的表达，很大程度上是由于相关群众的利益诉求没有得到及时妥善的解决，矛盾由此激化而爆发。在我国体制改革、社会转型的过程中，就业、社会保障、收入分配、教育、医疗、住房、安全生产、社会治安等方面关系群众切身利益的问题日益凸显。但由于群众表达其利益诉求的制度供给远远跟不上需求的提高，因此，这些关乎群众切身利益的诉求并不能被及时准确地表达出来。同时，这些问题和矛盾大多与广大人民群众的日常生活息息相关，且涉及的范围较大，具有相同利益的社会成员针对其共同关心的

---

[1]　曹光毅："论群体性事件的预防策略"，载《上海公安高等专科学校学报》2008 年第 5 期。

问题极易形成共同的利益诉求。同时，人们之间相互联系的技术手段改进了，极易就共同关注的话题进行沟通和串联，从而形成某个具有社会影响的共同话题，进而为群体性纠纷的爆发提供心理基础。对这些利益诉求，如果群众以个体形式表达得不到妥善的解决，则只能选择制度外的非理性利益表达方式，如示威、游行、围攻政府、静坐等方式来引起政府对自己利益的关心。这些行为一旦被煽动就极易引发群体性纠纷。

在 2008 年 6 月 28 日发生的贵州瓮安群体性事件中，贵州省委书记石宗源认为这次事件发生的深层次因素就是"一些社会矛盾长期积累，多种纠纷相互交织，一些没有得到重视，一些没有及时解决，干群关系紧张，群众对我们的工作不满意"。这一原因也正是该群体性纠纷爆发的主要原因。

（四）群体性纠纷的特征

根据群体性纠纷的定义、发生原因等，可以总结出群体性纠纷的一般特征。

1. 起因复杂，事发突然。群体性纠纷的起因是复杂的。在社会转型期，利益分配调节机制和社会保障机制滞后，弱势群体的利益受到损害或忽视时，其利益诉求不能及时被表达出来，造成的不满和对抗情绪往往以群体性纠纷的形式表现出来。同时，由于仍有部分群众一方面民主意识不断增强，另一方面其法治观念相对比较淡薄，当遇到矛盾纠纷时，误以为聚众闹事、集体上访可以对领导造成压力，能较快解决问题，因此往往采取一些极端手段。利益一旦受到损失或遭受侵害，为寻求国家权威的保护，单个的社会成员会组织起来，通过集体行动的方式谋求问题的解决。群体性纠纷事发突然，是因为大量群体性纠纷产生之初，直接原因似乎很简单，也很常见，所以，往往不会引起相关部门与当事人的警惕和防范。他们对诸如交通事故、拆迁矛盾、医疗纠纷、意外事故、就学矛盾、劳资矛盾、转制矛盾、环境矛盾等习以为常，并没有感觉到情况正在发生或可能发生的变化。但事实上，这种表面现象只不过是诱因，导致群体性纠纷突发的真正原因是隐藏在群众内心深处的长期积怨和愤怒，起因错综复杂。

2. 组织性强，较难控制。大多数群体性纠纷是有组织、有计划的，而且很多群体性纠纷开始出现跨区域、跨行业串联声援的倾向。尤其是那些参加人数多、持续时间长、规模较大、反复性强的群体性纠纷，它们事先都经过周密策划，目标明确，行动统一。群体性纠纷一旦发生，往往伴随着激烈的外部冲突，伴随着大量的非理性行为，会对社会公共安全、人民群众的生命安全以及社会公私财产安全造成一定威胁。随着事态的发展，如果处理得当，可以避免进一步的破坏行为；如果处理不当，这类破坏行为还会继续恶化和蔓延。

3. 场面混乱，行为过激。群体性纠纷的突发性和不可预见性，往往会造成现场混乱的局面。群体性纠纷的参与者总以为自己是有理的，道理和真理在自己一边，即使造成了某些破坏性的后果，也认为是由对方的原因造成的，而己方是迫不得已。因此，在群体性纠纷中，群众情绪往往容易失控，暴力性、破坏性、群体性纠纷逐渐增多，出现激化现象，对抗程度加剧。群体性纠纷的组织者和参与者出于"大闹大解决，小闹小解决，不闹不解决"的心理，越来越频繁地采取各种极端或违法行为发泄不满情绪，如冲击基层党政机关、阻断交通、破坏公共设施等，有的甚至做出自焚、自残等过激行为。

4. 主体多元，处置困难。随着我国经济社会的快速发展，社会利益格局产生剧烈变动和调整，各类社会矛盾相互渗透和交织，具有相同利益的社会成员针对其共同关心的问题极易形成共同的利益诉求。我国群体性纠纷大多发生在城市、农村、厂矿、机关、学校等领域，参与的人员也来自社会的各个层面，这就决定了群体性纠纷主体的多元化，如城镇下岗失业职工、外资企业和私营企业中的职工、失地农民、城市农民工、个体业主等。群体性纠纷一般是由某些特定的群体和矛盾引发的，如果不能及时平息事态，其他利益群体有可能加入进来。同时，一些"非直接利益群体"，如同情者、支持者、利用者、别有用心者、对社会不满者、仇富者、复仇者、仇视政府者、唯恐天下不乱者、好看热闹者，也会随着事态的发展加入进来。如果在群体性纠纷中，境内外敌对势力插手，利用人民内部矛盾，则会出现参与主体更加复杂的局面。他们的加入会使情况更趋复杂化，也给处置工作增加了大量的不确定因素和风险性。

5. 波及面广，影响恶劣。群体性纠纷一旦发生，就会在社会上产生极大的影响，特别是在现代信息社会，一有风吹草动，就会迅速传播。于是，国内外舆论将会持续关注事态的发展。各媒体的立场和观点不同，会出现以讹传讹的局面。各种传闻、小道消息、谣言就会接踵而来，造成舆论大哗，是非不清，情况不明。事件造成的人员伤亡和财产损失以及处置方式等，都会受到社会的持续关注。对政策法律部门、政府部门、公安机关等的评论、批评和指责会持续发酵，极易造成负面的社会影响。事件造成的损失还会严重影响社会公共秩序、生产秩序、教学秩序等。矛盾处理不好，还会卷土重来或继续扩大升级或留下难以估量的后遗症。

例如，在2008年6月28日贵州瓮安事件中，一些人对瓮安县公安局就该县一名女学生死因鉴定结果不满，聚集到县政府和县公安局。在县政府有关负责人接待的过程中，一些人煽动不明真相的群众冲击县公安局、县政府和县委大楼。随后，少数不法分子趁机打砸办公室，并点火焚烧多间办公室和一些车辆。在这一事件中，事件起因是社会矛盾的长期积累，干部与群众的关系紧张，群众对政府部门的工作不满意。正是群众对女学生死因鉴定结果的不满，激起了人们心底的怨气和怒气，导致事件发生。事件发生后，事实与谣言混杂，激起不少群众对死者的同情，群众自发组织去政府请愿。游行消息传开后，瓮安县此前在政府征地、城市拆迁中利益受损的一些失地农民和市民，也纷纷加入游行队伍中，在游行队伍抵达县政府时，人数已达上千人，围观群众已有上万人，这是事件主体多元化的体现。这一事件中，瓮安县县委、县政府、县公安局、县民政局、县财政局等机构被烧毁办公室160多间，被烧毁警车等交通工具40多辆，不同程度受伤150余人，造成直接经济损失1600多万元。这说明了群体性事件往往场面混乱，并通常伴随有过激行为。瓮安事件是近年来我国群体性纠纷的"标志性事件"，无论从事件参与人数、持续时间还是冲突剧烈程度来看，都在社会上产生了极大的影响。

（五）群体性纠纷的规律性

群体性纠纷从其萌芽到全面爆发，也具有一定的规律性。主要表现为一般经历如下四个阶段：萌发期、酝酿期、显露期和积聚期。

1. 萌发期。群体性纠纷处在萌芽状态，常常不为人所关注。此期的特征是：事件大多数为个案，目标比较专一，对政府相关部门而言，解决的难度很低。例如，在城市拆迁中，补偿款未按时足额发放导致部分市民通过各种途径向有关部门反映问题等。

2. 酝酿期。酝酿期分两个阶段：第一个阶段为隐性阶段，相互沟通协商主要在私下进行，事件的发生是有计划、有准备、有预谋的；第二个阶段为显性阶段，挑头分子和骨干成员以较为公开的方式对事件进行准备和策划。

3. 显露期。群体性纠纷的个别特性已经显现，参与者通过一对多、多对多的形式开始横向、纵向串联。此阶段的特征是：①参与者个体数量已经接近或达到群体性事件的人数标准（10人以上），相互之间的沟通联系已由初期松散的形态变得更加紧凑，违法的主观故意趋于明显；②群体目标定位提高，实现难度变大；③挑头分子公开召集核心成员和骨干分子进行策划，在思想上达成一致的情况下，已经开始制订行动方案，并在非特定区域以不特定人数进行闹访。

4. 积聚期。在此阶段，群体性纠纷的基本要素已经全部具备，组织规模进一步扩大；信息沟通更加频繁；人员成分趋于复杂；小范围、小规模的违法行为经常发生。此阶段的最大特征是各要素量的积累已经初步完成，诱发群体性纠纷质变的临界条件已经满足，只是还没有导火索或相关诱发因素。此时，核心成员为实现更大的目标，已经形成了较为完整的违法行动方案，并且通过各种新闻媒体或借助网络舆论将起初目标的合理性不断放大。随着外界因素或势力的介入，流言四散，不明真相的群众主动加入，群体规模持续变大，整个事件的态势已经不能为挑头分子和核心成员所左右，处于一种一触即发的状态。

例如，2009年6月17日，石首市笔架山街道办事处东岳路永隆大酒店门前发现一具男尸。接警后，110指挥中心先后指令巡警大队、笔架山派出所、刑警大队民警赶赴现场，开展现场走访、尸表检验、现场勘察等工作，初步认定为自杀。当时，亲属对死因表示怀疑，拒绝火化，该时期是这一事件的萌发期；6月18日，死者家属将尸体停放在酒店，造成群众的围观，该时期是这一事件的酝酿期；6月19日，不明真相的群众在该市东岳路和东方大道设置路障，阻碍交通，围观起哄，现场秩序出现混乱，该时期是这一事件的显露期；6月20日凌晨，事态开始恶化，少数不法分子借机制造事端，在停放尸体的酒店内纵火滋事，并煽动不明真相的围观群众袭击前来灭火的消防战士和公安民警，造成多名警察受伤，消防车被掀翻砸坏，该时期是这一事件的积聚期。事件发生后，中央领导同志高度重视，明确批示对这一事件的处理要求。公安部、武警总部、湖北省和荆州市的党政主要领导迅速成立了事件处置领导小组，并亲临现场指挥，一方面全力做好死者家属的安抚工作，保护家属安全，通过多种途径迅速向社会公布事件真相；另一方面，加强对事发地段的警戒，防止事态扩大，疏散围观群众，维护现场秩序。经多次协商，死者家属同意将尸体运往殡仪馆，进行尸检。21日凌晨，围观者被疏散，事态基本平息。这一事件充分体现了群体性纠纷的演变规律，是调解组织和调解人员预防群体性纠纷发生或处置群体性纠纷的鲜活范例。

三、突发性与群体性纠纷的应急处置原则

（一）突发性纠纷的应急处置原则

1. 以人为本原则。以人为本原则，是指在处理突发性纠纷的过程中，各级政府及其工作人员应该把挽救和保障人民的生命、财产安全，尤其是生命安全，作为处理突发事件和开展救援工作的首要任务。该原则是政府"以人为本、执政为民"理念的鲜明体现。我们党的宗旨是全心全意为人民服务，保障人民群众的利益不受侵害，减少损失，是党和政府义不容辞的责任。在人民调解工作中，要把着眼点放在广大工人、农民，尤其是下岗职工、农民工、残疾人等这些处于弱势地位的群体身上，此类人员是突发性纠纷的主要构成因素。因此，在调解过程中，要充分考虑到他们的利益需求，防止因决策不当而引起矛盾纠纷。

例如，在一起纠纷中，林某是某厂保安员，宋某是林某的妻子。宋某从老家来工厂探望林某，林某多次口头向老板申请希望能让其妻子宋某进厂工作以便照应。经林某多次恳求，老板同意让宋某与林某一起住在门卫室，并同意其在食堂搭食，伙食费自负，但不同意录用其为员工。后来，林某多次向老板请求让妻子宋某干些轻松活以解决家庭困难。老板答应让宋某为其打扫办公室，每月以私人名义支付其400元，所以，宋某没有入职申请表，财务也没核发其工资，工厂的员工也不大认识宋某。宋某于2008年7月13日9时在单位清扫卫生时感到身体

不适，后送院抢救无效死亡。林某认为宋某符合"在工作时间和工作岗位，突发疾病死亡或者在48个小时内经抢救无效死亡"的情形，应该属于工伤。但厂方认为，宋某并非其单位职工，宋某没有入职申请表，单位没给宋某安排工作，也未支付其工资，工厂为宋某制作工卡只是为了方便其进出工厂和饭堂，并且宋某于7月13日前两天也曾经到医院就诊，后来因为病情加重、抢救无效而死亡，因此不属于工伤。双方就此问题求助司法局，希望得到调解。司法局通过对工厂员工（包括普通工人、人事和财务部门员工等）进行了相关询问并核实了相关材料，认定案情与厂方所称基本一致，但没有人目睹宋某发病的经过。司法局认为双方争议的焦点是：宋某与该工厂之间是否存在劳动关系；宋某的发病是否属在工作时间、工作岗位突发疾病；老板请宋某为其打扫办公室，以私人身份每月固定支付其400元是否属劳动关系，难以确定；宋某在工厂何地何状况下突发疾病也无法查实；宋某在突发疾病前几天曾感到不适到医院就诊过，并且病情与发病死亡属同一症状，与《工伤保险条例》所指的突发疾病含义不符。

司法局从收集的证据及了解的情况来看，要认定宋某的死亡为工伤，显然证据不足，因此，工厂可以拒绝支付补偿。但考虑到在人民调解工作中，要把着眼点放在广大工人、农民，尤其是下岗职工、农民工、残疾人等处于弱势地位的群体身上，因此建议工厂遵循以人为本的原则对林某进行补偿。工厂也表示理解，可以适当给予补偿。最后，双方达成补偿金额为3.5万元的协议，圆满解决此事。

2. 及时介入原则。由于突发性纠纷具有突发性、不确定性等特征，纠纷的发生、发展往往无章可循或者没有先例可以借鉴，加之其还具有巨大的破坏性、危害性及其负面影响，突发性纠纷一旦发生，时间因素就显得尤为重要。如果在突发性纠纷的萌芽期、爆发期就采取及时、准确的应急措施，往往能够使群众的心理得以初步安定，社会秩序基本得以维持。这就为争取整个突发性纠纷处理工作的顺利进行奠定了基础。因此，政府及其工作人员必须在第一时间、在事发现场采取一系列紧急措施，争取在最短时间内及时控制事态的发展。即便是在危机已经发生的情况下，及时介入也很重要。特别是在关键性的决策制定过程中，时间第一的原则就更为重要了，稍稍延误时机，就可能造成更大的人员伤亡或者财产损失。因此，为了有效防范突发性纠纷的蔓延，最大限度减少损失，在应对突发性纠纷的过程中，必须行动快捷，以免延误良机。

例如，2009年3月18日，某包装厂员工雷某与另一员工在工作期间发生争吵，该员工用木棒击打雷某头部，造成雷某当场死亡，肇事员工逃跑。雷某家属认为雷某是在工作期间与同事发生矛盾而导致死亡的，因此要求厂方赔偿。在交涉过程中，死者家属纠集众多亲属围堵工厂大门，导致该厂无法正常进行生产经营。接到报告后，信访办、应急办、司法所和当地法庭迅速采取行动，第一时间赶赴现场对死者家属进行劝说，控制激烈的局势，并用政策、法律法规来解释这一事件，使其家属的情绪稳定下来。司法所还积极与厂方协调，希望厂方能从以人为本的角度对死者家属作出补偿。最终，双方达成协议，矛盾得以化解。

本案例突出体现了及时介入原则。信访办、应急办、司法所和法庭在接到报告后第一时间赶赴现场，并对围堵工厂的死者家属进行耐心规劝，避免了恶性事件的发生，为矛盾的化解赢得了主动权。

3. 信息公开原则。《突发事件应对法》第 10 条规定："有关人民政府及其部门作出的应对突发事件的决定、命令，应当及时公布。"第 53 条规定，履行统一领导职责或者组织处置突发事件的人民政府，应当按照有关规定统一、准确、及时发布有关突发事件事态发展和应急处置工作的信息。

由于突发事件具有不可预测性、过程的震撼性、后果的严重性以及可能危及公共安全和利益等特征，社会公众和媒体都迫切需要了解事态的产生原因、发展状态、政府的应对措施以及后续恢复工作等。政府作为处置突发事件的决策者和领导者，拥有和控制着大量信息，除了一些公开会影响工作开展的特殊信息外，对突发事件应对工作的过程、结果都应当公开。其中，最重要的就是有关人民政府及其部门作出的应对突发事件的决定、命令，这些信息应当及时予以公布。因为有关人民政府及其部门作出决定、命令是宪法和组织法赋予其的一项重要权力，对社会公众往往具有约束力和指向作用。并且，应对突发事件的决定、命令需要社会公众知晓、执行，不及时公布则难以发挥其应有的作用。做好政府对突发事件中的信息公开工作，可以提高公众对政府执法行为的理解和配合，从而提高应急效率。

例如，2009 年 3 月 2 日 16 时 40 分许，某镇医院红绿灯路口发生一起交通事故。肇事司机刘某驾驶一辆小汽车连撞两车，致一辆小型客车将唐某某（男，9岁）等两名路人撞倒，造成唐某某重伤。事发后，唐某某等伤者被立即送往当地某镇医院进行抢救，唐某某因抢救无效于当日在 ICU 重病监护室死亡。

事后，死者父亲唐某及其他家属认为医院管理不善，让肇事者弟弟刘某某私自进入 ICU 重病监护室停留约 1 分钟，怀疑其对死者及治疗仪器动过手脚，要求医院承担部分责任。3 月 3 日上午，死者家属及老乡等人在医院门口拉起"还我儿子"等横幅，扰乱医院秩序，并准备组织人员闹事。上午 10 时许，镇公安分局接到报案，称约六十人围堵某镇医院大门，手持宣传横幅，影响该医院秩序。

接报后，分局迅速出警维持现场秩序，并及时向上级公安机关和镇委、镇政府报告。镇委、镇政府领导非常重视，镇委副书记火速带领维稳综治、司法、宣传、交警等部门主要负责人亲临现场指挥。到达现场后，各部门根据自身职责积极开展工作。镇维稳综治办发挥组织协调作用，积极收集掌握各部门工作情况的信息，及时向领导报告，为领导及时决策提供可靠依据和参考；宣传教育办与各主要新闻媒体联络，主动提供事件详细客观的资料。3月4日，有关新闻媒体对这一事件进行了客观全面的报道。

在本案例中，宣传教育办能够主动与媒体进行沟通，提供客观翔实的资料，为媒体客观公正地报道、提高公众对事件的知晓度、积极引导事件向正确方向发展提供了有力的帮助。

4. 注重程序原则。在突发性纠纷的处理和应对过程中，应建立科学、有序的程序。如果法律有规定的，按照法律规定的程序实施；如果法律法规没有明文规定的，就要针对突发性纠纷的发展阶段和特点确定处置程序。一般而言，参加突发性纠纷处理的人员在接到命令后，应该以最快的速度抵达事故现场，然后可以按照以下程序展开工作：①各部门负责人迅速组织成立应急处置领导小组，明确各部门的职能，分工协作。②火速封锁事故现场，或者驱散围观群众，防止影响处置工作。③组织相关人员进入现场安抚群众情绪，同时深入了解突发性纠纷的原因、目前的发展趋势及已经造成的后果。④应急处置领导小组根据收集回来的情况，组织各部门分工处理；如果事态严重，则需要将现场情况向上级有关部门汇报，请求援助处理。

5. 灵活变通原则。突发事件的特征决定了突发性纠纷应对工作必须将灵活变通置于重要地位。突发性纠纷是复杂系统的突变，而不是一系列事件按照线性的时间顺序先后发生的。突发性纠纷的不确定性和破坏性，使得公共机构在处理中需要遵循灵活变通的原则。

坚持灵活变通原则，要做到：①由于不同类型的突发事件有不同的特点，要求在突发性纠纷的处置过程中，根据突发事件的类型及特点，制订能体现突发性纠纷特点的处置方案。②由于突发性纠纷在发展过程中具有强烈的不确定性，要求在制订突发性纠纷处置方案时，要保证执行方式的灵活性。③突发性纠纷的处置往往需要各不同职能部门协调处理，比如，在处置劳资纠纷时，需要司法、公安、劳动、社保等多个部门的协同工作。因此，在处置突发性纠纷过程中，各个部门之间应相互配合。④在处置突发性纠纷过程中，要从本地的实际情况出发，能够因地制宜、因事制宜，发挥优势，注重特色。

6. 协同应对原则。突发性纠纷的预防与应对是一项系统工程，需要统筹全局，照顾周全。独立行事不仅工作效率不高，还容易造成资源的浪费，顾此失彼，贻误工作。所以，应对突发性纠纷只有在政府的统一领导下，各相关部门协同配合，才能高屋建瓴，准确、全面地把握突发性纠纷的性质和症结，统筹部署，及时形成和贯彻科学的决策，迅速解决事件。

各部门的工作性质不同，职责不同，介入的方式和程度也不同，需要坚持分级管理、各负其责、协同作战的原则。有效的协调可以把个体的力量转化为整体的力量，从而发挥整体的最大优势。《突发事件应对法》第 8 条第 2 款规定，县级以上地方各级人民政府设立由本级人民政府主要负责人、相关部门负责人、驻当地中国人民解放军和中国人民武装警察部队有关负责人组成的突发事件应急指挥机构，统一领导、协调本级人民政府各有关部门和下级人民政府开展突发事件应对工作；根据实际需要，设立相关类别突发事件应急指挥机构，组织、协调、指挥突发事件应对工作。

例如，2009 年 3 月，某镇村民邓某在"自己"的土地上建房，却招来邻居梁某的百般阻挠。双方就该土地使用权的权属问题意见不一，争得耳红面赤，甚至拳脚相向。梁某要求邓某拆除已建房屋，邓某不从，并扬言要用生命捍卫自己的房屋。经村委会的多次调解无效后，邓某来到镇司法所申请调解，希望问题能尽快得到有效的解决。镇司法所在接到申请后，立即联系城建、国土部门积极参与调解。司法所工作人员在当地群众及村组干部中进行了大量的走访，并到城建办和国土资源分局进行了解，查阅相关资料，明确了该土地使用权的权属。在此基础上，镇司法所提出了双方都能够接受的调解方案，矛盾得以圆满解决。

本案例的处理过程体现了协同应对的原则。镇司法所在处理这一土地纠纷的过程中，积极联系城建、国土等相关土地管理部门协助配合，最终明确该土地的使用权归属，成功化解矛盾。

7. 科学应对原则。突发性纠纷是各种社会矛盾交织、演化、发展的结果，因此具有复杂性。这种复杂性要求调解人员在处置突发性纠纷的过程中要正确区分纠纷性质。准确地确定突发性纠纷的性质是采取科学处置措施、妥善处理问题的基础和依据，也是处理突发性纠纷的基础性工作。对于干群矛盾引发的冲突、不同利益群体的矛盾、民族或宗教问题引发的冲突、敌对分子的故意破坏、突发性的自然灾害等，应急处置部门要准确快速定性。只有正确认定了事件的性质，才可能有针对性地确定处理纠纷的策略和方法。

清楚突发性纠纷的性质和原因后，就要进行科学的决策。科学的决策要求采用现代科学思维、科学方法和现代科学技术，如综合信息平台、卫星遥感技术等。同时，要注重发挥专家学者特别是危机管理专家的积极作用。如应对处理那些因工业技术引起的灾害以及由自然灾害造成的危机事件，如危险品、化学毒品、辐射物品、火水灾害、海啸、泥石流、雪崩、飓风、火山爆发等，一定要多征求有关科学领域专家的意见，邀请专家进行专业技术指导，发挥专家在这些领域内知识渊博、经验丰富的优势，预警和解决危机，将危机所带来的危害降到最低。在处理人质事件、突发群体性事件的过程中，调解人员要善于借助社会学家、心理学家、谈判专家等专业人员的技术力量，有效解除危机。

8. 合法应对原则。依法办事、依法行政是现代社会的基本要求。突发性纠纷属于非常规状态和非程序性问题，因此，在突发性纠纷的应对和处理过程中，政府及公务人员依法处理和应对就显得尤为重要。在处置突发性纠纷时，要讲究处置策略，尊重和保护群众的合法权利。因为在突发性纠纷发生后的危机情境下，政府及公务人员拥有许多特殊的权力，但是这些权力不能乱用、不能误用。特别是对于集会、游行、示威等群体性事件，要以《刑法》《集会游行示威法》和《治安管理处罚法》为主要处置依据，根据突发事件的性质、范围、缓急程度、危害后果依法采取措施，尽快平息事态，恢复秩序。特别是一些涉及外交、政治、民族、宗教等因素的突发事件，处理起来应该更加谨慎。

例如，2009 年 2 月 5 日，某村村民李某在邻村"木屋仔"（地名）的荔枝地被铁路扩建工程占用，被占用约六分地，导致部分果树被压死。李某在向铁路扩建单位反映却没有得到解决的情况下，向镇调委会申请调处。

镇调委会受理该调解后，迅速组织调解员到实地进行调查，深入李某反映的荔枝地了解受损情况。经过调查，李某反映情况基本属实。在听取李某的意见和要求后，镇调委会与广深四线工程指挥部进行了联系，反映了该村民的意见和合理要求，宣传法律法规，促使该单位对该侵权事实有一个明确的认识。在了解双方当事人的调解意向后，镇调委会在 3 月 12 日组织双方进行调解。在调解过程中，镇调委会拿出了该地方《关于土地征用、房屋拆迁以及青苗补偿的若干规定》作为补偿依据，提议按该规定进行补偿较为合理。

通过几轮商谈后，对此方案双方都能接受，并达成共识签订了调解协议。最后，铁路扩建单位于 2009 年 4 月 13 日将款项补偿给李某。自此，这场纠纷得到了圆满解决。

在本案例中，一方是某村村民，另一方是大企业。由于企业在工程建设中对占用土地的事不够重视造成这一矛盾。调委会在调处过程中正是坚持合法应对的原则，通过对工程负责人宣传法律法规，促使其对该侵权事实有一个明确的认识，再以该地方《关于土地征用、房屋拆迁以及青苗补偿的若干规定》等相关规定作为补偿依据，使得双方对赔偿依据予以认可，纠纷得到圆满解决。

据统计，我国目前已经制定涉及突发事件应对的法律三十多部、行政法规三十多部、部门规章五十多部，有关文件一百一十多部。我国第一部应对各类突发事件的综合性基本法律——《突发事件应对法》是应急管理的"龙头法"。

9. 适度应对原则。适度应对原则，是指在突发性纠纷发生后，选择最恰当的时机、最恰当的尺度，采取最恰当的方式处置突发性纠纷的原则。适度应对原则是根据马克思主义哲学中事物量变和质变的辩证关系提出的基本思想方法。量变、质变规律揭示了事物发展的形式和状态。一切事物都是质和量的统一体。任何事物都保持其一定质的数量界限。在一定限度内，量的变化不会改变事物的质，而一旦超出这个界限，量的变化也会引起质的变化。认识事物的度，才能准确认识事物的质；做到"胸中有数"，才能在实践中掌握适度原则，防止"过"与"不及"。

从实践来看，坚持适度应对原则，要求在处理突发性纠纷时，一定要谨慎、适度地行使有关权力，以期把突发性纠纷造成的破坏和利益损失降到最低限度；要求在处置突发性纠纷时，尊重客观规律，注意分析突发性纠纷的复杂性和多样性；要求在处置突发性纠纷的过程中，注意突发性纠纷的动态性，必须科学地认识突发性纠纷在不同条件下"度"的变化；要求处置突发性纠纷应审时度势，针对突发性纠纷的实际情况，适时调整控制和处理措施，调节对突发性纠纷控制和处理的力度，既防止控制和处理过滥、过头，又防止控制和处理过松、不到位。

10. 预防为主原则。预防为主原则，是突发性纠纷应对工作的核心原则之一。要求一切突发性纠纷的应对工作都必须把预防和减少突发性纠纷的发生放在首位，做到防患于未然。

坚持预防为主原则，首先，要开展对各类突发事件风险的普查和监控工作。促进各行业、各领域安全防范措施的落实，加强突发事件的信息报告和预警工作，积极开展安全防范知识和应急知识的普及，加强应急管理培训。其次，要做好应急准备工作，牢固树立忧患意识。要完善预案体系，推进应急平台建设，提高应急管理能力，加强应急救援队伍建设和应急演练，加强对各类应急资源管理。最后，要强化信息情报工作，建立高效迅捷的信息情报网络，准确掌握重要信息，提高科学预测的能力。及时将不安定因素报告党委、政府，取得党委、政府的支持。要积极配合相关部门的教育疏导工作，将突发事件消灭在基层、消灭在萌芽状态。

（二）群体性纠纷的应急处置原则

1. 坚持正确区分两类不同性质矛盾的原则。在处置群体性事件的时候，必须正确分析判断矛盾的性质，即区分开敌我矛盾和人民内部矛盾。分清矛盾性质后，对于属于人民内部矛盾的群体性纠纷，应该在法律、法规规定的范围内，运用说服教育的方法解决。对于其中已经构成犯罪的行为，则要依法坚决制止和打击。

2. 坚持党委、政府统一领导的原则。群体性纠纷的针对性、目的性要求党委、政府在处置工作中必须抓住矛盾的主要方面或主要矛盾；及时准确地把握事件的起因、性质、规模、对立程度及发展态势；及时向当地党委、政府报告事态发展的实时动态，提出自己的工作意见。在此基础上，由党委、政府出面，根据事件的针对性、目的性和不同起因，统一领导、组织、督促有关责任单位、职能部门开展处置工作。

示例见本书第 210 页交通肇事案，在此不再赘述。

纠纷发生时，正值全国"两会"召开之际，某镇领导高度重视，镇党政主要领导亲自研究部署处置工作，指示各有关部门联合行动、密切配合，促使事件得以圆满解决。

3 月 3 日上午 10 时许，某镇公安分局接到报案，称约六十人围堵某镇医院大门，手持宣传横幅，影响该医院秩序。接报后，分局迅速出警维持现场秩序，并及时向上级公安机关和镇委、镇政府报告。镇委、镇政府领导非常重视，镇委副书记火速带领维稳综治、司法、宣传、交警等部门主要负责人亲临现场指挥。镇党政主要领导亲力亲为，各部门负责人第一时间跟随领导到达现场，掌握了最直接、最真实、最全面的情况，省略了层层请示汇报、再层层研究部署的程序，为开展工作赢得了宝贵的时间。

到达现场后，各部门根据自身职责积极开展工作：镇维稳综治办发挥组织协调作用，积极收集掌握各部门工作情况的信息，及时向领导报告，为领导及时决策提供可靠依据和参考；宣传教育办与各主要新闻媒体联络，主动提供事件情况，引导新闻媒体进行正面、客观报道；交警大队集中精力和警力办理该交通肇事案件；公安分局收集家属动态信息，准确作出判断；刑警队掌握到有 2 名社会闲散人员，煽动家属及不明真相的老乡的情绪，即刻对 2 名人员进行跟踪控制，对他们严厉警告，表明一旦造成严重后果将严肃追究其责任的立场，促使该 2 名闲散人员灰溜溜离开；司法所积极做好司法调解工作。

在综合掌握各方面情况后，各单位人员与死者家属代表进行谈话，设身处地为其着想，动之以情、晓之以理。死者家属的情绪得到有效缓解，对政府的工作予以理解和支持，认识到了纠集人员围堵医院的严重错误，并协助工作人员劝阻其他家属、老乡，促使事件平息。同时，公安分局及时将肇事者家属、当事医生、护士带回询问，表明尽力进行审查、还家属事件真相的决心；交警大队尽最大努力解决办理交通肇事案件，尽力协助家属索赔；医院公开抢救资料记录和抢救过程，说明他们已经尽一切努力抢救死者的情况。事件平息后，死者家属对政府有关部门尽心尽力的协助，以及医院的全力抢救表示了衷心的感谢，并保证将通过法律途径解决此事，绝不再采取围堵闹事的违法方法。

在化解这起矛盾纠纷的过程中，公安机关迅速出警并及时向镇党委政府汇报，为危机的化解、防止事态进一步扩大赢得了宝贵的时间。镇党政领导和各有关部门始终坚持了将工作做实、做细的原则，并在第一时间赶赴现场，掌握最直接、最真实的情况，省略了将情况层层上报的时间；同时，镇党委、政府领导经认真分析，抓住了解决问题的主要矛盾，并随机应变，有效避免了矛盾的进一步激化，最终促使事件得到快速、圆满的解决。

3. 坚持团结多数、打击极少数的原则。在群体性纠纷的处置工作中，必须自始至终对极少数策动者、为首者进行严密的控制，不仅事前要充分运用政治的、法律的、教育的手段，迫使其立即放弃非法的组织、策动行为，而且在事件中要设法将其同参与事件的群众分离开来，使其失去"龙头"作用，更应在事后对其予以严肃处理。同时，对那些敢于插手事件的敌对分子、敌对势力和具有犯罪行为的个别人员，不仅要及时予以揭露，还必须依法进行及时、坚决的打击，以起到震慑和控制事态发展的作用。对大多数受蒙蔽或被胁迫加入的群众，只要其未参与犯罪行为，不论事前、事中还是事后，都应采取说服教育的方法，使其尽快明白自己的错误行为，最终团结在我们的周围。

在上一个案例中，有 2 名社会闲散人员掺杂在死者家属及老乡中，煽动家属及不明真相的老乡的情绪。公安机关正是运用团结多数、打击极少数的原则，对这 2 名社会闲散人员进行跟踪控制，并对其提出严厉警告，表明一旦造成严重后果将严肃追究其责任的立场，起到了震慑和控制事态发展的作用。

4. 坚持可散不可聚、可导不可激、可解不可结的原则。群体性纠纷的对立性、目的性要求有关部门和单位应通过说服教育的办法，尽量把矛盾化解在初始阶段，防止形成大规模的上访请愿乃至上升到冲击党政机关、阻塞交通、集会游行或群体械斗的程度。在事件形成并有所发展后，要采取疏导的工作方法，缓解群众的情绪，并通过有理、有节的工作逐渐掌握控制现场态势的主动权。另外，有关责任单位或事件发源地的党委、政府的有关领导要及时跟进工作，对群众提出的一些合理要求尽快做出明确答复，并尽快把群众劝离现场。在事件结束后，党委、政府要责成事件的责任单位从根本上满足群众的合理要求，防止事件反复。对一时难以解决的或历史遗留问题，党委、政府还要组织有关单位、部门和事件群众代表共同研究，提出逐步解决的办法，并向群众公开，以达成相互谅解。

例如，2021 年 1 月 9 日，袁某带领 16 位工友来到某区司法所，请求调解委员会为其调解一起劳资纠纷。袁某等 17 人承包了一项市环保检测装修工程，并签订了承包合同，发包方为某设备有限公司。工程已完工数月，袁某等人多次到该发包公司要求结算工程款及工人工资，但该公司均以工程验收结果未出为由拒不结算，袁某等人出于无奈，向调解委员会申请调解，希望能够协商解决，讨回工资，否则将向上级部门上访。

在了解情况后，调解员马上联系区城建办，要求区城建办协助调解处理此事。在区城建办的配合下，调解员当天下午将纠纷双方约到调解室，在向双方详细了解纠纷情况后，得知该发包的公司是因为资金周转问题一直没有向袁某等人结算工程款及工人工资。调解员深入浅出地向该公司代表人详细解释了《民法典》合同编的相关规定、双方签订的承包合同的违约条款、中央及地方对农民工工资问题的有关规定、维护农民工合法权益的重要意义以及侵害农民工合法权益的严重后果。经过调解员的详细分析后，该公司明白了拒不结算工程款及拖欠农民工工资的严重性，同意于次日将全部工程款7800元结算给袁某等人。这样，一起即将上访的劳资纠纷由于调解委员会的及时介入，得到及时妥善的化解，矛盾被消灭于萌芽状态。

在本案例中，调解员正是本着"可散不可聚、可导不可激、可解不可结"的原则，成功地化解了矛盾。本案例涉及的人数比较多，又密切关系农民工的切身利益，如果不及时处理就可能产生不良影响，影响社会稳定。因此，调解员采用这一原则，耐心讲解《民法典》合同编的相关规定、双方合同中关于违约的条款及中央对农民工工资的相关规定等，对双方矛盾进行耐心疏导，使矛盾在激化前得到有效控制。

5. 坚持慎用警力的原则。公安机关在群体性纠纷发生后，必须而且应该派出警力参加处置。一是要求公安机关必须严格在自己的任务范围和处理权限之内开展工作，不能随意扩大任务范围；二是要求公安机关必须根据事件的规模、对立程度和发展态势来使用警力。对一般对立的事件，公安机关的职责仅限于通过情报网络收集信息，并向上级领导机关反映情况，为领导机关决策当好参谋，切忌派警力直赴现场处置。对严重对立的群体性事件，公安机关必须派出足够警力直接予以处置，尽力防止事态扩大。一旦发生集体冲击党政机关、集体强行卧轨断道、冲入机场非法阻断交通或集体械斗、集体打砸抢烧杀等情况，公安机关要立即组织足够的警力，采取强制措施，及时果断地加以处置，并对其中的为首分子坚决打击。同时，要准备足够的预备队，机动待命，以防止更加严重的情况出现。

四、处置突发性和群体性纠纷应注意的问题

（一）要深入调查研究，在处置过程中紧紧抓住主要矛盾

没有调查就没有发言权。人民调解工作人员在处置突发性和群体性纠纷的过程中，更要做好认真细致的调查工作，通过调查研究掌握纠纷的真实情况，抓住纠纷的主要矛盾。马克思主义哲学认为，在复杂事物自身包含的多种矛盾中，每种矛盾所处的地位、对事物发展所起的作用是不同的，总有主次、重要、非重要之分，其中必有一种矛盾相比于其他诸种矛盾处于支配地位，对事物发展起决定作用，这种矛盾就叫作主要矛盾。突发性和群体性纠纷往往都是各种矛盾相互交

织在一起，积累到一定程度后才爆发的。因此，人民调解组织和工作人员在处置突发性和群体性纠纷的工作中，要能够从各种纷繁复杂的事态发展线索中找出事件的主要矛盾，并围绕这一主要矛盾开展调解工作，这样可以取得事半功倍的效果。

例如，王某和黄某是某公司的员工，2021年3月8日，黄某的儿子小黄尾随黄某到垃圾压缩站玩（黄某工作的地方）。在王某操作垃圾车尾板升降的时候，小黄把手放在垃圾车尾板下。王某在操作时没注意到有人在车尾即进行升降操作，造成小黄的右手3根手指骨折。

2021年4月22日，王某、黄某和公司代表罗某来到司法所申请调解。听完当事人讲述事情的情况后，调解员知道这是由小黄的医疗费用的赔偿比例和三方责任问题产生的纠纷。由于案件标的不大，医疗费用约2500元，黄某如果提起诉讼则成本较高，意义不大，故调解处理的结果对黄某来说比较重要。调解员通过分析，一方面依据《民法典》第1258条第1款关于"在公共场所或者道路上挖掘、修缮安装地下设施等造成他人损害，施工人不能证明已经设置明显标志和采取安全措施的，应当承担侵权责任"的规定，抓住重点，向该公司宣传相关法律法规，分析其公司在工作场地没有张贴明显告示牌，告诫工作人员注意安全及非工作人员不得进入垃圾压缩站；另一方面从情、理入手，分析黄某是公司员工，应考虑到其工资待遇不高的具体情况，劝解公司要从员工的角度换位思考，留住员工。通过做思想工作，公司代表同意承担70%的医疗费用。调解员顺势向黄某和王某做工作，向王某分析了其在操作过程中没有多加注意周围的环境和相关操作手册；黄某也有一定责任，没有看管好自己的儿子，放任其在工作场地玩耍，导致事故发生。通过摆事实、讲道理，三方当事人自愿达成协议，由公司承担70%的医疗费用，王某和黄某各自承担15%的医疗费用。

在本案中，调解员善于抓住事件的主要矛盾，围绕主要矛盾进行调解是最终取得事半功倍的调解效果的关键。

（二）要耐心细致工作，充分适应调解过程中的反复性

由于突发性纠纷或群体性纠纷发生后，当事人通常会表现出一些过激行为，或者当事人双方对赔偿金额不能一次性达成一致意见，这些情况的发生会影响调解工作的顺利进行。这就要求调解人员在做调解工作时要耐心细致，知难而进，遇到问题后群策群力，化解问题。

例如，2009年3月16日，某司法所接到某纸业有限公司工人的电话，称其厂内有两名伤者的家属堵塞工厂门口，影响生产经营，且经过多次劝告也不肯离去，请求司法所介入调解此事。

调解人员立即赶赴现场，经过调查询问了解到，原来在2009年2月初，该

厂欲安装环保空调，约定由某空调工程部李某为其安装空调。2009 年 2 月 7 日，李某在安装空调过程中，不慎从天花板摔下并受伤，经医院初步治疗后，现尚处于医疗康复期。按医嘱，李某半年后仍需第二次手术，但几万元的手术费用因包工头及厂方都不愿承担而尚无着落。因李某坚决不到市劳动及社保部门确认事故的性质，厂方与工程部又没有签订安装合同，其负责人也拒不承认是该工程的承包者，导致此事三方都协商不了，所以伤者家属采取堵塞厂门的方法给厂方施压以达到自己的目的。若不及时调解，矛盾有可能被激化。

了解事件始末后，司法所调解人员耐心安慰伤者的家属，说明该纠纷可申请人民调解。在征得当事人的同意后，调解人员立即与劳动、社保、信访等部门取得联系，在多方协调下，伤者家属同意调解。在稳定家属情绪后，调解人员就劳动工伤的认定、责任等法律问题给厂方及家属做了详尽的解释，希望大家要依法办事，公正、公平、尽快解决纠纷。

经过初次调解，双方在赔偿的额度方面差距已经不是很大。初次调解使事件的解决取得了很大的进展。第二次调解，调解人员协同镇劳动、社保、信访、公安等部门共同努力，终于促使双方达成一致协议，由厂方一次性赔偿 8.3 万元给伤者。一宗即将激化的矛盾，在调解人员和多个部门的协调下最终得到圆满解决。

（三）要以法律为主，做到法、理、情兼顾

在调解过程中，调解人员必须严格依照相关法律、法规的规定，对突发性和群体性纠纷进行调解。同时，在依法调解的基础上，调解人员应该兼顾情、理，对调解对象给予精神上的同情和安慰，为调解工作的深入进行和调解中的沟通奠定良好的基础。

例如，2009 年 3 月 25 日，某模具公司的员工 52 人集体围堵企业大门，甚至做出堵路的不理智和过激行为，以此要求企业取消放长假的决定，或者与员工解除劳动关系并给予员工一次性经济补偿金。原来，受金融风暴影响，由于企业成本压力增大和订单大幅度减少等原因，企业迫不得已才想出让部分员工停工，保障大部分员工工作的办法。放 6 个月假的员工第一个月可以拿足工资，其余 5 个月按 770 元/月（当地最低工资标准的 80%）计发，等到经济复苏，停工的员工可以全部复工。被停工的员工不理解老板的用意，怀疑这是一种企业变相裁员的手段，迫使员工自动离职以减免经济补偿金的支付。

了解情况后，镇司法所、信访办、劳动和公安等部门及时联合介入调处此宗劳资纠纷，尽快深入进行调查了解，掌握基本情况，抓住矛盾重点。一是尽快稳定工人的情绪，让员工立刻停止不理智的行为，马上撤离企业门口，不能影响企业的正常生产秩序；二是要求罢工的员工派出 5 名代表，与企业负责人协商。在协商过程中，司法所派出律师向企业负责人和员工解释有关法律、法规的条款，消除企业与劳动者对相关法律、法规的错误和片面理解。员工认为企业以"停产停工"为由，安排员工放长假等于迫使员工自动辞职，而企业不必为此付出经济赔偿金。企业方面则认为受金融危机影响，企业经营存在困难，减少成本支出是企业目前生存的有效办法，而且带薪放长假并没有违法。司法所根据双方意见，提出折中的处理意见和解决方案。经过多次调解，讲清道理，说明事实，最后双方达成一致协议：一是企业承诺在有关法律法规允许的范围内进行放假；二是企业保证放假期间足额、及时分2次发放员工放假时所有的工资；三是企业经济环境好转后立即恢复停工员工的工作。员工们接受了这样的解决方案，一宗劳资纠纷得以圆满解决。

在这起纠纷中，调解人员组织各方力量及时化解矛盾的关键是熟练地运用了相关的法律法规。根据该省《工资支付条例》第35条的规定，非因劳动者原因造成的用人单位停工、停产未超过一个工资支付周期的（最长30日），用人单位应当按正常工作时间支付工资。超过一个工资支付周期的，可以根据劳动者提供的劳动，按照双方约定的标准支付工资；用人单位没有安排劳动者工作的，应当按照不低于当地最低工资标准的80%支付劳动者的生活费，生活费发放至企业复工、复产或解除劳动关系。调解员以法律、法规为依据，兼顾双方利益，并在此基础上提出了合理的调解方案，做到了"法、情、理"相结合，赢得了当事人双方的理解和认可。

（四）要充分运用科技手段，积极推进人民调解工作创新

《最高人民法院、司法部关于进一步加强新形势下人民调解工作的意见》指出，要积极推进人民调解工作创新，积极探索运用网络、通信等现代科技手段开展人民调解工作，方便人民群众，提高工作效率。

例如，2009年2月9日上午8时许，某司法所及劳动部门接到反映，某商场经营者陈某突然逃匿。闻讯而来的供货商及专柜人员要求强行撤货，而小区管理处已经单方将商场大门上锁，聚集在现场的六十多名供货商及专柜人员情绪较为激动，一度想冲进商场并强行搬离货物。接到反映后，司法所及劳动部门、公安部门立刻赶赴现场。工作人员经过现场了解情况，得知该商场于2007年底投入经营，销售模式主要为供货销售和专柜销售两种形式，出租场所者为小区的开发商。商场经营一直较为惨淡，2009年1~2月的工资约八万元没有发放；另外，商场经营者陈某还拖欠一百多万的租金没有交付。为防止事态激化，司法所人员召集相关代表进行座谈，劳动部门对拖欠工资的情况进行核查。座谈中，司法所明确提出有关人员肆意哄抢货物属于违法行为并将受到法律严惩，任何过激行为都是不可取的。但是供货商的情绪非常激动，不听劝阻，并于当天下午来到镇政

府上访要求退货。

为妥善处理该商场的结业事宜，司法所积极联系了当地法院和业主，与法院及业主进行多次协调。作为业主兼最大债权人的小区开发商同意让供货商和专柜先行退货。同时，司法所连同法院、劳动、经贸办、信访、公安等部门及时制定了《有关××购物广场结业事件处理方案》。在该方案中，明确各部门的分工及流程，并组建了相关工作小组：①审核小组。由司法所及法庭组成，主要就当事人提供单据的有效情况进行审核。②登记小组。由法庭工作人员组成，负责督促当事人如实申报有关货物品种及数量情况。③取货小组。由派出所及经贸办的工作人员组成，负责对货物品种及数量进行核实和发放。④现场争议处理小组。由法庭及信访办的工作人员组成，主要在争议出现时及时处理。另外，由公安机关在外围布置足够的警力维持现场秩序。

但是商场的货物分门别类、品种众多、数量巨大，给此次处理带来了很大的麻烦。如何做到有条不紊地让供货商顺利地拿回自己的货物，并保证有效地防止恶意取走他人价值较高货物的情况发生，是迫切需要解决的问题。司法所根据其他地方类似情况的处理办法，并结合该商场的实际情况，采取类似顾客购物的方式进行退货——供货商将自己的货物通过收银台读取单价，当购物小票上的总额与审核小组审核出来的货款总额一致时，供货商将已"购买"的货物搬离商场。通过这样的方法，工作效率得到大幅度提升，同时也杜绝了由于供货商物品条码不同，取走他人较高货物价值的情况。在各部门紧密配合下，截至2月7日，工作人员为130名登记在册的供货商及专柜人员妥善办理了退货手续，并为该商场的70名工人发放了8万余元工资，事件得以圆满解决。

这个案例调解的亮点是调解人员运用其他地方处理类似事件的办法，结合商场的实际情况，运用现代科技手段为供货商和专柜撤货提出了创新性的解决办法，提高了工作的效率，保证了退货工作顺利完成。

学习情境

【案例1】2009年3月21日，某镇某玻璃灯饰厂承包经营者黄某失踪数日。被黄某拖欠了3个月工资（共计54万余元）的138名工人，在向法定代表人吴某和发包方黄某多次协商支付工资未果的情况下，围堵公司大门，并到村委会反映情况。25日，村委会找到该厂法定代表人吴某，但吴某坚持称自己不是该厂的实际拥有人，拒绝支付工资。司法所调解人员耐心向其解释相关法律法规，表示由于其是营业执照上登记的法定代表人，该灯饰厂发生的任何事情都与其有直接关系，并详细解释了如果不发放工人工资、由第三方垫付的不良后果。在司法所同志的详细解释下，吴某答应与实际拥有人黄某取得联系。当天下午，黄某筹集了资金，一次性发放了拖欠的 138 名员工的 54 万余元工资。

问题： 请同学们思考这一事件产生的原因和特点，以及在这一事件中人民调解遵循了哪些处置原则？

【**案例 2**】2009 年 1 月 8 日，装修工人唐某来到某司法所申请工程款纠纷的调解。唐某帮助包工头刘某先后完成了 3 个工程，但刘某以各种理由扣除部分工程款，不给唐某结清。调解人员经过调查得知，由于唐某负责的工程质量没有过关，房主要扣刘某的工程款，所以刘某要扣押唐某的工程款以作赔偿。但唐某认为其付出劳动就应拿回自己的工资，并且对刘某进行口头威胁。为防止矛盾加剧导致意外情况发生，调解工作人员立刻对双方进行调解。调解工作人员向双方当事人讲述有关法律法规的规定，并指出，工人付出劳动要拿工资是肯定的，这是受国家法律保护的，包工头不能随意找理由扣押工人工资。同时，由于工人工作质量不过关导致的后果，工人也应当负相应的责任。但是双方并不肯让步，气氛也越加紧张。调解人员当即决定采用"背靠背"的方式与当事人进行单独谈话。一方面，调解人员对包工头刘某从心理关口入手，表示工人出来打工不容易，如果辛辛苦苦到头来拿不到工资，可能会做出一些不理智行为。如果因为一时之气而酿成苦果就不值得了，希望他能与当事人再进行协商。经过调解人员的耐心劝说，刘某表示同意协商。另一方面，调解人员做工人唐某的思想工作，表示理解他打工但拿不到工资的心情，会尽力协助其讨要工资，但如果工程质量因为工人工作的失误而出现问题也是要负责任的，双方应该心平气和地协商解决，不要因为冲动而做出不理智行为。经过劝说，唐某也同意协商解决。

经过细致的协商，双方接受调解人员的建议：先把工人应得的工资算出来，然后扣减应该赔偿的部分，剩下的结清给工人。经过核算，刘某当即给唐某结清所有工资，协议达成，纠纷得以圆满解决。

问题： 请同学们思考这一事件的特点，以及在调解过程中遵循了哪些处置原则。

【**案例 3**】2009 年 5 月 14 日上午，某电子厂员工刘某在工作中触电，经医院抢救无效死亡。死者家属与厂方就死者的赔偿问题产生纠纷，请求司法所调解纠纷。

司法所工作人员向双方当事人详细了解了事情的经过，并听取双方提出的赔偿方案。调解人员提出此事故应定性为因工死亡事故，应按因工死亡的赔偿标准进行赔偿，且厂方已经为死者购买社会保险。在征得双方同意后，司法所与镇社保分局联系，请求其派人来向死者家属讲解因工死亡的赔偿问题。死者家属在听取社保分局工作人员的讲解后，提出厂方应在社保赔偿后出于人道主义考虑对其进行补偿。厂方同意对死者家属进行人道主义补偿，但是双方因人道主义补偿的金额问题展开激烈的争论，各自不肯做出让步，双方僵持不下。调解人员观察到死者家属方人数众多，情绪波动厉害，不利于调解工作的进行。调解人员决定首先对在纠纷中起关键作用的家属进行说服、劝解，从而带动其他家属接受调解建议。调解人员要求死者家属派出 3 名代表与厂方进行协调，并采取"背靠背"的方式分别给当事人做思想工作，分析利弊关系，僵局很快被打破。经过反复协调，5 月 15 日，双方同意做出让步并达成协议：厂方协助死者家属进行社保理赔，并一次性支付死者家属 38 万元人民币，作为死者的后事料理费用及一次性抚恤金等。双方当场签订了协议书，此次纠纷得以平息。

问题：请同学们思考在此次纠纷处理过程中，遵循了哪些处置原则及需要注意哪些问题？

模拟人民调解员对突发性事件和群体性事件的应急处理。从群体性事件和突发性事件的特征和规律入手，熟悉人民调解工作在处理群体事件和突发性事件中的应急处置原则和要求。

实训步骤

1. 根据案例需要，对学生进行分组。

2. 以组为单位，让学生自行分配角色并开展讨论。

3. 各组学生按角色任务拟定调解方案，以便应急处置突发性事件和群体性事件。

4. 实施模拟调解，处置突发性事件和群体性事件。

5. 学生自我评价实训效果。

6. 教师点评、总结实训情况。

思考与练习

1. 突发性事件的定义及特点是什么？

2. 群体性事件的定义及特点是什么？

3. 突发性事件的周期性是什么？

4. 突发性事件的应急处置原则有哪些？

5. 群体性事件的应急处置原则有哪些？

6. 处置突发和群体性事件中应注意哪些问题？

【案例 1】2008 年 2 月，某纸厂员工听说同镇另一家同类纸厂今年员工工资上涨了 200 元，即向本厂经理提出上调工资的要求。经理认为本厂的工资本来就比同类型厂家的工资水平高，现在不应该跟风涨工资，有异议者可以自行辞职另谋高就。于是双方发生争吵，在争执不下的情况下，该员工随机煽动其他员工五十余人，罢工、堵厂门、恐吓正常工作的员工，甚至准备以堵路等方式要求厂方满足他们提高工资、支付加班费、增加娱乐设施等十几项诉求。厂方在无可奈何的情况下，请求司法所介入调解。

问题： 1. 请分析这一纠纷产生的原因和特点。

2. 如果你是人民调解员，如何处理这一纠纷？

【案例2】 某厂为扩大再生产决定新建厂房，在土建施工过程中误挖了当地村民吴、霍两家的祖坟，造成两家祖坟骨塔损毁不可恢复。由于村民受封建迷信思想影响较深，坟主及其亲属认为厂方是故意毁坟，故纠集了三十多人在工厂门口聚众闹事，并扬言要毁坏厂方设备进行报复。当地司法所接到报告后，迅速赶赴现场。现场调查的结果显示，坟地已经被夷为平地，基本不能辨认。村民一方要求厂方重新建坟，恢复骨塔原状，并提出赔偿精神损失的要求；工厂方面提出，因遗骨已经散落，根本无法将13个骨塔恢复原状，愿意做出适当的赔偿，但赔偿金额远远不能达到村民的要求。村民认为厂方的赔偿金额太少，没有调解诚意，三十多名村民围堵工厂门口，并做出一些过激行为，破坏了厂方办公室的大门，严重影响了工厂的正常生产经营。

问题： 1. 请分析这一事件的特点。

2. 你作为人民调解员，将如何处理这一纠纷？

1. 司法部基层工作指导司编：《人民调解工作典型案例汇编》，法律出版社2008年版。

2. 刘树桥、马辉主编：《人民调解实务》，暨南大学出版社2008年版。

3. 秦启文等：《突发事件的管理与应对》，新华出版社2004年版。

4. 莫利拉、李燕凌：《公共危机管理：农村社会突发事件预警、应急与责任机制研究》，人民出版社2007年版。

5. 黄建宏："社会突发事件概念、特征与研究价值"，载《学理论》2009年第23期。

6. 朱力："突发事件的概念、要素与类型"，载《南京社会科学》2007年第11期。

7. 孙崇勇、秦启文："突发事件的两个基本理论问题探讨"，载《西南师范大学学报（人文社会科学版）》2005年第2期。

8. 邱泽奇："群体性事件与法治发展的社会基础"，载《云南大学学报（社会科学版）》2004 年第 5 期。

9. 曹光毅："论群体性事件的预防策略"，载《上海公安高等专科学校学报》2008 年第 5 期。

10. 韦欣仪："国外关于群体性事件的理论研究与处置实践述评"，载《理论与当代》2009 年第 8 期。

11. 张兆瑞："国外境外关于集群行为和群体性事件之研究"，载《山东公安专科学校学报》2002 年第 1 期。

12. 周德胜："论正确认识和处理群体性事件"，载《理论观察》2009 年第 1 期。

13. 于建嵘："当前我国群体性事件的主要类型及其基本特征"，载《中国政法大学学报》2009 年第 6 期。

14. 孙廷华："略论群体性事件"，载《上海公安高等专科学校学报》2007 年第 5 期。

单元八习题库

单元九　人民调解信息平台的管理

知识目标

● 掌握人民调解信息平台的内涵；熟悉人民调解信息平台的管理操作规程和要求。

能力目标

● 能完成人民调解信息平台的日常管理工作。

导入案例

2009 年，某省直单位购买了位于露华东路和达道街交叉口的建设银行的办公大楼及二层副楼，要将其改建成培训中心，副楼楼顶有半米高的矮墙，改建工程要把矮墙拆掉并按照原来的高度封顶，当作会议室。拆除工作进展很顺利，但重建时却与居住在此楼后面的三百多名居民发生了冲突。原因是该三百多名居民认为正在改建的建筑物影响其住宅采光。但因为此楼建筑在先，该三百多名居民的宿舍建筑在后，当时的宿舍又不属于个人所有，所以采光的问题没人提出，现在有人来把这"阳光杀手"拆掉了，该宿舍的居民坚决不让改建。可是，正在改建的楼房是某省直单位购买的，又是省里的立项项目，不能不改建，某省直单位虽然开始也一直在积极与该宿舍居民协商解决，但由于每户要求 20 万元的赔偿数额太高，因此没能与居民达成一致意见。工期在即，建筑方只好封闭起来施工，结果激怒了这三百多名居民。某省直单位找到区调解中心，区调解中心指派纠纷所在地胜利大街调解委员会负责调解。

问题：1. 按调解信息平台的管理规程，区调解中心指派纠纷所在地胜利大街调解委员会负责调解的依据是什么？

2. 该案例的文档资料有哪些？应如何管理？

基础知识

当纠纷出现后，如何保证人民调解组织和有关部门及时知悉并且由有关部门恰当地介入纠纷进行调解，是纠纷得以迅速、妥善处理的关键。这一效果的实现需要借助完善的人民调解信息平台。通过该平台，人们不仅可以及时掌握纠纷的发生、发展动态或趋势，有效地协调各部门积极调处人民内部矛盾，化解纷争，而且有利于调解工作的总结、交流以及规范管理。

一、人民调解信息平台的含义

（一）人民调解信息平台的含义

人民调解信息平台是一个以定分止争为目标，以社会主义法治理念为核心，以人民调解为基础，以保证各部门的协调和人民调解相关信息的管理为建设内容，运用共建互补机制，利用现代信息技术手段构建的，布局合理、功能齐全、机制完备的人民调解信息服务和管理系统。人民调解信息平台是人民调解业务的综合系统，它可以分为纠纷处理平台、人民调解员信息管理平台和档案管理平台。

纠纷处理平台是提供信息、快速反应、抑制矛盾扩大升级、就地消化纠纷的信息平台和工作平台，该平台的建设可以实现人民调解各项工作的规范化，能够进一步加强与法院、信访、公安等部门的沟通与合作，理顺人民调解各部门之间的职能分工与合作关系；人民调解员信息管理平台建设，可以进一步规范人民调解员队伍，加强人民调解员的责任心，保证人民调解员队伍的健康发展；档案管理平台建设，可以实现纠纷档案的规范和科学管理。

（二）人民调解信息平台的特点

1. 平台内容的广泛性。人民调解信息平台是一个涵盖人民调解整体业务的平台，既包含对纠纷的处理，即人民调解组织及相互之间如何处理纠纷，人民调解组织和法院、信访、公安等部门之间如何处理人民调解纠纷；也包含如何规范人民调解员队伍、加强人民调解员的责任心；还包含如何整理、管理纠纷档案等内容。凡是与人民调解业务有关的事项，都可以被纳入人民调解信息平台。

2. 多元主体的协调性。在倡导人民调解维护社会稳定的背景下，人民调解组织自然成为解决纠纷的主导力量，但不能是唯一力量，这就要求各部门在解决纠纷时相互协调配合，只有这样才能有效地处理好纠纷。人民调解信息平台可以通过一定的机制保证有关主体协调一致，在不同地域或不同领域的人民调解组织之间、人民调解组织与有关部门之间实现纠纷调处的有效衔接，最终通过人民调解组织彻底地解决纠纷。

3. 工作机制的科学性。人民调解信息平台通过协调纠纷的处理、规范人民调解员队伍和纠纷档案管理，可以解决和改善基层人民调解工作面临的体制、机制问题，促进基层人民调解委员会的组织建设、业务建设和队伍建设的规范化、科学化，切实保障基层社会联防、联控体系，努力实现基层人民调解工作的合力更加强大、办事更加快捷、信息更加灵敏、地方更加平安、人民群众更加满意的局面。

科学的调解机制是做好调解工作的前提。为此要做到：①健全矛盾纠纷排查、预防机制。预防走在排查前、排查走在调解前、调解走在激化前。即预警在先，做到矛盾纠纷早发现；教育在先，做到重点对象早转化；控制在先，做到敏感时期早防范；工作在先，做到矛盾纠纷早化解。②建立矛盾纠纷网络信息平台，做到村一周一排查、乡半月一排查、县一月一排查。特殊时期，实行矛盾纠纷排查调解周报、日报制度，突发重大疑难纠纷实行每日汇报制度。落实责任人，形成逐级上报制度。对重大疑难纠纷，及时向调解中心汇报，科学制订预案，做到未雨绸缪，从宏观和微观上掌握化解矛盾纠纷的主动权。不断创新工作机制，实现人民调解与司法调解、行政调解联动的大调解工作机制。

4. 调解队伍的规范性。人民调解信息平台也包含着对人民调解员的素质要求。在人民调解信息平台的建设过程中，确定专职调解员的聘任条件、调解工作考核办法及人民调解员的信息管理，可以进一步提高调解人员素质、加强人民调解工作、规范人民调解队伍。因此，随着人民调解信息平台的完善，必然会形成规范化的人民调解队伍，从而保证人民调解工作的良性健康发展。

5. 调解档案的统一性。人民调解信息平台将形成对纠纷档案的统一要求。目前各人民调解组织对纠纷档案有着不同的态度和效果，这也影响着人民调解工作的态度和做法。人民调解信息平台对纠纷档案的管理，既能保证各人民调解组织完整保存纠纷档案，又能保证各人民调解组织规范纠纷档案材料，实现纠纷档案的统一装订和科学保管，便于查阅和研究人民调解组织的工作，并对其进行考核，更能促进各人民调解组织关于调解工作的总结和交流，提升人民调解工作的法律效果和社会影响力。

二、人民调解信息平台的内容

人民调解信息平台，是涵盖人民调解业务的综合系统，这意味着人民调解信息平台应包含与人民调解有关的全部业务。其中，最主要的内容应包含纠纷的协调与处理、人民调解员的管理、纠纷档案的管理三个方面。这些内容可被概括纳入纠纷处理平台、人民调解员信息管理平台和档案管理平台。

（一）纠纷处理平台

纠纷处理平台，是指就如何针对纠纷在不同人民调解组织之间进行分配、如何使纠纷在人民调解组织和其他部门之间予以协调，通过有效的机制梳理好各部门对纠纷的处理关系，保证纠纷有效解决的工作平台。该工作平台主要包括以下几项内容：

1. 矛盾纠纷的排查机制。人民调解信息平台要求承担人民调解任务的相关组织和工作人员首先应落实好矛盾纠纷的排查工作。通过矛盾纠纷的排查，及时地发现纠纷、解决纠纷，把纠纷遏制在萌芽状态。矛盾纠纷的排查要做到：

（1）排查工作应根据纠纷发生的时间性、季节性、地域性进行。

（2）排查活动由人民调解委员会集体研究、调解委员会主任具体负责，调解员、纠纷信息员参加；或者由人民调解组织会同政府有关部门进行。

（3）制订排查计划。包括排查的目的、意义、时间、范围、方法；印发排查纠纷统计表，包括纠纷总数、纠纷分类、纠纷重点户、重点人、重点纠纷、发现的犯罪线索及分属部门。

（4）组织实施排查。人民调解委员会落实排查计划时，应充分利用调解员以及信息员"地方熟、人情熟、情况熟"的优势，对辖区逐户、逐人进行摸底排查，应不漏一个死角、不失一项内容。

2. 矛盾纠纷协调、分配、报送与衔接机制。人民调解委员会在调解发生在公民与公民之间、公民与法人和其他社会组织之间涉及民事权利义务争议的各种纠纷时，要在坚持"属地管辖，分级负责""谁主管，谁负责"的分工原则的基础上，落实好矛盾纠纷协调、分配、报送工作。

（1）各部门之间矛盾纠纷的协调、分配。首先，各部门之间在受理、调解矛盾纠纷时应坚持"属地管辖"原则，即矛盾纠纷由纠纷当事人所在地（所在单位）或者纠纷发生地的人民调解委员会受理调解；其次，人民调解组织对某一纠纷不予受理时，该人民调解组织应告知当事人到有管辖权的人民调解组织申请调解，或选择其他渠道向有关部门申请解决并说明理由；最后，基层司法行政部门要做好协调工作，把某些特殊矛盾纠纷在各人民调解组织之间进行合理分流，以便更好地发挥人民调解组织方便、快捷、及时、高效地调处纠纷、化解矛盾的功能和作用。

（2）不同层次矛盾纠纷的调剂、报送。①基层司法行政部门或基层人民法院调解中心要积极指导各人民调解委员会的调解工作。②各人民调解委员会调解不了的疑难、复杂民间纠纷和跨地区、跨单位的民间纠纷，要及时报送镇、街人民调解委员会进行调解。例如，村民委员会、居民委员会或者企业事业单位的人民调解委员会调解不了的疑难、复杂民间纠纷和跨地区、跨单位的民间纠纷，应及时报送乡镇、街道一级调解中心或人民调解委员会，由乡镇、街道调解中心或人民调解委员会受理调解。乡镇、街道调解中心或人民调解委员会调解不了的疑难、复杂民间纠纷和跨地区、跨单位的民间纠纷，应及时报送上一级调解中心，由县、区调解中心受理调解，或者由相关的调解中心或人民调解委员会共同调解。

（3）矛盾纠纷调处职能的衔接。即，人民调解组织和人民法院、行政机关、仲裁机关、其他有关部门通过合理的机制，实现矛盾纠纷调处职能的衔接。例如，乡镇、街道派出所、人民法庭与乡镇、街道调解中心或人民调解委员会联合调处警民联调案件、诉调对接案件；县、区公安局、人民法院与县、区调解中心或人民调解委员会联合调处警民联调案件、诉调对接案件；县、区信访局、行业调解委员会与县、区调解中心或人民调解委员会联合调处访调对接案件、行业对接案件等。

3. 矛盾纠纷的受理、调解与处理机制。调解中心或调解委员会对当事人申请的、信息员报告的矛盾纠纷，要建立相应的受理、调解与处理机制。

（1）经审查符合调解中心或调解委员会受理条件的矛盾纠纷，调解人员应认真进行登记。登记时，应尽量以当事人的原话或原意做记录，不要加入自己的分析判断。

（2）当事人申请调解纠纷，符合受理条件的，应当及时调解。

（3）对不符合受理条件的，应告知当事人提请相关部门处理。对随时有可能激化的，应当在采取缓解疏导措施后，及时提交有关部门处理。

（4）不能当即调解的纠纷，应在确定调解时间后及时调解。做到不拖拉、不积压。

（5）对达成调解协议的纠纷，应及时制作调解协议书，双方当事人签字、盖章后方可生效。对相关文档资料要认真装订，及时归档，以便查阅。

（6）对没有达成调解协议的，告知双方当事人向人民法院提起诉讼或通过其他途径解决。

（7）做好对容易反复的纠纷或有具体给付内容的纠纷的回访工作。

4. 矛盾纠纷信息传递与反馈机制。建立健全矛盾纠纷信息传递与反馈制度，既便于政府和基层司法行政部门及时了解纠纷信息，又便于人民调解组织及时处理纠纷。具体内容为：

（1）建立矛盾纠纷信息传递网络。建立民间矛盾纠纷信息传递与反馈组织，设立纠纷信息员，具体工作可由调解员、调解信息员担任，负责民间纠纷信息搜集及民间纠纷信息传递与反馈工作。①设立矛盾纠纷信息反馈中心。该中心负责对所获纠纷信息进行分析研究、加工处理、调解意见反馈，发现重大民间纠纷信息，及时报告政府和有关部门，将政府和有关部门对预防、调解、疏导、处理民间纠纷的指示和措施传达到基层。信息反馈中心设在乡镇、街道一级人民调解委员会，由调解委员、司法员、民政员、信访员等共同组成。②设立各村（居）人民调解委员会。该级调解委员会将根据法律规定，在乡镇、办事处调解中心的指导，具体开展矛盾纠纷的排查、调处工作，遇到重大、复杂、疑难纠纷和久调不决的矛盾纠纷，及时将情况书面上报至矛盾纠纷信息反馈中心。③设立信息员。各村（居）每10户推选1名调解信息员，便于及时发现纠纷苗头、隐患，做到早发现、早疏导、早防范、早处理。若有调解不了的矛盾纠纷，应及时将情况上报至村（居）人民调解委员会。

（2）组织矛盾纠纷信息传递。以村、居民小组为单位，建立信息传递与反馈小组。一般由调解小组或调解员担任纠纷信息员。人民调解信息员分布在村、居民小组各个楼院，具有广泛的群众基础。信息员应随时向本村、居调解委员会、镇（街）人民调解组织、基层人民政府传递信息。信息传递可采用口头传递、书面传递、电话传递等方式，要做到纠纷信息传递制度化，保证及时、准确无阻地传达信息。矛盾纠纷信息的传递包括纵向传递和横向传递。纵向传递是指将矛盾纠纷信息向矛盾纠纷信息反馈中心、基层司法所或司法局、人民政府传递；横向传递是指基层司法所或调解组织将信息传递给基层人民政府、有关部门或需联合调解的其他调解组织。

（3）做好纠纷信息的加工处理工作。矛盾纠纷信息传递组织对获取的信息要及时进行深入的分析、细致的过滤和认真的整理，做到去粗取精、去伪存真，按矛盾纠纷的性质、轻重、缓急进行分流，对可以解决的纠纷提出调解意见，通过适当的程序及时反馈给有关部门。对确定的矛盾纠纷，村、居调委会应指定调解员，做到及时化解。对不属于调解范围或者调解不了的纠纷应及时上报，对信息员收集的犯罪线索应立即通知管片民警。

（4）及时进行信息反馈，保障信息渠道的畅通。基层司法所应发挥纠纷信息传递与反馈的中心作用。接到信息后，应按照纠纷信息的轻重、缓急程度进行处理，形成初步意见，及时向受理纠纷的人民调解组织反馈，对受理纠纷的人民调解组织进行及时、正确的指导。特别是重大纠纷、有激化可能的纠纷，应立即进行传递和反馈，即信息反馈中心接到上报的纠纷信息后，应及时向有关部门反馈，让调解组织、有关部门及时掌握纠纷情况，悉知指导组织的调解意见、意图，如此便于有效疏导、调解。

5. 重大疑难纠纷的快报机制。对于重大疑难纠纷，要有专门的快报机制，以利于及时、有效地处理。一般来讲，对辖区内发生的以下矛盾纠纷，要在第一时间内迅速以快报形式，报送至相关指导部门、调解中心或调解委员会：①影响社会稳定，牵涉党政领导较多精力、为社会舆论关注的热点矛盾纠纷；②可能导致突发事件或激化为刑事案件的重大纠纷；③涉及人数较多，易引发群体性上访的重大纠纷；④严重干扰正常生产、生活秩序的疑难矛盾纠纷；⑤可能危害国家和公共安全的纠纷苗头或隐患；⑥可能导致自杀的矛盾纠纷。

在进行重大疑难纠纷的快报的同时，要制定重大、疑难纠纷调处预案。纠纷发生后，调解员、调解委员会除迅速上报外，应立即组织调解员到达纠纷现场，开展疏导化解工作，控制事态发展；要立即协调相关部门配合调解委员会进行调查取证，准确掌握矛盾纠纷的起因、发展动向、可能产生的后果，制定切实可行的调解方案，组织纠纷当事人进行调解。

6. 矛盾纠纷登记制度。通过矛盾纠纷的登记，掌握矛盾纠纷的有关信息。要做到：

（1）人民调解委员会应设立专门的民间纠纷登记簿，调解小组也应设立登记簿。调解小组应每半月将受理纠纷信息情况及时、准确地填入村（居）人民调解委员会登记簿内，村（居）人民调解委员会应每月将纠纷情况汇报到乡镇人民调解委员会。

（2）纠纷登记应包括收到纠纷的日期，当事人双方的姓名、性别、年龄、工作单位及家庭住址，事由，协议及履行情况，记录人签名或盖章，记录日期等内容。

（3）人民调解委员会对面临激化的纠纷及当即可以调解的简单纠纷，可先调解后补办纠纷登记手续。

（4）对不属于人民调解委员会受理范围的纠纷，登记后应移交有关机关或承办人，并做好移交手续及纠纷发生情况的信息材料的登记工作。

（5）纠纷登记后，应分门别类归档，妥善保存，以便将来复查。

7. 矛盾纠纷调处工作督促、检查制度。矛盾纠纷调处工作的督促和检查能更好地解决问题和开展人民调解工作。为此，相关职能部门必须要做到：

（1）各级司法行政主管部门（基层指导科）应每季度对各级调解中心或调解委员会的矛盾纠纷调处工作进行一次检查；对督查的事项，明确办理时限。

（2）对督查查出的问题，及时反馈并督促相关司法局（所）落实；各司法局（所）要将落实情况及时报告主管领导。

（3）基层指导科（综合股）要按工作进展要求，采取定期或不定期的督查办法，及时总结完成情况，反馈给主管领导。

（4）司法局每月召集基层司法所例会，各所汇报矛盾纠纷工作开展情况，基层指导部门汇报督查落实工作进展情况。

8. 调解网络信息机制。

（1）建立人民调解网站。利用人民调解网，大力宣传人民调解的法律法规、组织机构建设、人民调解活动情况、经验做法等，让人民调解深入人心。

（2）制作人民调解专题节目。通过典型案例解说，借助媒体宣传方式，提高人民调解的社会公信力，引导人民群众把人民调解作为解决纠纷的首选方式。

（3）建立人民调解咨询服务网络。利用服务热线，解答咨询者提出的法律问题，为矛盾纠纷的解决提出建议等，促使咨询者增强法律意识，自我化解矛盾，降低调解工作成本，维护社会稳定。

另外，定期组织人民调解信息员开展业务学习，提高他们识别、判断矛盾纠纷的能力，确保信息的传递和反馈渠道畅通。

（二）人民调解员信息管理平台

人民调解员信息管理平台，是指对人民调解员相关事项实行系统管理，规范人民调解队伍，更好地开展人民调解工作的信息数据平台。该平台通过在市、县、乡、村等调解组织，安排人民调解信息管理人员，对调解网络信息、人民调解员信息等进行统一管理。具体包括：

1. 人民调解员录用管理。为规范人民调解员队伍，提高人民调解员素质，要逐步改变兼职调解员占人民调解队伍绝大多数的现状。通过人民调解信息平台，规范、统一人民调解员录用机制，包括招录职位和人数、录用条件、笔试面试要求、试用期限、工资福利待遇等，加强专业化的人民调解员队伍的建设，更好地发挥人民调解的作用。

2. 人民调解员基础信息管理。人民调解员基础信息包括调解人员姓名、性别、出生日期、籍贯、民族、政治面貌、学历、部门、职务、工资号码、证件类型、证件号码、婚姻状况、联系电话、家庭地址、身份、档案类型、电子邮箱、数据来源、建档日期、照片等。

3. 人民调解员异动信息管理。实施人民调解员异动信息管理，目的在于规范人民调解队伍人事异动工作，让人事异动管理有所依据，促进人民调解工作良性发展。人事异动管理包括对人民调解人员转正任用、调薪、晋升、降职、调动、离职（辞职、辞退或开除）的管理，以保证人民调解队伍的稳定性。

4. 人民调解员的业务档案管理。按调解组织受理的调解案件的种类（诉调对接案件、访调对接案件、警民联调案件等），对人民调解员调解案件的数量、质量等进行集中统一管理。

5. 人民调解员考核管理。考核以各调处中心、各调解委员会及相关部门的卷宗、登记簿（册）等台账资料记载内容为依据。考核工作应每半年开展一次，分别于6月底和12月底进行。组织专门考核小组，通过听取汇报、查阅台账、资料、实地察看、走访案件当事人、听取有关部门意见等形式对调解员进行考核，年终以两次考核综合成绩作为最终奖惩依据。考核内容包括工作述职、工作绩效、角色定位、职责履行、工作思路与计划、工作创新等。通过考核，对人民调解员的工作绩效进行客观评价，帮助人民调解员提高自身工作水平，加强人民调解队伍建设，提升人民调解整体绩效；通过考核和总结，促进上下级沟通与部门间相互协作。

6. 人民调解员科研成果管理。加强对人民调解员科研成果的管理，促进人民调解员学术水平的不断提高。凡人民调解员撰写并公开出版的专著、编著、资料汇编或公开发表的论文、研究报告（包括调查、咨询报告）等，均作为科研成果登记。科研成果的数量和质量是衡量人民调解员科研能力与学术水平的主要标志，是晋级、升职、评优的重要依据之一。人民调解员的科研成果装入个人档案。

7. 人民调解员奖惩管理。

（1）人民调解员（调处中心或调解委员会）有下列情形之一的，应予以奖励：①责任心强、调解案件数量多、质量高的；②实现"四无"（无矛盾纠纷上交、无集体或越级上访、无民间纠纷转为刑事案件、无未调结的指派分流矛盾纠纷）的；③坚持排查、预警机制，有效防止矛盾纠纷激化，成功调处重大疑难纠纷、劝阻群体性或越级上访或防止民间纠纷转为刑事案件的；④调解室建设规范、制度完善或落实到位，卷宗规范、健全的。

（2）人民调解员（调处中心或调解委员会）有下列情形之一的，应予以惩处：①对本辖区内矛盾纠纷不予受理或相互推诿的；②不坚持排查制度，对本辖区出现的矛盾纠纷不知情，或发现纠纷情况不及时上报，导致矛盾纠纷激化或上访的；③对出现的矛盾纠纷调处不及时、不公正，导致群体性上访或民间纠纷转为刑事案件的；④对调处中心指派分流的矛盾纠纷不按时调解，拖延积压或导致上访的；⑤对调解室建设不规范、制度不完善或落实不到位，卷宗不规范、不健全的。

奖惩考核办法的实施以考核小组 2 次考核结果为依据，年终兑现。奖金由政府列专项财政经费支出。

（三）纠纷档案管理平台

构建人民调解档案信息管理平台，是档案工作服务于人民调解建设的切入点。各级涉及调解工作的专、兼职档案信息管理员，要充分利用档案信息平台资源，为人民调解管理提供有效的档案信息服务。人民调解工作，关系到社会的和谐与发展，各调解组织要明确专、兼职人民调解档案信息管理员，要做好人民调解档案的收集、整理及信息传递与反馈工作，为"大调解"平台及时提炼出所需档案信息，为人民调解工作送上及时雨。纠纷档案管理包括：

1. 档案移交登记。人民调解中心或人民调解组织对受理的案件，根据纠纷的轻重缓急、问题归属等情况，分类梳理并提出初步的解决方案，分流指派到相应的县、乡、镇或部门解决。相应调解组织的信息管理工作者要及时做好移交登记工作；应人民法院邀请参与调解的案件或人民法院移交的案件，应行业邀请参与调解的案件或行业部门移交的案件，应公安局或派出所邀请参与调解的案件或公安局或派出所移交的案件，即人民调解、诉调对接、访调对接、行业对接、警民联调等案件的档案信息，要依婚姻家庭纠纷、邻里纠纷、合同纠纷、赔偿纠纷、劳动纠纷、村务管理纠纷、土地承包纠纷、征地拆迁纠纷、计划生育纠纷、施工扰民纠纷、房屋宅基地纠纷、其他纠纷等进行分类，做好移交登记工作，进行规范管理。

2. 档案整理。对于人民调解组织受理的纠纷，人民调解组织要把相关材料按一定的要求整理、装订成册，并把整理、装订成册的纠纷档案分类保管。

上级司法行政档案管理部门要定期或不定期对各人民调解组织的建立档案信息平台工作进行检查。通过检查，促进档案信息管理质量的提高。同时，上级司法行政档案管理部门要派技术人员深入一线，主动为新成立或新构建档案信息平台的调解中心或调解委员会提供技术服务和支持，指导他们有效开展档案信息的收集、整理、开发、利用等管理工作。

三、人民调解信息平台的要求

（一）人民调解信息平台的制度建设要求

构建以人民调解为基础，与司法调解和行政调解有机结合的"大调解"格局，设立"大调解"中心，健全市、县（区）、乡镇（街道）、村（居）调解网络，推进人民调解与行政调解、司法调解、行业协会调解对接，实行规范化管理，完善激励机制，加强人民调解队伍建设，是实现人民调解信息平台科学管理的关键。

构建人民调解信息平台，关键是做好人民调解信息管理中的各项基础业务工作，包括档案的收集、整理、保管、利用、信息上报与反馈等业务工作。为更好地完成这项工作，必须有健全的制度作为保障。因此，各级职能部门及调解组织首先必须制定和不断完善《档案信息管理员岗位职责》《档案数据采集、统计、报送制度》《档案收集、整理、分类、保管制度》等规范文件，对调解信息平台工作实行制度化、规范化和科学化管理。

（二）人民调解的有关数据采集、统计、报送要求

为进一步提高人民调解的有关数据采集、统计、报送工作的质量，杜绝误报、漏报、延报等现象的发生，司法行政主管部门（基层指导科）应对各司法局、司法所内勤进行集中培训，对本行政辖区人民调解有关数据采集、统计、报送工作中存在的问题进行及时梳理和指导。

1. 人民调解有关数据采集时间及要求。①结合村（居）委员会换届选举后，村（居）级调解组织人员变动较大的特点，对本行政辖区村（居）级调解组织人员的组织建设情况进行摸底统计，更新人民调解员信息库；②在现有人民调解信息员队伍基础上，进一步梳理、细化人民调解志愿者队伍，更新各镇、街道、企事业单位矛盾纠纷信息员花名册，建立人民调解志愿者信息库；③调解工作实行月报、季报、年报的集中审查和抽样审查制度，通过审查，及时发现漏洞和不足，降低差错率，明确填报要求，对报表出现问题的单位要求限期改正。

2. 人民调解有关数据的统计、报送及要求。

（1）人民调解委员会应设专人负责统计工作，建立统计簿册，如纠纷登记簿、纠纷激化登记簿等，并定期汇总。

（2）如实填写人民调解员基础信息表。人民调解员基础信息是人民调解委员会组织建设统计表填报的前提和基础，所以要如实填写《人民调解员基础信息采集表》（见附表1）。

（3）对疑难、重大纠纷和社会不安定因素的排查调处情况实行季报制度。该项工作的资料分别在3月20日、6月20日、9月20日和12月20日前上报，统计周期为上季度末月的20日至本季度末月的19日。上报《疑难重大纠纷和社会不安定因素排查调处情况统计表》时，需附小结，小结内容以本季排查调处的典型案例和针对热点难点问题的分析、建议为主。案例要完整、详尽，分析要深刻、到位，建议要合理、具有可操作性。

（4）人民调解委员会应每月将所登记并调结的民间纠纷按统计项目填表汇总，核对无误后上报司法所。

（5）司法所应每季度将人民调解委员会工作统计表报县（区）司法局，每半年将人民调解委员会组织建设统计表上报县（区）司法局。上报年报表的同时，需附司法所工作总结（见附表2）。

（6）县司法局应每年度将人民调解委员会工作统计表、人民调解委员会组织建设统计表上报市司法局基层科，市司法局基层科再将统计表上报司法厅基层处。在每年12月20日前上报，统计周期为上年12月20日至本年12月19日。人民调解统计年度表分《年度人民调解委员会组织建设统计表》和《年度人民调解委员会工作情况统计表》两种（见附表3、4）。以上各类统计报表须按时上报。

（7）建立统计档案，设立统计台账、登记簿册。统计表须按时间、年限分类装订成册，保管备查。

（三）人民调解员信息要求

通过人民调解信息平台加强对人民调解员的规范和管理，其前提是必须全面掌控与人民调解员有关的信息材料。与人民调解员有关的信息材料应包括以下几个方面：

1. 调解员基础信息材料。包括姓名、身份证号码、性别、出生日期、民族、政治面貌、籍贯、家庭地址、调解员类别（"专职"或"兼职"）、编制类型（公务员填写"行政"，专业技术人员或工勤技能人员填写"事业"，其他）、所在单位、现任职的调解组织名称、毕业院校及专业、学历、联系电话及电子邮箱、数据来源、建档日期、照片等材料（见附表1）。

2. 调解员异动信息材料。包括对调解人员转正、任用、调薪、晋升、降职、调动、离职（辞职、辞退或开除）等材料。

3. 调解员调解案件材料。包括调解员调解的各类案件（诉调对接案件、访调对接案件、警民联调案件等）的种类、数量、质量等材料。

4. 调解员考核材料。包括工作述职、工作绩效、角色定位、职责履行、工作思路与计划、工作创新等材料。

5. 调解员科研成果材料。包括调解员撰写并公开出版的专著、编著、资料汇编，或公开发表的论文、研究报告（包括调查、咨询报告）等材料。

6. 调解员奖惩材料。包括调解员得到奖励的材料和受到惩罚的材料。

（四）档案材料的收集、整理、分类、管理、装订与保管

1. 调解信息档案材料的收集。为了让调解信息档案能够适应调解工作的需要，各调解信息平台管理机构必须及时通过有关部门和人员准确收集调解员信息、调解工作情况信息、调解案件信息、防控体系人员信息、管理上报数据信息等工作中新形成的反映调解工作的材料，充实档案内容，以便总结、分析、提炼、交流调解成果，进一步提升调解工作的整体质量和水平。

（1）收集归档的范围：①调解员信息材料。包括调解员的基础信息、异动信息、调解案件信息、考核信息、科研信息、奖惩信息等材料。②调解工作情况信息材料。包括调解纠纷情况、调后诉讼情况、防止矛盾激化情况材料、来访接待情况登记、案件受理情况登记、调解通知书、案件分流指派通知及回复、重大纠纷上报和回复、不稳定人员信息统计等材料。③调解案件信息。包括各类案件的材料，即人民调解、诉调对接、访调对接、警民联调、行业对接等案件的受理、调解经过、调解协议等材料。④防控体系人员信息材料。包括以村民小组和居委会为单位，每个信息员包 10 户，通过电子地图或平面图直观了解相关人员信息及家庭住址，方便管理和走访的材料。⑤管理上报数据信息材料。上报分月报、半年报、年终汇总报。上报的内容包括矛盾纠纷发生、化解、在调、积压等纠纷的所有翔实资料，其中有可能激化的纠纷要随时上报。上报调解案件种类包括通过人民调解、诉调对接、访调对接、警民联调、行业对接等方式调解的 12 类纠纷数据信息材料。⑥其他应当归档的材料。要及时、准确地收集归档。

（2）调解信息档案材料的鉴别与归档。调解信息档案材料的鉴别工作，是档案管理人员对收集到的准备归档的材料进行审查，甄别材料的真伪，判定材料的保存价值，确定其是否归入调解信息档案的工作。

鉴别工作应坚持历史唯物主义和辩证唯物主义的观点，具体问题具体分析，根据形成材料的历史条件、主要内容、用途及其保存价值，确定材料是否归入档案。进行审查时，还应注意所审查的材料是否齐全、完整。调解案件材料一般应

具备受理、调解经过、调解协议等内容。上述材料，属于成套的，必须齐全。每份归档材料，必须完整。对头尾不清、来源和时间不明的材料，要查清注明后再归档，凡是查不清楚或对象不明确的材料不能归档。

鉴别时，发现档案中缺少有关材料，相关责任人员要及时进行登记并收集补充。

调解信息档案材料必须统一使用"A4"规格的办公用纸，左边留出 2.5cm 装订线。不得使用圆珠笔、铅笔、红色及纯蓝墨水和复写纸书写。

2. 调解信息档案材料的整理。调解信息档案材料的整理，是档案建设的基础工作之一。它是将收集起来的调解信息档案材料，进行鉴别、分类、排序、编目，装订成卷，并在此基础上，对档案内容进行不断补充的工作。

（1）调解信息档案，须做到认真鉴别、分类准确、编排有序、目录清楚、装订整齐。通过整理使每卷档案都达到完整、真实、清晰、精炼、实用的要求。

（2）整理调解信息档案，事先要收集好调解信息档案材料，并备齐卷皮、目录纸、分类纸、衬纸、切纸刀、打孔机、缝纫机等必需的物品和设备。

（3）材料排序后要用铅笔在每份材料第 1 页的右上角注明类号和顺序号。例如，第一类第四份材料可写为"1-4"，第六类第二项第三份材料可写为"6-2-3"。

（4）整理调解信息档案的人员，必须努力学习人民调解的有关规定和档案工作的专业知识，熟悉整理调解信息档案的有关规定，掌握整理工作的基本方法和技能，认真负责，做好整理工作。

3. 调解信息档案材料的分类。调解信息档案材料可做如下分类：

（1）调解工作情况材料。包括：①调解纠纷情况。其中包括调解成功的、调解后履行的公民与公民之间的纠纷、公民与法人及社会组织之间的纠纷的分类情况材料。②调后诉讼情况。其中包括判决变更、撤销或确定无效的，申请支付令的情况材料。③防激化情况。防止民间纠纷引起自杀的、防止民间纠纷转化为刑事案件的情况材料。④来访接待情况登记、案件受理情况登记、调解通知书、案件分流指派通知及回复、重大纠纷上报和回复、不稳定人员信息统计等材料。

（2）调解纠纷的材料。包括 5 种对接方式、12 种纠纷材料。即通过人民调解、诉调对接、访调对接、警民联调、行业对接方式调处的婚姻家庭纠纷、邻里纠纷、合同纠纷、赔偿纠纷、劳动纠纷、村务管理纠纷、土地承包纠纷、征地拆迁纠纷、计划生育纠纷、施工扰民纠纷、房屋宅基地纠纷、其他纠纷的材料。调解纠纷的材料包括纠纷的受理、调解经过、调解协议等调解文书材料。调解文书包括纠纷登记原始记录、调查笔录、调解笔录、调解协议书以及人民调解委员会对调解未成功纠纷的处理意见及各种证明材料等，对此要进行归纳、整理，方便查阅。

（3）防控体系人员信息材料。以村民小组和居委会为单位，每个信息员包10户，通过电子地图或平面图直观了解相关人员信息及家庭住址，方便管理和走访的材料。

（4）上报数据信息材料。上报的时间包括月报、季报、半年报、年终汇总报。上报的内容包括矛盾纠纷发生的、化解的、在调的、积压的各种案件。有可能激化的纠纷随时上报。上报调解案件种类可分为：人民调解、诉调对接、访调对接、警民联调、行业对接等数据信息材料。

（5）其他应当归档的材料。

4. 调解信息档案材料管理排列。要做到：

（1）把同一年度、同一保管期限的文件分开排在一起。即立档单位每年按永久、30年、10年三条流水号将调解信息档案材料分开排列。不同年度、不同保管期限的文件不能排列在一起。

（2）在同一保管期限内的，把与同一机构（或问题、文号）有内在联系（如同一次活动、同一项工作、同一个会议）的文件排在一起，即同一事由的相关文件应当排列在一起。这是"遵循文件的形成规律，保持文件之间的有机联系"整理原则的体现。排列顺序应保持相对固定。

（3）在同一保管期限、同一机构（或问题、文号）内按成文时间的先后顺序排列。

5. 调解信息档案材料管理编号。编号是编目工作的起点和基础，其目的是反映分类、排列这些系统工作的成果。

调解信息档案材料管理归档文件应依分类方案和排列顺序逐件编号，在文件首页上端的空白位置加盖归档章并填写相关内容。文件处理单随同归档的，归档章盖在文件处理单上，以保护文件正本的原貌。归档章设置年度、保管期限、件号等必备项目。

（1）年度。文件形成年度，以4位阿拉伯数字标注公元纪年，如"2008"。

（2）保管期限。调解信息档案材料管理归档文件保管期限的填写为永久、30年、10年。

（3）件号。调解信息档案材料管理归档文件的排列顺序号。以年度为界，每年必须从1编起，不能跨年度连续编号，各期限分别编流水号（即每年分期限共编三条流水号）。件号的编制方法为：在分类方案的最低一级类目内，按文件排列顺序从"1"开始标注，每种保管期限各编一个流水顺序号，例如，2007年永久件号：1、2、3……82；30年件号：1、2、3……73；10年件号：1、2、3……243。

6. 调解信息档案材料管理编目。调解信息档案材料管理归档文件应依据分类方案和编件号顺序编制调解信息档案材料管理归档文件目录。调解信息档案材料管理归档文件应逐件编目。来文与复文为一件时，只对复文进行编目。通过检查复文来实现对相应来文的查找。调解信息档案材料管理归档文件目录包括件号、责任者、文号、题名、日期、页数和备注等项目。

（1）件号。填写编件号。

（2）责任者。指发文的组织或个人，即文件的发文机关或署名者。填写责任者时一般应使用全称或通用简称，如"河南省司法厅"，不能使用"本委员会""省司法厅"等含义不明、难以判断的简称。联合发文责任者过多时，可适当省略，但立档单位是责任者的必须抄录，以体现"以我为中心"的精神。未署责任者的调解信息档案材料管理归档文件，编目时应根据文件内容形式等特征加以考证并填写。

（3）文号。文件的发文字号，是由发文机关按发文次序编制的顺序号，一般由机关代字、年度、顺序号组成。如"冀府办〔2009〕198号"。没有发文字号的不填写。文号栏内不得填写诸如"会议文件之一"等文件顺序号，亦不得填写"情况反映"等刊物名册。

（4）题名。即文件标题，一般应照实抄录。没有题名或题名不规范的，应根据文件内容，重新拟写或补充标题，外加"〔〕"号附于原标题之后。例如，"湖南省档案局关于转发档发〔2009〕18号文件的通知"，应重拟题名并抄录为"湖南省档案局关于转发〔国家档案局关于汛期档案安全管理的几点意见〕的通知"。

（5）日期。文件的形成时间，以8位阿拉伯数字标注年、月、日，如20080708、20081112。表示月、日的数字可回行填写。

（6）页数。写明每一件调解信息档案材料管理归档文件的总页数、文件中有图文的页面为一页。

（7）备注。用于填写调解信息档案材料管理归档文件需要补充和说明的情况。包括密级、缺损、修改、补充、移出、销毁等。如果有些条目需说明的情况较多，备注栏难以填写时，可在备注栏中加注"＊"号，将具体内容填写入备考表中。

7. 调解信息档案材料的装订。调解信息档案材料，必须装订成卷。装订后的档案，目录一律放在卷首，材料排列顺序要与目录相符；卷面整洁，全卷整齐、平坦，装订结实实用。具体做法：

（1）将目录与材料核对无误。

（2）把全卷材料理齐。材料条件好的应做到四边整齐，条件较差的左、右、下边也要整齐。装订后，卷内材料不准超出卷皮；不准用刀切边，以防切掉文字。

（3）材料一律正装。即横写的材料名称在上，竖写的材料名称在右。

（4）调解工作材料过多的，可按部分单独装订成卷。每卷都要按类别、内容填写目录。

（5）调解信息档案整理装订成卷后，必须进行认真细致的检查，经验收合格后，方能入档案室。

8. 调解信息档案材料的保管。根据安全保密、便于查找的原则，对调解信息档案应严密、科学地保管。

（1）为确保档案的绝对安全，调解信息档案管理部门及人员，要建立坚固、防火、防潮的档案室，配置铁质的档案柜。档案室内应设置空调、去湿、灭火等设备。

（2）库房的防火、防潮、防蛀、防盗、防光、防高温等设施和安全措施应经常检查，要保持档案室的清洁和档案室内适宜的温、湿度（要求：温度14℃~24℃，相对湿度45%~65%）。

（3）保管调解信息档案，应建立登记和统计制度。每年全面检查核对一次档案，发现问题及时解决。

（4）调解信息档案管理人员，要经常检查档案保管与保护工作，针对存在的问题提出建议，主管领导要及时采取措施予以解决。如发生失火、被盗、霉变、虫蛀等问题，要追究有关人员的责任。

（5）要不断地研究和改进档案的保管方法和保护技术，逐步实现档案管理工作的科学化、现代化。

学习情境

【案例1】1995年胡某向郝某借了1.6万元，约定利息为同期银行贷款利率，并于1998年进行结算。之后，郝某另借1万元给胡某，加上前期借款及利率合计3.8万元。胡某在2001年和2002年还了部分欠款。之后，两人因利率等问题发生纠纷。郝某于2007年将胡某告到法院，要求胡某还钱，法院作出调解：由胡某分2次共还郝某本息3万元。2008年5月，胡某又向法院起诉，声称郝某利用会计职务之便私自扣下自己的工资2000元，并到县、市有关部门上访，声称2008年法院调解不公，审判员徇私，并闹得镇政府沸沸扬扬。法院立案庭没有马上立案，而是邀请其所在镇的调解中心（司法所）联合调处进行调解。司法所李所长得知这一情况后高度重视，利用各种关系先后进行数次"背靠背"协调。终于将这起跨时十余年的复杂疑难纠纷调处好，并将调解协议书的给付内容执行完毕。

　　问题：本案属于哪一种调解方式？将此纠纷相关信息资料归档，应如何排序、编目？

　　【案例2】2009年度某县人民调解委员会调解工作总结（摘要）。

　　2009年度，某县人民调解委员会调解工作在广大人民调解员的共同努力下，取得了较好的成绩，完成了1019件矛盾纠纷案件的调解工作。具体工作情况如下：

　　1. 调解纠纷情况。调解成功的991件，调解后履行的991件。公民与公民之间的纠纷771件，公民、法人、社会组织之间的纠纷248件。纠纷分类情况具体如下：婚姻家庭纠纷63件，邻里纠纷154件，合同纠纷14件，赔偿纠纷136件，劳动纠纷18件，村务管理纠纷12件，土地承包纠纷60件，征地拆迁纠纷155件，计划生育纠纷0件，施工扰民纠纷4件，房屋宅基地纠纷65件以及其他纠纷338件。

　　2. 调后诉讼情况。共5件，其中包括判决变更撤销或确定无效的4件、申请支付令的1件。

　　3. 防激化情况。防止民间纠纷引起自杀的3件、涉及3人，防止民间纠纷转化为刑事案件的28件、涉及168人。

　　问题：据此总结，填写上报某市司法局基层处年度人民调解委员会工作情况统计表。

工作任务

　　模拟调解信息平台的管理。

实训步骤

　　1. 按调解信息平台管理工作任务对学生进行分组。

　　2. 各组学生按分配的任务拟定管理方案。

　　3. 实施模拟管理。

　　4. 学生自我评价实训效果。

　　5. 教师点评、总结实训活动情况。

思考与练习

　　1. 调解信息平台的含义和特点是什么？

　　2. 调解信息平台的内容有哪些？

　　3. 调解信息平台的管理有哪些制度及机制？

4. 调解信息平台的管理有哪些要求？

【案例1】 某村民赵某，丈夫病故后，被其养女赶出家门并变卖了她所有财产，在当地法院起诉时，因对方的虚假证据而败诉，上诉后法院维持了原判。这一结果让赵某求生无望，自 2006 年 3 月开始不断到省委、省政府上访，并在中级人民法院门前公然自焚 2 次，均被救。2006 年 8 月，赵某来到桥西区郝某家做保姆，区信访办与调解中心对接，按属地管辖，于是把稳定赵某的任务交给了赵某临时居住地的司法所。调解员从材料中了解情况后，在做好她思想工作的同时，还帮她解决心理上的问题，告诉她要想维护自己的权利，既不能非法上访，更不能轻生，要通过正当的法律渠道解决问题。在调解员耐心的劝说下，再未发生过一次上访。此案通过调解得到有效解决。

问题： 此案采取了何种对接方式？如把此材料归档，文件目录应包括哪几部分？应如何编写？

【案例2】 郑某家盖房，房梁上已铺了荆芭、抹了泥。突然，天阴得越来越沉，郑某马上召集帮工往房上铺油毡纸。恰巧邻居裴某路过，赶紧上前帮忙。铺油毡纸的过程中下起了大雨，裴某在房上脚下一滑摔到了地上，造成右腿髋骨骨折，当即送往医院，郑某交了 2000 元押金。经医院检查后裴某需要做手术，手术费用 8000 元。郑某不愿意再为裴某交手术费用，认为自己并没有请裴某帮忙，是他主动来的。裴某认为自己受伤是因为给郑某帮忙造成的，郑某应当全额赔偿，为此双方发生争议。裴某起诉到法院，法院立案庭并没有马上立案，而是在征得双方当事人同意后，将案件委托给调解中心进行调解。

问题： 此纠纷调解采取什么对接方式？归档管理应归到哪一类纠纷？

拓展阅读书目

1. 刘树桥、马辉主编：《人民调解实务》，暨南大学出版社 2008 年版。

2. 张延灿主编：《调解衔接机制理论与实践》，厦门大学出版社 2008 年版。

3. 袁奇钧："人民调解介入信访工作机制研究"，上海社会科学院 2008 年硕士学位论文。

单元九习题库

附　表

附表1　人民调解员基础信息采集表

填报单位：　　　　　填表人：　　　　联系电话：　　　　　填报日期：　年　月　日

序号	调解员姓名	身份证号码	性别	出生日期	民族	政治面貌	籍贯	家庭住址	调解员类别	编制类型	所在单位	现任职的调解组织名称	毕业院校及专业	学历	联系电话及电子邮箱
1															
2															
3															
4															
5															
6															
7															
8															
9															

填表说明：

1. "调解员类别"栏，请填写如"专职"或"兼职"。

2. "编制类型"栏，公务员请填写"行政"；专业技术人员或工勤技能人员请填写"事业"；其他。

3. "所在单位"栏，请填写如"某乡人民政府"。

4. "现任职的调解组织名称"栏，请填写本调解组织的全称，如"某街道人民调解委员会"。

5. "电子信箱"栏，有则请如实填写，如 liyouju@ 126. com。

附表 2 疑难重大纠纷和社会不安定因素排查调处情况统计表

填报单位：（盖章）　　　　　　　　　　　　　　　　　年第　　季度

	类　别	件　数	调解数	成功数	移交数	联　合调解数	防　止激化数
疑难重大纠纷	婚姻家庭						
	邻　里						
	宅基地						
	赔　偿						
	债　务						
	劳动争议						
	计划生育						
	消费与经营						
	海事渔事						
	其他（1）						
	小　计						
社会不安定因素	土地征用						
	土地承包						
	环境污染						
	旧城改造						
	企业转制						
	金　融						
	干群关系						
	其他（2）						
	小　计						
合　计							
备注	其他						

附表3 年度人民调解委员会组织建设统计表

填报单位：　　　　　　　　　　　　　　　　　制表时间：

项目数字单位	组织情况						人员情况		管理情况			表彰情况	
	已建调委会数	其　中					人员总数	高中以上	培训调解人员数	整顿调解组织数	撤换调解人员数	集体	个人
		村居调委会	乡镇街道调委会	企业事业单位调委会	区域行业性调委会	其他调委会							
	个	个	个	个	个	个	人	人	人次	个	人	个	人
合计													

附表4　年度人民调解委员会工作情况统计表

填报单位：　　　　　　　　　　　　　　　　制表时间：

项目 数 单位	调解纠纷情况																		纠纷诉讼情况			防激化情况			
	总数	其中				纠纷分类情况													总数	其中		防止民间纠纷引起的自杀		防止民间纠纷转化为刑事案件	
		成功	履行	公民与公民之间纠纷	公民与法人及社会组织之间纠纷	婚姻家庭纠纷	邻里纠纷	合同纠纷	赔偿纠纷	劳动纠纷	村务管理纠纷	土地承包纠纷	征地拆迁纠纷	计划生育纠纷	施工扰民纠纷	房屋宅基地纠纷	其他纠纷			判决变更撤销或确认无效	申请支付令				
	件	件	件	件	件	件	件	件	件	件	件	件	件	件	件	件	件	件	件	件	件	件	人	件	人
合计																									

参考文献

1. 本书编写组编著：《人民调解员工作手册》，中国法制出版社 2003 年版。

2. 胡泽君主编：《人民调解教程》，中国政法大学出版社 2004 年版。

3. 肖方编著：《如何当好人民调解员》，中国社会出版社 2005 年版。

4. 刘树桥、马辉主编：《人民调解实务》，暨南大学出版社 2008 年版。

5. 刘最跃编著：《人民调解原理与实务》，湖南人民出版社 2008 年版。

6. 本书编写组编：《人民调解工作的方法与技巧》，中国法制出版社 2003 年版。

7. 李刚主编：《人民调解概论》，中国检察出版社 2004 年版。

8. 邱星美、王秋兰：《调解法学》，厦门大学出版社 2008 年版。

9. 张峰、李玉成主编：《基层司法行政实务》，群众出版社 2008 年版。

10. 戴建庭：《民事纠纷解决机制研究》，吉林大学出版社 2007 年版。

11. 王红梅编著：《新编人民调解工作技巧》，中国政法大学出版社 2006 年版。

12. 何兵主编：《和谐社会与纠纷解决机制》，北京大学出版社 2007 年版。

13. 尹力：《中国调解机制研究》，知识产权出版社 2009 年版。

14. 张延灿主编：《调解衔接机制理论与实践》，厦门大学出版社 2008 年版。

15. 宋才发、刘玉民主编：《调解要点与技巧总论》，人民法院出版社 2007 年版。

16. 何兵：《现代社会的纠纷解决》，法律出版社 2003 年版。

17. 宋朝武等编著：《调解立法研究》，中国政法大学出版社 2008 年版。

18. 左卫民等：《变革时代的纠纷解决：法学与社会学的初步考察》，北京大学出版社
    2007 年版。

19. 吴卫军等：《现状与走向：和谐社会视野中的纠纷解决机制》，中国检察出版社
    2006 年版。

20. 范愉：《纠纷解决的理论与实践》，清华大学出版社 2007 年版。

21. 盛永彬、徐涛主编：《法律文书》，暨南大学出版社 2006 年版。

22. 姜小川主编：《人民调解实用手册》，中国法制出版社 2009 年版。

23. 张新民、王欣新主编：《人民调解员工作手册》，中国法制出版社 2000 年版。

24. 司法部基层工作指导司编：《人民调解工作典型案例汇编》，法律出版社 2008
    年版。

25. 秦启文等：《突发事件的管理与应对》，新华出版社 2004 年版。

26. 朱力："突发事件的概念、要素与类型"，载《南京社会科学》2007 年第 11 期。

27. 孙崇勇、秦启文："突发事件的两个基本理论问题探讨"，载《西南师范大学学报（人文社会科学版）》2005 年第 2 期。

28. 邱泽奇："群体性事件与法治发展的社会基础"，载《云南大学学报（社会科学版）》2004 年第 5 期。

29. 曹光毅："论群体性事件的预防策略"，载《上海公安高等专科学校学报》2008 年第 5 期。

30. 马新福、宋明："现代社会中的人民调解与诉讼"，载《法制与社会发展》2006 年第 1 期。

31. 韦欣仪："国外关于群体性事件的理论研究与处置实践述评"，载《理论与当代》2009 年第 8 期。

32. 张兆瑞："国外境外关于集群行为和群体性事件之研究"，载《山东公安专科学校学报》2002 年第 1 期。

33. 周德胜："论正确认识和处理群体性事件"，载《理论观察》2009 年第 1 期。

34. 于建嵘："当前我国群体性事件的主要类型及其基本特征"，载《中国政法大学学报》2009 年第 6 期。

35. 孙廷华："略论群体性事件"，载《上海公安高等专科学校学报》2007 年第 5 期。

36. 袁奇钧："人民调解介入信访工作机制研究"，上海社会科学院 2008 年硕士学位论文。